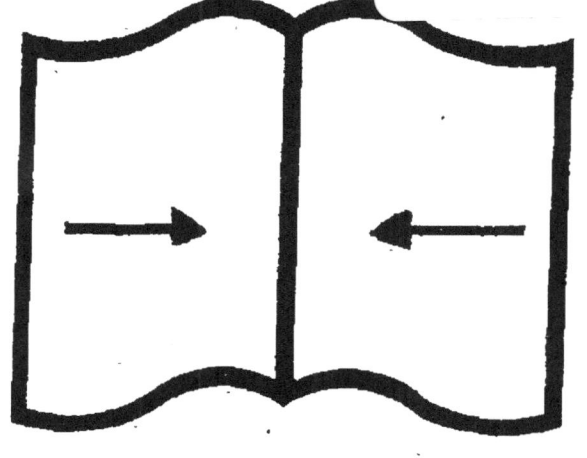

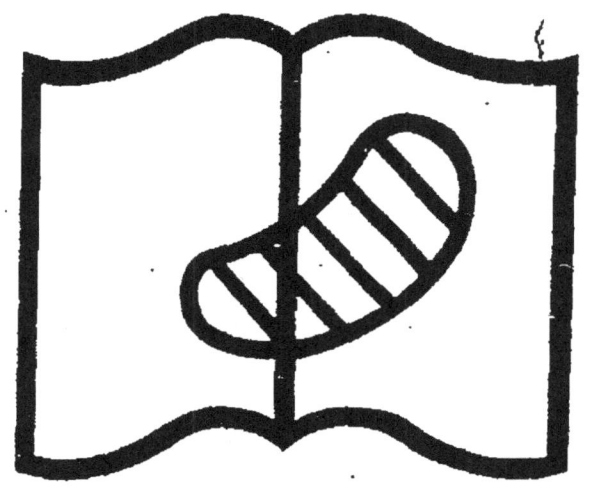

*Original illisible*

NF Z 43-120-10

"VALABLE POUR TOUT OU PARTIE
DU DOCUMENT REPRODUIT".

0.1574
A.3

# MEMOIRES
## DU
## CHEVALIER D'ARVIEUX,

ENVOYE' EXTRAORDINAIRE DU ROY à la Porte, Consul d'Alep, d'Alger, de Tripoli, & autres Echelles du Levant.

### CONTENANT

Ses Voyages à Constantinople, dans l'Asie, la Syrie, la Palestine, l'Egypte, & la Barbarie, la description de ces Païs, les Religions, les mœurs, les Coûtumes, le Négoce de ces Peuples, & leurs Gouvernemens, l'Histoire naturelle & les événemens les plus considerables, recüeillis de ses Memoires originaux, & mis en ordre avec des réfléxions.

Par le R. P. JEAN-BAPTISTE LABAT, de l'Ordre des Freres Prêcheurs.

## TOME TROISIE'ME

### A PARIS,

Chez CHARLES-JEAN-BAPTISTE DELESPINE le Fils, Libraire, ruë S. Jacques, vis-à-vis la ruë des Noyers, à la Victoire.

---

M. DCC. XXXV.

*Avec Approbation & Privilege du Roy.*

# TABLE

DES CHAPITRES CONTENUS dans ce troisiéme Volume.

CHAP. I. Voyage du Chevalier d'Arvieux chez les Arabes du Mont-Carmel, & raisons de ce Voyage, 3
II. Histoire de Hassan, surnommé le Franc, 43
III. Histoire d'un jeune Venitien, 57
IV. Négociation de l'Auteur chez l'Emir Turabeye, & les honnêtetez qu'il reçoit des autres Emirs, 64
V. Voyage de l'Auteur à Tartoura, 88
VI. Expedition des Arabes contre les Révoltez, 97
VII. Des Arabes en general, 144
VIII. De l'Emir Turabeye Prince des Arabes du Mont-Carmel, de sa Famille, & de son Gouvernement, 156
IX. De la Religion des Arabes, 170
X. De l'hospitalité des Arabes dans leurs Camps, & de celle de leurs Vassaux dans les Villages, 179
XI. Des Mœurs des Arabes, 188
XII. Du respect que les Arabes ont pour la barbe, 204

# TABLE

XIII. *Sentimens des Arabes sur les chiens & les chats,* 223

XIV. *De la Justice des Mahometans, & en particulier de celle des Arabes,* 228

XV. *Des chevaux des Arabes,* 239

XVI. *Des logemens des Arabes, & de leur maniere de camper & de décamper,* 254

XVII. *Des occupations des Arabes,* 262

XVIII. *Des habits des Arabes,* 286

XIX. *Des divertissemens des Arabes,* 320

XX. *De la Medecine des Arabes,* 329

XXI. *Voyages en France & en Barbarie. Etat du Commerce de Seïde, & en particulier de celui que l'Auteur y faisoit,* 341

XXII. *Désordres dans le Commerce de Seïde, & les suites,* 351

XXIII. *Départ de Seïde, & Voyage jusqu'à Marseille,* 370

XXIV. *Voyage du Chevalier d'Arvieux à Tunis,* 391

XXV. *De la famille de Mehemed Ben-Hhamonda Beig Pacha de Tunis,* 489 *Histoire du Day Hagi Mustapha Caragus,* 500

XXVI. *Histoire de Mehmed Cheleby, appellé Dom Philippe,* 505

XXVII. *Traité de Paix conclu entre*

NES MATIRES.
M. le Duc de Beaufort pour le Roy, & le Pacha, Day & Divan de Tunis, 524

XXVIII. Etat des Esclaves rachetez à Tunis, 546

XXIX. Etablissement du Commerce au Cap Négre, 547

Traité pour le Commerce du Cap Négre, Funaire, Salade, Tabarque & autres Lieux adjacens, traduit de l'Arabe, 553

MEMOIRES

# MEMOIRES
## DU
## CHEVALIER D'ARVIEUX.

### Troisième Partie.

*Contenant entre autres choses la Relation de ses Voyages chez les Arabes du Mont-Carmel, avec des observations curieuses sur les mœurs, les Coûtumes & la Religion de ces Peuples.*

---

### AVERTISSEMENT.

1664.

Onsieur de la Roque s'est donné la peine de faire imprimer en 1717. à Paris chez Caïlleau, le Voyage que M. le Chevalier d'Arvieux a fait en 1664. chez l'Emir Turabey, Chef des Arabes du Mont-Carmel. Cette Relation

*Tome III.* A

a été reçûë avec applaudissement de tous les Connoisseurs, le style en est pur, les remarques sont judicieuses, on ne s'est point lassé de la lire, tant elle est belle, instructive & agréablement variée. Cela m'avertissoit de renvoyer à la Relation de M. de la Roque, ce que j'en devois dire en suivant l'ordre des Mémoires originaux que j'ai entre les mains, ne devant pas esperer que le Public reçût celle que je lui donnerois aussi bien que celle de ce célébre Ecrivain. J'aurois pris ce parti, si des personnes à qui je dois du respect ne m'avoient fait comprendre que je ne devois pas laisser le Public dans l'erreur où la Relation de M. de la Roque l'a jetté, & que j'étois dans l'obligation de le détromper.

On a vû dans la premiere Partie de ces Mémoires, que ce fut en 1660. que l'affaire des Carmes fut accommodée; que ce fut M. Souribe qui en fut chargé, M. Betrandier étant déja en France; que M. d'Arvieux l'accompagna par pure curiosité; que cet accommodement fut si aisé à faire, que mon Auteur n'eut pas le tems de connoître les Arabes, ni d'observer leurs mœurs & leurs coûtumes, & que ce ne fut qu'en 1664. que M. d'Arvieux fit le Voyage dont nous allons parler, & pour les raisons que nous allons dire. Si le Public perd quelque chose du côté du style, il y gagnera infailliblement d'un autre côté, qui n'est pas moins important.

## CHAPITRE I.

*Voyage du Chevalier d'Arvieux chez les Arabes du Mont-Carmel, & raisons de ce Voyage.*

LA prise de Gigery par l'Armée Navale du Roi excita des murmures infinis dans l'Empire Ottoman, & sur-tout dans la Syrie & dans l'Egypte. Cette Ville quoique petite ne laisse pas d'être de conséquence par son Port, par sa situation entre Bugie & la Calle dans le Royaume d'Alger. Son Port auroit été une retraite assurée pour nos Vaisseaux Marchands & pour nos Corsaires, qui auroient désolez ces Pirates de profession, & les auroient attaquez quand ils seroient sortis de leurs Ports, ou quand ils y seroient revenus avec des prises. Leur commerce avec l'Egypte, la Syrie & les côtes de la Natolie, auroit été bien-tôt

A ij

absolument ruiné, on les auroit réduit à entretenir continuellement des Vaisseaux de guerre pour la sûreté de leurs côtes & de leurs Bâtimens,

Dès que la nouvelle de cette prise se fût répanduë, les Turcs & les Maures crierent à la vengeance, ils disoient hautement qu'il falloit exterminer tous les Francs qui étoient dans l'Empire. Les Egyptiens paroissoient les plus échauffez, & quand leurs Saïques venoient moüiller à Seïde & aux autres Ports de Syrie, ils nous chargeoient d'injures, & menaçoient hautement de se vanger sur nos personnes, & sur nos biens des pertes que la prise de Gigery leur causoit.

Les Anglois, Hollandois, & autres Francs qui font dans ces Echelles, se séparerent de nous, & affectoient de dire qu'ils n'étoient pas François, & qu'ils n'avoient aucune part à la prise de Gigery. On nous avertissoit de toutes parts que nous étions dans un danger extrême, & qu'il y avoit apparence que les Turcs nous feroient éprouver la fureur des Vêpres Siciliennes.

Ces avis auroient pû venir d'un principe d'amitié ; mais en peut-on attendre de veritable de gens qui font de tout tems nos ennemis, souvent déclarez & toûjours cachez ? En effet, peut-il y avoir de l'amitié sincere entre des Marchands, que l'amour du gain possede au souverain degré, que la jalousie obsede & irrite continuellement, & qui ne voyent qu'avec dépit les progrès du commerce des autres?

J'avouë que le danger où nous étions exposez ne pouvoit être plus grand. Quand les Officiers du Grand Seigneur ne se seroient pas mêlez ouvertement du saccagement dont nous étions menacez, ils étoient bien sûrs d'avoir la meilleure part du pillage, ils ne s'y seroient opposez que quand l'action auroit été consommée, & ils auroient bien trouvé le moyen d'excuser leur négligence à la Porte, en partageant avec les Grands la part qu'ils auroient euë de nos biens. L'amitié dans ce cas ne l'auroit pas emporté sur l'avarice, qui est leur passion dominante, les morts & les malheureux ont toûjours tort, & on nous auroit accusé d'avoir été les agresseurs, quoique nos maisons eussent été forcées, & nous égorgez dans nos lits. Tout étoit à craindre, & il n'y avoit point de justice à esperer, puisqu'ils auroient été en même-tems nos juges & nos parties.

On nous conseilloit d'embarquer secretement nos effets, & de nous retirer en France. Ce parti paroissoit le plus sûr & le plus aisé; mais il nous exposoit à perdre peut-être pour toûjours notre commerce dans le Païs. Les autres Francs s'en seroient emparez, ils auroient traité avec les Pachas & les Gouverneurs, & quand le tems auroit été passé, il nous auroit été impossible de nous rétablir, ou bien il en auroit coûté de grosses sommes d'argent à la Nation.

Après avoir bien pesé toutes choses, & consideré mûrement tous les inconveniens qu'il y avoit dans les partis que l'on pouvoit prendre, il me sembla qu'il y avoit moins de danger à demeurer sur les lieux, que d'abandonner la partie, pourvû que je pusse trouver le moyen de conserver nos personnes & nos biens, & sans communiquer mon dessein à personne, je résolus de rechercher la protection & l'amitié de l'Emir Turabey, le Chef & le plus puissant de tous les Emirs du Mont-Carmel, étant bien assuré que c'étoit le seul qui pût me mettre à couvert de l'orage dont nous étions menacez. Car de penser à la protection du Pacha de Seïde, quoique mon ami, aussi bien que tous ses Officiers, c'étoit me tromper à plaisir. D'esperer de découvrir leur dessein, supposé qu'ils eussent résolu notre perte, c'étoit tenter l'impossible, on sçait que les Turcs sont extrêmement secrets, quand ils ont résolu de faire un coup d'importance, ils sont dissimulez au dernier point : ce que j'en ai dit en plusieurs endroits de ces Mémoires le prouve évidemment. Je m'en tins donc à la résolution que j'avois formée de chercher ma sûreté auprès de l'Emir Turabey.

Dans ce dessein, je laissai croître ma barbe, je l'entretins avec soin : car plus elle est belle & longue, plus elle est vénérable, la barbe chez ces Peuples est toute autre chose encore que chez les Capucins. Je me fis faire trois paires d'habits à l'Arabesque, & je préparai les présens que je devois faire à l'Emir. Je mis en sûreté l'argent de ma caisse, mes livres, mes papiers, les meubles, & les marchandises les plus précieuses qui étoient dans ma maison ; j'envoyai mon frere puîné à Rama, avec des instructions cachetées, qu'il ne devoit ouvrir, que quand il apprendroit qu'on se seroit porté à quelque excès contre nous dans les autres Villes, étant bien certain qu'on ne commenceroit pas par Rama. Je laissai le cadet à Seïde avec ordre de garder ma maison, de la tenir bien fermée, d'en sortir rarement, & de se retirer chez le Consul au premier bruit qu'il entendroit.

*Départ de Seïde le 16. Août 1664.*

Ces dispositions faites, je partis de Seïde le 16. Août 1664. J'étois bien monté, & j'étois accompagné de trois domestiques à cheval habillez à la Turque, ayant chacun un mousqueton & une paire de pistolets. J'avois encore deux mulets chargez de mon bagage, qui étoit conduit par un Arabe qui me servoit de Palfrenier.

J'étois vêtu d'une longue robe de toile de cotton couleur de verd de mer, avec des manches ouvertes, d'où sortoient celles de ma chemise, qui étoient si larges qu'elles pendoient jusqu'à terre. Ma ceinture étoit de cuir garnie de plaques d'orfévrie, vuidées à jour, avec des boucles & des agrafes d'argent, & une chaîne de même métal, pour soûtenir un coûteau pendant, dont la guaîne étoit de maroquin avec des agrémens d'argent doré. J'avois

*Habillement du Chevalier d'Arvieux.*

un caleçon ou pantalon de toile, des botines de maroquin jaune. Mon turban étoit composé d'une petite calotte de drap rouge, entourée d'un voile de foye noire, rayée d'or de deux aunes en quarré, dont la frange torfe longue de demi pied pendoit fur le front, & à côté des jouës, & faifoit à peu près le même effet que les cheveux font au vifage. Une des pointes de ce voile qu'on appelle *Bufmani*, pendoit fur le devant de mon épaule gauche, & l'autre qui étoit paffée dans les plis fortoit du haut du turban, & faifoit une efpece de panache qui tomboit fur le dos, & voltigeoit au gré du vent.

J'étois encore couvert d'une efpece de manteau appellé *Aba*, d'une étoffe approchante de notre baracan, bariollé de blanc & de noir, avec de petites fleurs tiffuës d'or. Je n'avois d'autres armes qu'un fabre commun, paffé entre la cuiffe & la felle de mon cheval, & une lance d'environ dix-huit pieds de longueur, avec un bouquet de plumes d'autruche, placé dans le creux du fer de ma lance.

Mes autres habits, mon linge, & le préfent que j'avois deftiné pour l'Emir, étoient fur mes mulets de bagage dans des coffres de cuir.

Ce préfent confiftoit en vingt-cinq livres de confitures féches, dans des

1664.

Préfent pour l'Emir.

A v

boëtes ordinaires liées avec des rubans. Cinq aunes d'écarlatte de Venise pour faire des pantalons, dix livres de tabac du Bresil, douze pains du plus beau sucre de Marseille, deux caisses de liqueurs de plusieurs façons, & un grand & gros chapelet de corail rouge que l'on estime beaucoup.

Nous couchâmes le même jour à Sour, le lendemain à Acre, & le jour suivant nous arrivâmes de bonne heure au camp de l'Emir.

Je rencontrai pendant ces trois jours de marche beaucoup de Maures & d'Arabes, qui n'eurent garde de me reconnoître, & me saluerent comme un Musulman. Je leur rendis le salut par un signe de tête, avec le plus de gravité qu'il me fut possible.

*Arrivée au Camp de l'Émir le 18. Août.*

Je trouvai en arrivant au camp de l'Emir un Officier du Pacha de Seïde de ma connoissance, qui fut surpris de me voir dans ce déguisement. Il me fit descendre sous sa tente, & m'entretint quelque tems de ce qui se passoit chez l'Emir, en attendant que ce Prince fût sorti de la tente de sa femme. Il fit mettre mon bagage chez-lui, & mes chevaux furent accommodez.

Nous fûmes avertis que l'Emir étoit dans sa tente d'audience. Elle étoit de toile cirée verte, à la différence des autres, qui ne sont que de poil de chévre noir. Sa Cour fut bien-tôt fort nombreuse, on y voyoit venir de tous côtez ceux qui avoient affaire à lui ; de sorte qu'il fallut attendre que la foule fût un peu passée, pour faire mon entrée avec plus de liberté.

1664.

Ceux qui m'avoient vû arriver au camp suivi de domestiques habillez & armez à la Turque, s'étoient informez qui j'étois, & mes gens leur avoient répondu que j'étois un François qui venoit rendre visite à l'Emir.

Cette nouvelle fut bien-tôt répanduë dans le camp, & passa aux domestiques de l'Emir, qui lui en donnerent avis comme d'une chose fort extraordinaire.

Dès que je fus averti que l'Emir demandoit à me voir, je me mis en marche pour l'aller saluer. Mes gens ausquels l'Officier Turc avoit joint trois des siens marchoient devant, & portoient chacun quelque partie du présent que je devois lui faire. Nous nous arrêtâmes à trois pas de l'ouverture de la tente, & nous y fîmes une profonde révérence. Nous entrâmes & en fîmes une seconde. Je remarquai alors que le Prince étoit assis les jambes croi-

A vj

1664.
Habillement & posture de l'Emir.

fées comme nos Tailleurs, sur un tapis étendu sur une natte de jonc, qui couvroit tout le plancher de la tente. Il étoit appuyé sur un careau de velours cramoisi, tenoit à la bouche une longue pipe, dont le fourneau touchoit au tapis, & pendant qu'il fumoit en rêvant, il accommodoit un bâton blanc avec son coûteau, c'étoit son occupation ordinaire.

Ce Prince étoit habillé de toile blanche. Il avoit une chemise dont les manches étoient si larges & si longues, que les pointes touchoient à terre. Son caleçon étoit de la même toile, orné d'une broderie de soye blanche sur toutes les coûtures. Ses pieds étoient nuds & fort propres. Ses babouches étoient sur le bord du tapis : car la coûtume du Païs est de les quitter pour ne pas gâter les tapis. Son turban, qui étoit de mousseline, étoit fort negligé, les deux bouts brochez d'un tissu d'or pendoient sur ses épaules. Il avoit un manteau à la Turque de drap d'Hollande couleur de feu, doublé d'un taffetas verd, qui selon les apparences étoit un présent qu'il avoit reçû de quelque Pacha.

Il me fut aisé de le reconnoître par les gens qui étoient debout devant lu avec respect, & par les Valets qui chassoient les mouches avec des éventails, quoiqu'ils fussent bien mieux vêtus que lui, & qu'ils eussent un air bien plus grand.

1664.

Nos domestiques s'étant présentez devant l'Emir, le saluerent par une profonde inclination du corps & de la tête, & mirent mon présent à ses pieds sur le bord du tapis, & après avoir baisé avec respect le bord de sa robe, ils se retirerent à côté, & demeurerent debout tenant leurs mains croisées sur le ventre, qui est la marque du plus profond respect.

Je m'avançai alors accompagné de cet Officier Turc, appellé Omar Aga, & ayant salué l'Emir, nous nous approchâmes pour lui baiser la main ; mais il la retira, se contentant de la démarche que nous avions faite, quoique pour l'ordinaire il la présentât à ceux qui venoient lui rendre visite, soit qu'il eût dessein de leur marquer de la bienveillance, ou qu'il exigeât d'eux cette marque de respect.

Après que ce Prince eût jetté quelque tems la vûë sur mon présent qui parut lui plaire, il regarda de côté & d'autre, cherchant ce Franc dont on lui avoit parlé, & n'en voyant point, parce qu'il s'étoit imaginé que je paroîtrois devant lui habillé à la Françoise; il demanda à le voir. Omar Aga qui étoit à côté de moi, lui dit, Seigneur voici ce Franc, en me montrant à lui. Il parut surpris, & s'adressant à ses principaux Officiers, il leur dit, ce n'est pas là un Franc, & me regardant avec un grand air de bonté; est-il possible, me dit-il, que vous soyez Franc. Je lui répondis que j'étois François, & je lui fis le compliment que j'avois préparé, il l'écouta avec attention, en marquant par des gestes & par des signes de tête qu'il en étoit satisfait.

Après que j'eûs achevé de parler, il me dit qu'il n'y avoit personne qui ne me prît pour un veritable Bedoüin. Vous êtes habillé comme eux, & vous parlez notre Langue en perfection ; les Francs ne la parlent pas, ils ont toûjours besoin d'un Interprete. Je lui répondis qu'il y avoit long-tems que je voyageois dans les Etats du Grand Seigneur, & que l'étude particuliere que j'avois faite de la Langue, & les conversations que j'avois souvent avec ses sujets, m'en avoient donné quelque connoissance.

Alors il me remercia dans des termes très-polis du présent que je lui fai-

*(marginalia: 1664. Alliance que l'Emir donne à l'Auteur.)*

fois, ajoûtant que j'aurois dû me contenter de la peine que je m'étois donnée de le venir trouver, sans me mettre dans une si grosse dépense pour lui faire un présent si considerable & d'un si bon goût. Je lui repliquai que j'avois appris qu'on ne doit pas se présenter les mains vuides devant un aussi grand Prince que lui, que c'étoit une marque du profond respect qui est dû à sa personne & à son rang, & que j'esperois qu'il auroit la bonté de m'excuser de la liberté que je prenois de lui présenter des choses si communes, lui qui en avoit d'infiniment plus précieuses & plus rares.

L'Emir se tournant vers ses Officiers, leur dit, je ne vois pas que les Francs soient si Barbares qu'on nous les dépeint, nous nous servons de leur nom pour faire peur aux petits enfans, & vous voyez qu'ils sont fort honnêtes, qu'ils ont comme nous du bon sens, du raisonnement, de la politesse.

Je répondis à cela qu'un des plus grands avantages qu'un Voyageur pouvoit remporter de ses Voyages, étoit de se détromper des préventions qu'il a succées dans son Païs contre les Etrangers, dont ceux qui n'en sont point sortis ne peuvent jamais se défaire.

1664.

Suite de la conversation avec l'Emir.

Par la même raison, ajoûtai-je, on s'imagine en France que les Arabes n'ont que la figure d'hommes; mais on reviendroit agréablement de cette fausse opinion, si on avoit comme moi l'avantage d'être en votre présence, & d'admirer vos vertus éclatantes, & la maniere si sage avec laquelle vous gouvernez vos sujets.

Ce Prince me demanda ensuite ce qu'il pouvoit faire pour ma satisfaction, & quel étoit le sujet de mon voyage. Je sçavois qu'il n'est pas d'usage dans le Païs, de parler d'affaires le jour qu'on arrive, qui n'est destiné qu'aux complimens & aux cérémonies. Cela fit que je lui répondis, que la haute réputation de sa sagesse étoit ce qui m'avoit fait entreprendre ce voyage, & que je le suppliois de me permettre de demeurer quelques jours à sa Cour. Il me répondit aussi-tôt, que j'en étois le maître, que je lui ferois un très-grand plaisir d'y demeurer long-tems, & tant que je voudrois, au cas que je pusse m'accommoder de leur façon de vivre, & qu'il feroit son possible pour m'y regaler autant que le lieu & la maniere des Arabes le pouvoient permettre.

Il me fit asseoir auprès de lui, &

me questionna quelque tems sur la Religion, sur le Gouvernement & les coûtumes de mon Païs. Je satisfis pleinement à tout ce qu'il vouloit sçavoir; mais quand nous tombâmes sur l'article des femmes, le plaisir que l'Emir & toute sa Cour avoit eu de m'écoûter s'évanoüit tout d'un coup. Je les vis tous déconcertez, & ils me dirent que notre maniere de saluer les Dames leur paroissoit insupportable, & d'une consequence trop dangereuse. Un honnête homme, disoient-ils, peut-il souffrir qu'on baise sa femme ou sa fille, sans flétrir l'honneur de toute sa famille. Je vis bien par leurs gestes que cette liberté ne leur plaisoit pas. Je changeai au plus vîte de discours, & je les entretins de notre maniere de faire la guerre, des armées de terre & de mer de notre invincible Monarque, de ses conquêtes, de sa Cour, de son Gouvernement, de ses richesses, de ses bâtimens. Ce discours plaisoit infiniment à tout le monde, on m'écoûtoit avec plaisir, & avec une si grande attention que personne ne m'interrompoit, & que je remarquois par leurs gestes la satisfaction qu'ils en recevoient.

On apporta cependant un grand

1664.

1664.
Colation de l'Emir.

baffin de bois peint rempli de tous les fruits de la faifon. L'Emir en prit, il m'en donna enfuite, en fervit à tous ceux qui étoient à portée, & en jetta à pleines mains à ceux qui étoient éloignez.

Des pafteques ou melons d'eau rouges & blancs tinrent lieu de boiffon dans cette colation, & après qu'elle fut deffervie, il fit apporter du tabac à fumer. Ses domeftiques prefenterent auffi-tôt des pipes allumées à ceux qui en voulurent. L'Emir voulut que j'en priffe une. Un jeune Négre m'en prefenta une qu'il me fallut prendre de la bouche à la bouche fans l'effuyer, c'eût été une incivilité d'en ufer autrement, parce qu'on doit fuppofer que ceux qui ont l'honneur d'approcher de la perfonne du Prince foint fains & nets, & lui-même en ufe ainfi avec fes domeftiques.

Pendant qu'on fumoit on fervit du caffé & du forbec : l'Emir ne boit point de ce dernier.

Le forbec étoit dans un grand vafe de fayence fort propre qui tenoit environ quatre pintes. Il paffa de main en main, on fe le donnoit l'un à l'autre après qu'on avoit bû. Ce qui refta fut pour les domestiques.

On apporta à l'Emir un petit pot de grez plein d'une confection faite d'une herbe que les Arabes appellent *Bergé*. C'est un diminutif de l'opiom, qui ne laisse pas de produire à peu près les mêmes effets. Je n'ai pû voir cette plante quelque soin que j'aye pû prendre. Le Arabes ne la connoissent point. La confection toute préparée leur vient d'Egypte. Ce pourroit être ce que les Medecins appellent *Meconium*, qui n'est autre chose qu'un suc tiré par expression des têtes ou des feüilles du pavot; mais tous les pavots n'ont pas la même vertu, ni la même force. Ce suc étant extrait, on le réduit par évaporation en consistence de pâte solide, que l'on amollit en y mêlant du miel & quelques drogues, qui lui ôtent une partie de sa mauvaise odeur, de son âcreté & de son amertume.

Le veritable opiom est une larme gomeuse que la chaleur fait sortir de la tête des pavots d'Egypte, & de quelques autres lieux de la Grece. Ceux d'Egypte sont les meilleurs; mais il est presque impossible d'en avoir de veritables qui n'ayent point été falsifiés. On prétend que les Turcs se les reservent tous. Cette raison ne me

*1664.*

Confection de Bergé.

paroît pas bonne, car les Marchands qui sont toûjours très-interessez passeroient sur les plus sévéres défenses qu'il y auroit d'en vendre aux Etrangers, & étant sûrs de les vendre très-chers, ils s'exposeroient à toutes les peines, plûtôt que de manquer à faire un gain aussi considerable que celui qu'ils seroient sûrs de faire sur cette marchandise. J'en ai vû chez les Pachas, j'en ai goûté, & elle m'a paru de la même espece que celle de l'Emir.

1664.

Ce Prince en prit une dose de la grosseur d'une noix confite, bût une tasse de caffé, & fuma une pipe de tabac. Il me pressa d'en prendre gros comme une féve d'aricot, qu'il m'offrit à la pointe de son couteau. Je ne pus la refuser sans incivilité. C'étoit une faveur qu'il ne faisoit pas aux autres. Elle ne me parut pas desagréable au goût ; mais elle m'assoupit, & me fit rêver le reste de la journée. C'étoit aussi pour rêver qu'il en prenoit, & ce fut pourcela que je m'excusai d'en prendre la seconde fois qu'il me fit l'honneur de m'en presenter. Je pris même la liberté de lui demander quel bien elle lui faisoit. Il me répondit que quand cette drogue commençoit à ope-

*Bergé diminutif de l'opiom. Ses mauvais effets.*

ter, il voyoit les Indes, & qu'une douce rêverie lui faisoit voir tout ce qu'il y avoit de plus agréable au monde, que les vapeurs qu'elle lui portoit au cerveau égayoient ses esprits, lui fortifioient la memoire, & lui fournissoient dequoi soutenir une longue conversation. Si l'operation du Bergé se fût bornée là, il n'y auroit eu aucun inconvenient à s'en servir, mais je remarquai que l'usage de cette drogue lui avoit tellement affoibli les nerfs, qu'il trembloit continuellement de tous ses membres, que ses mains ne pouvoient rien tenir avec fermeté, que sa tête & tout son corps ne faisoient que chanceler à la moindre action qu'il vouloit faire.

Les gens qui ont fait un long usage du *Bergé* & de l'*Opiom*, sont ordinairement si assoupis, que si on tiroit un coup de fusil auprès d'eux, ou qu'on leur parlât un peu trop haut, ils trembleroient de frayeur & seroient aussi épouvantez que s'ils revenoient d'un autre monde.

La suite funeste de cette malheureuse habitude, est qu'ils ne peuvent plus s'en passer, qu'ils perdent entierement le goût des viandes. Ils ne peuvent plus vivre que de fruits, ils

1664.

ne sçauroient souffrir le vin, ni ce qui peut exciter de la joye. Quand ils sont dans cet état on les appelle *Afiouni*. Ils passent la journée à fumer du tabac, & ils se mettent de mauvaise humeur comme les enfans que l'on éveille malgré eux.

Il y a de ces preneurs de *Bergé* & d'*Opiom* que l'on appelle *Teriakis*, parce que ces drogues font en eux un effet tout contraire à celui dont nous venons de parler ; elle les fait rire tous seuls, sans qu'ils en ayent sujet ; elle les fait chanter ; elle leur fait faire les contes les plus plaisans du monde, jusqu'à ce que la drogue ayant pris le dessus, les endorme d'un sommeil si profond qu'on pourroit le prendre pour une léthargie formée.

Leurs habits de couleurs vives & éclatantes, & les fleurs dont ils ornent leurs turbans, ne réparent point la mauvaise mine que l'usage de ces drogues leur donne. Ils sont toûjours maigres, pâles, jaunes, sombres, chagrins. Dès que les vapeurs sont dissipées, tout leur plaisir est de rêver, & de s'entretenir dans leurs pensées. Malheur à ceux qui les veulent troubler dans ces momens ; ils sont assurez d'essuyer bien des injures.

L'eau de vie fait à peu près les mêmes effets sur ceux qui en usent immodérément; on les appelle *Blasez* dans les Païs-Bas. Ils perdent absolument le goût de toute nourriture; tombent à la fin dans la ptisie & dans une hidropisie qui les conduit au tombeau, après avoir mené une vie triste, avoir perdu la memoire, & n'ayant du goût que pour cette mauvaise liqueur, que l'on devroit plûtôt nommer eau de mort qu'eau de vie, puisqu'elle n'est bonne que pour ceux qui la vendent, & qu'elle est si pernicieuse à ceux qui la boivent.

Après une prise de *Bergé*, je soutins quelque tems une conversation qui me donna bien de l'exercice: car après que l'Emir se fût assoupi, & qu'il eût cessé de me questionner, les Princes de sa famille qui étoient accourus au Camp, sur la nouvelle qu'il y étoit arrivé un Franc, commencerent à me faire une infinité de questions ausquelles il me falloit répondre malgré l'operation du *Bergé*, qui m'assoupissoit extraordinairement. Ces Princes me regardoient comme un homme qui venoit de l'autre monde, & me proposoient des choses qui m'auroient fait rire dans tout autre lieu que celui où j'étois. Heureusement il survint une affaire de conséquence qui obligea l'Emir à se retirer chez la Princesse son épouse. Toute la compagnie prit congé, & je me retirai avec Omar Aga, suivi de ses domestiques, à sa tente, où j'étois descendu, en attendant, selon la coûtume, que l'Emir eût donné ses ordres pour mon logement & ma subsistance. A peine fus-je arrivé à la tente d'Omar Aga, qu'il me prit une si prodigieuse envie de dormir, que je me jettai sur mes hardes, & je m'endormis profondement. Il fallut m'éveiller sur les cinq heures, quand le Negre qui m'avoit presenté le tabac me vint rendre visite, & me conta tout ce que l'Emir avoit dit de moi à la Princesse & aux femmes qui la servoient : il m'assura qu'on avoit fort estimé mes presens, que l'on avoit goûté les confitures & les liqueurs, & qu'on les avoit trouvées excellentes ; que le chapelet de corail avoit charmé la Princesse à qui l'Emir en avoit fait present, & qu'elle souhaitoit que j'allasse me promener le soir devant sa tente, afin qu'elle me pût voir par les fentes & au travers des broussailles que l'on a soin de mettre devant l'ouverture ;

mais

mais qu'il ne falloit pas regarder la tente, ni m'arrêter dans ma promenade. Je sçavois déja ce cérémonial, & je lui promis de m'y conformer. Je le récompensai de ses avis, & le renvoyai fort content.

1664.

Un Officier de l'Emir vint un moment après. Il me dit que mon logement étoit prêt, & m'y conduisit sur le champ. C'étoit la tente du nommé Hassan le Franc, dont je rapporterai l'histoire ci-après. Elle n'étoit pas des plus grandes, mais fort commode. Elle étoit de poil de chevre noir à l'ordinaire.

On y avoit apporté de chez l'Emir de grosses nattes de jonc, un petit matelas, un grand carreau de velours cramoisi, brodé de fleurs d'or & d'argent, une couverture de satin incarnat, brodée comme le carreau, & picquée de cotton; un drap de toile de cotton assez fin qui étoit cousu à la couverture, un autre grand drap de toile de lin rayé de blanc & de bleu, qu'ils appellent *Fatta*, qui devoit servir de drap de dessous, quand on feroit mon lit; car on ne fait le lit que quand on veut se coucher. On le plie quand on se leve, & on le roule dans le matelas, que l'on range dans un coin de la tente.

Meubles que l'Emir envoye à l'Auteur.

*Tome III.* B

On ne couche jamais fur un drap tout blanc, parce que cette couleur étant comme une marque de leur Religion, ce feroit la profaner que de la fouler aux pieds. Ces toiles rayées viennent d'Egypte, on en fait un fort grand commerce dans toute la Turquie.

Mes gens ayant apporté mon bagage, le placerent dans ma tente, qui fe trouva ainfi partagée en deux, dont la premiere partie étoit pour moi, & l'autre pour eux. Les harnois de mes chevaux furent attachez à des chevilles plantées dans le mât de la tente, tout le monde en ufe ainfi, & mes chevaux furent placez autour de ma tente, attachez par les pieds à des piquets avec des entraves de cordes & fans licol.

Quand on fçût que j'étois établi dans ma tente, Omar Aga & les principaux du Camp vinrent me rendre vifite, je leur fis préfenter du caffé & des pipes, & après les complimens ordinaires & une affez longue converfation, chacun fe retira chez foi. Je laiffai mes gens dans ma tente, & j'allai me promener feul devant celle de la Princeffe. Je lui donnai le tems neceffaire pour me confiderer à fon aise; mais je ne m'arrêtai point, & je me retirai. Je ne vis personne, j'entendis seulement plusieurs voix de femmes qui caquetoient de leur mieux, sans pouvoir rien distinguer, & je me retirai à ma tente qui en étoit éloignée de trente pas.

1664.

L'Emir n'avoit encore donné ses ordres que pour la nourriture de mes domestiques & de mes chevaux. L'Officier qui avoit la charge de distribuer l'orge, ne manqua pas de venir querir les sacs, & de leur en apporter ce qu'il leur en falloit avec une ponctualité admirable. Mes gens mangerent ce soir-là avec les domestiques de l'Emir, & il me donnoit sa table, qui étoit servie avec abondance & assez de propreté. Mais les heures de leurs repas & de leur retraite ne m'accommodoient pas : car l'Emir ne se couchoit qu'à deux heures après minuit, se levoit à dix heures du matin, déjeûnoit à midi, dînoit à trois heures, & soupoit à dix heures du soir.

Il connut bien par l'envie que j'avois de dormir, qu'il falloit me laisser libre, & me regla un ordinaire particulier pour moi & pour mes gens, & me dit ces paroles :

„ Notre façon de vivre est si diffé-
B ij

,, rente de celle des autres Nations que ,, vous avez vûës, que vous aurez de ,, la peine à vous y accoûtumer. Nous ,, sommes des Bedoüins sans façon, ac- ,, coûtumez à une vie champêtre ; c'est- ,, pourquoi ne vous contraignez point, ,, vivez comme vous avez accoûtumé, ,, demandez ce que vous desirerez, car ,, si vous manquez de quelque chose, ,, ce ne sera au moins que par votre ,, faute.

Il me dit cela d'une maniere si obligeante, que j'acceptai le parti qu'il me proposoit, & après lui avoir souhaité le bon soir, je me retirai sous ma tente, pour commencer dès le lendemain à vivre en mon particulier.

L'Emir s'étant retiré, ordonna à un de ses Esclaves de venir tous les matins à six heures, qui étoit celle de mon lever, sçavoir le tems auquel je voudrois manger, & me faire apporter de sa cuisine tout ce que je demanderois.

La premiere femme de chambre de la Princesse, mariée à cet Hassan dont j'occupois la tente, s'y opposa, & pria l'Emir de lui permettre d'y venir elle-même. Elle lui representa que son mari étant un Franc & moi aussi, il falloit necessairement que nous fussions parents ; que ce seroit une impolitesse d'avoir chez le Prince un parent de son mari, & de ne le pas servir ; que c'étoit par conséquent à elle à prendre soin de moi, & qu'Hassan trouveroit mauvais qu'elle en agît autrement. L'Emir le lui permit.

Elle ne manqua pas de venir le lendemain matin à ma tente, & s'étant accroupie sur ses talons, & parlant à travers le voile qui lui couvroit le visage, elle me dit : ,, Bon jour, mon ,, cousin, vous soyez le bien venu, la ,, benediction de Dieu est tombée sur ,, nous à votre arrivée, comment vous ,, portez-vous ?

Je répondis à ce compliment à la maniere accoûtumée, c'est-à-dire, que nous répétâmes plus de dix fois les mêmes paroles. Après ces premieres cérémonies, elle me demanda si je voulois déjeûner, & ce que je voulois qu'elle m'apportât. Je fus surpris de cette nouvelle parentée à laquelle je ne m'attendois pas ; je reçûs cependant sans m'y opposer la qualité de cousin qu'elle me donnoit, que je pris pour une caresse particuliere qu'elle me faisoit. Je crus être obligé de la traiter de même, & je la priai de me faire voir la cousine à qui je parlois, l'aſſûrant qu'elle ne ſe feroit point de tort, & qu'il n'y avoit point d'inconvenient de ſe dévoiler devant ſes parens. Elle ne ſe le fit pas dire deux fois, elle jetta ſon voile derriere ſes épaules.

*Portrait d'une Femme Negre qui ſe diſoit couſine de l'Auteur.*

Je fus bien ſurpris que ma nouvelle couſine étoit une Negre la plus laide que j'euſſe jamais vûë. On en jugera par le portrait que j'en vais faire. Son viſage étoit rond & plat, ſes yeux étoient ronds, petits & jaunâtres, ſon nez étoit plus large que long, & comme perdu entre ſes deux joües élevées & bouffies. Un anneau d'argent de trois bons pouces de diametre étoit paſſé dans une de ſes larges narines, ſes levres étoient épaiſſes & relevées, & piquées de bleu, comme on marque les Pelerins de Jeruſalem; l'inferieure pendoit ſur ſon menton, & le couvroit preſqu'entierement; mais ſes dents étoient blanches, nettes, égales, bien rangées. C'étoit à mon avis tout ce qu'elle avoit de beau, à moins de dire que la laideur tient lieu de beauté chez les gens de ſa couleur, & en ce cas elle étoit effroyablement belle; mais elle étoit jeune & fort ſpirituelle, & ne ſervoit pas peu à ſa Maîtreſſe pour la faire paroître encore plus belle : elle l'étoit pourtant beaucoup, comme ma cousine me l'a assuré d'une maniere à me faire connoître qu'elle n'avoit pas besoin de ce secours pour plaire au Prince son époux.

Les cheveux de ma cousine étoient châtins & bien crêpez, ses oreilles percées de plusieurs trous étoient chargées d'anneaux d'or & d'argent, & son front couvert à moitié d'un crêpe verd étoit tout semé de petites pieces d'or & d'argent, qui font un ornement de conséquence chez ces Peuples. Elle n'avoit pour tout vêtement qu'une longue & ample chemise de toile bleuë.

La figure de cette cousine m'étonna bien fort, comme on le peut croire; mais je lui trouvai tant d'esprit, de politesse & même d'enjoüement, que toutes ces bonnes qualitez jointes à une grande jeunesse & à l'assiduité qu'elle avoit à me rendre service, firent que je m'accoûtumai à la voir, & que j'étois ravi de l'entendre discourir.

Je la priai de me faire venir de quoi déjeûner, lui laissant la liberté de m'envoyer ce qu'elle jugeroit à propos. Elle partit dans l'instant; & comme elle avoit tout préparé avant

*Déjeûné qu'on donne à l'Auteur.*

1664.

de me venir faire son compliment; elle revint dans un moment avec un grand bassin de cuivre étamé, garni de pain, de miel, de beure frais, & de petits pains de crême si délicats, que je n'en ai jamais mangé qui en approchassent. Elle s'en retourna pour m'apporter du caffé, & revint m'entretenir pendant que je déjeunois. Le caffé qu'elle m'apporta étoit excellent. Ils ne le brûlent pas tant que nous, & ils ont raison, parce que nous faisons trop évaporer son huile. Ils le broyent sur le champ, le font bien boüillir, afin d'en tirer toute la substance, le prennent le plus chaud qu'il est possible, & pour l'ordinaire sans sucre. Je lui en fis prendre avec du sucre candi, elle le trouva bon, & m'entretint pendant que je mangeai d'une maniere si spirituelle & si amusante, que j'y pris beaucoup de plaisir. Elle se retira quand mes domestiques eurent déjeûné, car elle avoit eu soin d'eux, & remporta la vaisselle. Je lui donnai quelques boëtes de sucre candi & de confitures, dont je me doutai bien qu'elle feroit present à la Princesse, chez qui elle avoit un très-grand credit, comme je l'ai vû dans la suite. Elle y étoit comme la Sur-Intendante, & tous les domestiques lui obéiſſoient. Quand je me trouvois seul, je la faisois avertir, & elle venoit auſſi-tôt, & c'eſt d'elle que j'ai appris une infinité de particularitez, qui m'auroient toûjours été inconnuës ſans ce ſecours.

Le zele de ſa Religion lui faiſoit ſouhaiter que je l'embraſſaſſe, & que je me mariaſſe à la Cour de l'Emir. Elle avoit déja jetté les yeux ſur une des ſuivantes de la Princeſſe, qui étoit jeune, blanche & belle. Il eſt vrai qu'elle ne m'en parla jamais; mais elle le dit à ſon mari, de qui je le ſçûs auſſi-tôt, & nous nous en divertîmes beaucoup.

Elle s'appelloit *Hiché*, c'eſt-à-dire vivante, qui eſt le nom qu'ils donnent à la premiere de toutes les femmes. Elle ne manqua pas de dépêcher un Exprès à ſon mari qui étoit à ſon Village, & de lui mander de venir promptement au Camp embraſſer un de ſes couſins qui étoit arrivé depuis deux jours, & que l'Emir avoit logé dans ſa tente.

Haſſan s'imagina d'abord que c'étoit quelqu'un de ſes parens qui étoit venu exprès d'Eſpagne pour le chercher. Il monta à cheval ſur le champ,

& tout transporté de joye il vint tout droit descendre à sa tente.

Après m'avoir embrassé, & nous être baisé réciproquement nos barbes, il me demanda en assez mauvais Espagnol si j'étois de Maillorque ( c'étoit sa Patrie ) Je lui répondis en même Langue que j'étois François, & que quelques affaires particulieres m'avoient amené chez l'Emir. Il penetra d'abord la pensée de sa femme, & le raisonnement qu'elle avoit fait sur mon arrivée. Il me dit qu'elle n'avoit pû le surprendre plus agréablement, qu'il étoit ravi de l'entretenir dans cette erreur, bien loin de l'en désabuser; que cette méprise ne lui seroit pas inutile, & me pria de vivre avec lui comme si nous eussions été les meilleurs cousins du monde.

Hiché qui nous écoutoit sans nous entendre, parce que nous parlions une Langue qu'elle ne sçavoit pas, faisoit voir par ses gestes des transports de joye extraordinaires, & marmottoit entre ses dents des benedictions à l'Arabesque. A la fin elle voulut parler à son tour, & s'adressant à son mari, elle lui dit d'un ton qui auroit pû passer pour un cri : J'envie votre joye & votre bonheur, Hassan;

que vous êtes heureux que Dieu vous ait envoyé un parent comme celui-là pour votre consolation, & qu'il soit venu exprès de l'autre monde pour vous chercher. Il faut le garder chez nous, l'Emir lui donnera quelque emploi pour le retenir à son service, nous aurons soin de lui, vous lui donnerez votre maison, & moi tout ce que j'ai chez la Princesse. S'il ne veut pas demeurer au Camp, il choisira tel Village qu'il voudra pour sa retraite : bon Dieu que les Papas du Mont-Carmel seront aises quand ils le sçauront ici. Hassan l'interrompit en lui disant : bon, mes yeux, vous avez raison, ce que vous pensez est bien juste, mais il ne fait que d'arriver, nous parlerons de cela à loisir, il faut lui donner le tems de se reposer, & pendant que nous parlerons de nos affaires, allez nous faire préparer à dîner. Elle s'y en alla sur le champ : car les femmes de ce Païs-là ne ressemblent point du tout aux nôtres, elles sont obéïssantes, jamais elles ne répliquent, leur devoir est toûjours devant leurs yeux. Elles regardent leurs maris comme leurs Seigneurs, elles les respectent, elles les servent, elles les aiment avec une tendresse respectueuse. Nos Princes feroient une chose d'éternelle mémoire s'ils faisoient venir quelques centaines de ces femmes Asiatiques dans leurs Etats, pour instruire les leurs par leurs exemples, & leur apprendre les vertus qui doivent être inséparables de leur état. Qui sçait si malgré les mauvaises habitudes qu'elles ont contractées, & qu'elles laissent comme un héritage à leurs filles, elles ne se corrigeroient pas un peu de leur fierté, de leurs inégalitez, & des autres vices que l'on voit en elles, qui font gemir les maris, qui par leur trop grande tolerance sont devenus comme incurables ?

Nous nous entretînmes pendant son absence de sa plaisante imagination, mais elle ne nous donna pas le tems d'avoir une longue conversation. Elle revint bien-tôt chargée d'un grand bassin de potage au ris; des esclaves du Prince en apporterent d'autres pleins de volailles boüillies & rôties, de ragoûts, de pâtisserie, & enfin d'un grand plat de fruits que l'Emir eut la bonté de nous envoyer, pour renouveller notre ancienne connoissance.

Hiché qui avoit publié par tout

l'arrivée du cousin de Hassan, fut
cause que les principaux Arabes du
Camp vinrent se mettre de la partie,
& nous témoigner la part qu'ils prenoient à notre joye. Le repas & les
complimens durerent jusqu'au soir,
que Hassan prit congé de la compagnie pour s'en retourner à son Village, après m'avoir promis qu'il reviendroit le Samedi suivant, & m'avoir fait promettre que j'irois m'y promener avec lui. Il voulut me recommander à Hiché, qui l'écouta modestement, & lui répondit : vous me
faites tort, Hassan, de me recommander votre cousin & le mien, je
m'oublierois plûtôt moi-même. Soyez
en repos, portez-vous bien, & revenez de bonne heure. Nous nous
embrassâmes si tendrement, que ces
témoignages d'une si parfaite amitié
auroient levé tous les doûtes de la
parenté, s'il y en avoit eu quelqu'un.
Hiché en pleuroit de joye, & auroit
baisé ma barbe si elle avoit osé.

Je faisois exactement ma cour soir
& matin à l'Emir. J'étois toûjours de
sa colation : il prenoit plaisir à m'entendre discourir, & disoit quelquefois
à la compagnie : croyez-moi, ce n'est
pas là un Franc, c'est un veritable

1664.

Bedoüin, je l'aime sans l'avoir connu que depuis quatre ou cinq jours, il y a là-dedans quelque chose de surnaturel. Je remarquois en effet qu'il avoit pour moi des attentions toutes particulieres, & que sa confiance augmentoit tous les jours. Tous les autres Emirs ses parens me combloient d'honnêtetez, & quand le Prince n'étoit point visible, c'étoit chez moi qu'ils s'assembloient, en attendant l'heure de l'audience.

Hiché ne manqua pas de dire à l'Emir que son mari viendroit me chercher, pour aller passer deux ou trois jours avec lui à Muzeinat. L'Emir après avoir un peu rêvé y consentit, & me le dit, ajoûtant que je me divertirois à la chasse du sanglier. Je lui répondis que c'étoit moins le plaisir de la chasse qui m'y engageoit, que celui de voir ses Sujets, & d'entendre de leur bouche les loüanges qu'ils donnoient à sa sagesse & à la prudence avec laquelle il les gouvernoit. Au moins, me répliqua-t'il, si vous êtes mieux traité à Muzeinat que dans mon Camp, ne vous en prenez qu'à vous-même : vous sçavez ce que je vous ai dit, je vous le repete, vivez à votre maniere, ne vous gênez sur rien ; & vous me ferez plaisir. Je ne répondis à cette honnêteté que par une profonde révérence.

Hassan ne manqua pas de venir dîner avec moi le Samedi suivant. J'allai à l'ordinaire à la colation de l'Emir, je pris congé de lui, & nous montâmes à cheval pour nous rendre à Muzeinat. Je ne menai avec moi qu'un valet. Il y a trois petites lieuës du Camp à ce Village, qui est situé dans le fond d'un vallon fort agréable, bien fertile & bien cultivé.

Dès qu'on nous apperçut de loin, une troupe de Chrétiens Grecs, qui habitoient ce Village, vint au-devant de nous. Nous mîmes pied à terre pour les recevoir, & après les complimens, les baisers de barbes, & les autres civilitez accoûtumées nous montâmes à cheval, & suivis de ces bonnes gens nous arrivâmes à Muzeinat, & fûmes descendre à la maison de Hassan. Elle étoit assez commode & assez propre pour le Païs.

Nous y trouvâmes le souper tout prêt. Ces bons Païsans avoient fait les derniers efforts pour nous bien régaler. Une table ronde de paille cousuë fut d'abord couverte de poisson frit, d'œufs, de ris, de laitage, de salades, & de tout le fruit de la saison. On ouvrit trois cruches de très-bon vin, mais un peu trouble, parce que ces Peuples n'ont pas l'usage des tonneaux : ils le mettent dans des outres ou dans des cruches dès que les raisins sont foulez, & les bouchent quand le vin a boüilli suffisamment, après les avoir remplies, ce qui ne suffit pas pour le rendre bien clair. A cela près il étoit excellent. Les principaux Chrétiens du Village vinrent souper avec nous. Le repas fut long : la conversation dura encore long-tems après que nous fûmes sortis de table, on y parloit Arabe & Grec vulgaire, je n'avois pas besoin d'Interprete pour ces Langues, & cela faisoit un plaisir infini à ces bonnes gens.

Le lendemain matin nous entendîmes la Messe des Grecs, nous prîmes le caffé, & je fus me promener avec Hassan aux environs du Village.

Je remarquai que ce Village étoit grand, il paroissoit même plus considérable qu'il ne l'étoit en effet, parce que les maisons sont séparées les unes des autres par des jardins, où ils cultivent des légumes, des fleurs & des fruits, & sur tout des pasteques ou melons d'eau des deux espèces qui sont excellens. Les maisons sont toutes environnées de treilles qui donnent de très-bon raisin. J'en vis de cette espece, qu'on appelle en France Raisins de Corinthe, parce que c'est apparemment des environs de cette Ville qu'on a apporté les premiers seps : ils sont extrêmement petits, & extrêmement doux & agréables au goût. On fait un trafic prodigieux de ces raisins quand ils sont secs. La quantité qu'on en consomme dans le Levant, dans l'Italie, l'Espagne, le Portugal, l'Angleterre, les Païs-Bas, les Royaumes du Nord & l'Allemagne, est tout-à-fait incroyable. On les fait entrer dans les ragoûts, dans la pâtisserie. Les Anglois ne trouveroient pas leur Pouding bon s'il n'étoit farci de ces raisins. Ils sont en effet fort délicats. Les François en usoient autrefois bien moins que les autres Nations : ils en ont apporté l'usage du Levant, & ils s'y sont accoûtumez ; car on peut dire qu'ils sont les singes des autres dans le manger & dans les boissons. Ils y ont rafiné à merveille ; & comme ils sont généreux, ils prodiguent leurs modes pour les habits & autres chofes, qui font toûjours nouvelles, parce qu'ils les changent continuellement. Nous étions dans un lieu à ne pas manquer de ces fruits, & affurément je n'en manquai ni là ni chez l'Emir.

Les terres du diftrict de Muzeinat font bonnes. Le froment & les légumes de toutes fortes y viennent en perfection. Elles font cultivées avec foin, je n'en vis pas un pouce qui fût inutile. Ces Grecs font laborieux, fans eux les Arabes mourroient de faim, car ils n'aiment pas le travail, & ils aiment mieux fe paſſer de peu que de cultiver la terre. Ils font tellement accoûtumez à être à cheval, que je crois qu'ils monteroient à cheval pour conduire leur charuë; & comme ils connoiſſent la néceſſité d'avoir des Païſans Grecs & Maures pour cultiver les terres, ils les traitent avec douceur & équité. Chaque Païſan eft taxé felon la quantité de terre qu'il cultive, & paye fa taxe en efpeces après que les récoltes font faites. On me dit que Muzeinat avoit environ cinq cens Habitans. Ils me parurent à leur aife, & fe loüoient beaucoup de l'Emir qui avoit un foin particulier que les Cheiks, ou Gouverneurs, ou Intendans des Villages ne fiſſent point de concuſſions, & qu'ils gouvernaſſent en peres plûtôt qu'en maîtres les Peuples qu'il leur confioit. Les Habitans de Muzeinat étoient tous Chrétiens, ſans mélange de Maures ni d'Arabes. Ils avoient une petite Egliſe de pierres aſſez propre, & trois Papas ou Prêtres.

1664.

Après nous être promenés quelque tems, nous nous arrêtâmes auprès d'une fontaine ombragée de quelques arbres dans un petit vallon tout charmant. Nous nous aſîmes ſur l'herbe. Haſſan mouroit d'envie de me conter ſon hiſtoire, & de me conſulter ſur les moyens dont il pourroit ſe ſervir pour ſe retirer dans ſon Païs. Voilà à peu près comme il me la conta.

## CHAPITRE II.

*Hiſtoire de Haſſan ſurnommé le Franc.*

JE ſuis né à Alondia, qui eſt la principale Ville de l'Iſle de Mayorque après la Capitale. Mes parens qui avoient du bien me deſtinoient à quelque choſe de meilleur que ce que j'ai fait dans la ſuite ; mais l'inclination de courir les mers, qui est naturelle à tous mes Compatriotes, me porta à m'embarquer sur un Vaisseau qui alloit à Malte où j'avois quelques parens. J'en fus reçû parfaitement bien ; mais comme je m'apperçûs qu'ils vouloient m'embarquer sur un Vaisseau Espagnol qui alloit à Barcelone, & qui devoit toucher à Mayorque, je pris parti sur un Corsaire Maltois dont le Capitaine me promit des avantages si considérables, que je crus faire une fortune éclatante & bien prompte, en satisfaisant l'inclination que j'avois de courir les mers. Il ne me fallut pas beaucoup de tems pour me désabuser. Je trouvai dans ce Bâtiment des gens de toutes sortes de Nations, que le desir de faire fortune comme moi avoit engagez dans ce malheureux esclavage depuis cinq ou six ans, sans qu'ils eussent encore fait le moindre profit, & sans qu'ils eussent pû trouver l'occasion de se sauver à Livourne & autres Ports, quoiqu'ils y eussent moüillé plusieurs fois, tant ces Corsaires sont vigilans à empêcher la désertion de ceux qui se sont une fois embarqués avec eux.

Nous courûmes long-tems les côtes

de la Syrie & de la Paleſtine ſans rien prendre. Le pain étoit prêt de nous manquer, & nous n'avions plus d'eau. Dans cette extrêmité nous réſolûmes d'en faire à quelque prix que ce fût. Nous étions alors devant Céſarée de Paleſtine. On arma la Chaloupe, on y mit des barils tant qu'elle en pouvoit porter quand ils ſeroient pleins, & nous nîmes à terre le vingtiéme Novembre 1659. afin de remplir nos barils dans un ruiſſeau, dont la ſource ne nous parut pas éloignée du rivage.

1664.

Les Arabes qui nous obſervoient du haut des montagnes, deſcendirent par des petits ſentiers, & furent ſur nous avant que nous les euſſions apperçûs. Ceux qui ſe trouverent les plus proches de la Chaloupe s'y jetterent précipitamment: ceux qui portoient des barils les abandonnerent, ſe jetterent à la mer, & regagnerent à la nâge la Chaloupe, que ceux qui étoient dedans voguoient au large de toutes leurs forces, ſans ſonger qu'ils avoient des armes, & qu'en tirant trois ou quatre coups de fuſils, ils auroient écartez les Arabes, & nous auroient ſauvez de leurs mains : car comme on ſçait, ces gens-là craignent extrêmement les armes à feu.

1664.

Par malheur pour moi & pour mon camarade, qui étoit du Havre en Normandie, nous étions occupez à remplir les barils, nous n'avions point d'armes, nous fûmes pris & dépoüillez tous nuds sur le champ, & conduits à l'Emir Turabey, sans qu'on nous fit aucun mauvais traitement.

Prise d'Hassan par les Arabes.

Ce Prince nous fit donner à chacun un méchant morceau de toile pour couvrir notre nudité, & par le moyen d'un Interprete, il nous fit plusieurs questions sur notre armement, sur les prises que nous avions faites, sur notre Païs, & autres choses semblables, après quoi il nous dit avec beaucoup de douceur : Mes enfans, vous êtes mes Esclaves, je puis faire de vous tout ce qu'il me plaira : Si vous voulez être Mahometans, je vous donnerai du bien & de l'Emploi, & vous serez au nombre de mes Officiers. Le Normand accepta le parti, & fut circoncis dès le lendemain. L'Emir le fit Cheik de quelques Villages ; mais il ne joüit pas long-tems de la fortune qu'il s'étoit acquise par sa malheureuse apostasie, & mourut sans témoigner aucun regret d'avoir renié sa foi.

L'Emir me pressa de prendre le parti de mon camarade, & soit que je lui plusse davantage, & qu'il loüât en lui-même ma résolution & ma fermeté, il ne put tirer de moi autre chose, sinon que j'étois né Chrétien, & que je voulois mourir Chrétien. Je servis l'Emir deux ans durant avec une fidelité & une exactitude que tout le monde admiroit. Je m'appliquai à l'étude de la Langue, afin de pouvoir traiter avec l'Emir & ses Officiers sans Interprete. Pendant que mon camarade vêcut, je lui faisois de frequens reproches de son apostasie, & sans rien craindre je l'accablois d'injures toutes les fois que je le voyois.

Malgré ma fermeté, je m'appercevois de jour en jour que l'Emir avoit de l'amitié pour moi, & quand je sçûs m'expliquer en sa Langue, il me donnoit beaucoup de part dans sa confiance ; mais cela augmentoit en même-tems l'envie qu'il avoit de me voir Mahometan. Il m'en parloit souvent, me pressoit, me faisoit des promesses, usoit quelquefois de menaces. Dieu me fit la grace d'être inébranlable. Je prenois quelquefois la liberté de lui dire que ma Religion m'apprenoit à servir mon Maître, tel qu'il pût être, avec fidelité & de tout mon cœur, que je le connoissois si juste, que j'étois assuré qu'il me rendroit ce témoignage ; mais qu'il ne devoit rien attendre de bon de moi, si j'étois traître à la foi que j'avois reçûë au Baptême. Je m'appercevois bien que mes raisons ne lui déplaisoient pas. Il me disoit quelquefois, tu es honnête homme, c'est dommage que ton entêtement te prive de la gloire que Dieu a promise à ses fidéles serviteurs, qui sont les Musulmans.

Il se mit un jour en colere : qu'elle fut feinte ou veritable, c'est ce que je ne pus démêler. Il me fit d'abord des offres les plus avantageuses, & voyant que cela ne m'ébranloit point, il me menaça de la mort la plus cruelle, & même de me faire brûler tout vif avec de la fiente de vache. Je demeurai ferme à mon ordinaire. Il commanda qu'on me liât les pieds & les mains. Je crus alors que c'étoit fait de moi, j'offris ma vie à Dieu, & le priai de ne me point abandonner. En cet état, il me fit circoncire en sa présence, & me donna le nom de Hassan ; mais on ne put jamais tirer de ma bouche leur confession de foi. Je leur disois dans la douleur de l'operation : je suis circoncis malgré moi ; mais je suis toûjours Chrétien, coupez moi la gorge, j'aime mieux mourir que de cesser de l'être. On

On me pansa avec soin, je fus guéri en peu de jours, l'Emir recommença à me bien traiter, il me donna des terres que je faisois valoir aux conditions ordinaires des Chrétiens Grecs. Il me donna des habits, des chevaux, des armes, une tente & tout l'équipage d'un Cavalier, & il cessa de me parler de Religion, espérant venir à ses fins par la patience, & par les bienfaits dont il me combloit. Je regardai ces bons traitemens comme une nouvelle grace que Dieu me faisoit, & je me crus obligé de servir mon Maître avec encore plus d'assiduité qu'auparavant.

1664.

L'Emir crut que l'amour d'une femme, & la tendresse que j'aurois pour mes enfans acheveroient de me gagner. Dans cette vûë, il me proposa de me marier avec Hiché, qui étoit la premiere femme de Chambre de la Princesse, & qui avoit toute sa faveur. La crainte d'irriter le Prince fit que je consentis à ce mariage. Je connoissois Hiché, je l'avois vûë plus d'une fois, je sçavois qu'elle étoit très-laide; mais je sçavois aussi qu'elle avoit de l'esprit infiniment, un bon cœur & beaucoup de raison.

Le Prince & la Princesse nous firent des présens considerables, nous en re

*Mariage de Hassan avec Hiché.*

*Tome III.* C

çûmes de tous les Emirs, & de tous les Officiers & des principaux des Camps.

Le Prince nous donna une tente neuve, garnie de tout ce qui étoit neceſſaire pour notre nouveau ménage, on nous regardoit l'un & l'autre comme des Favoris, dont la protection étoit de conſéquence.

Enfin le ſoir de notre mariage étant arrivé, on nous conduiſit en cérémonie à notre nouvelle tente, nous la trouvâmes parée de verdure & de fleurs, on y avoit placé le plus beau & le meilleur lit qui fût chez la Princeſſe. Une grande troupe de femmes environnoit la tente, & faiſoient éclater leur joye par des cris & des chanſons à la loüange des nouveaux mariez. Il y eut un feſtin ſuperbe. Les hommes mangeoient d'un côté ſans rien dire, gardant leur ſérieux, pendant que les femmes qui étoient en d'autres tentes paroiſſoient des folles déchaînées. On avoit fait venir tout ce qu'il y avoit de flûtes, de hautbois, de violons, de tambours dans le Païs, qui par leurs airs languiſſans inſpiroient plûtôt la triſteſſe que la joye, dans une cérémonie qui devoit être toute joyeuſe. Cette ſimphonie, les danſes qui l'accompagnoient,

& le festin durerent jusqu'à deux heures après minuit. Alors on éteign.t tous les feux de joye qu'on avoit allumé par tout le camp. Tout le monde se retira, & on nous laissa en repos.

1664.

Mais je joüai si bien mon rôle, que parmi une infinité de caresses que nous nous fîmes réciproquement, je n'en vins point à la conclusion. J'ai demeuré avec Hiché plus d'un an de la même façon.

La Princesse eut la curiosité d'en demander des nouvelles à Hiché, qui lui dit ce qui en étoit, & la Princesse l'ayant rapporté à l'Emir, il voulut en découvrir la raison : il crut que je n'aimois pas la femme qu'il m'avoit donnée, parce qu'elle étoit noire & laide, ou que j'en avois reçû quelque mécontentement. Il m'en parla, je lui fis entendre par ma réponse que j'étois content de Hiché, que je l'aimois de tout mon cœur, & que je croyois en être aimé de même, & comme il voulut sçavoir quelque chose de plus, je lui avoüai en rougissant, que j'étois impuissant, & que je n'avois pas osé le lui dire de crainte de le fâcher, & qu'il ne crût que je ne voulois pas obéïr à ses ordres, qui m'étoient plus précieux que tout ce qu'il y a au monde. Je loüe ta difcretion, me dit-il ; mais tu l'as pouffé trop loin, je penfe pourtant que ton impuiffance cefferoit fi tu avois une femme de ta couleur, il faut effayer, je t'en donnerai une blanche, jeune & belle, & je pourvoirai Hiché d'un autre mari. Je le remerciai, & je l'affurai que s'il m'ôtoit Hiché, je n'en prendrois point d'autre. La Princeffe fit la même propofition à Hiché, qui répondit de même que moi ; de forte qu'on nous laiffa en repos. Nous avons ainfi paffé notre vie paifiblement. Elle a continué fes fervices chez la Princeffe, & moi j'ai eu foin des affaires de l'Emir à la campagne, & quand je reviens au Camp, je fuis affuré de trouver dans Hiché tout ce qu'un mari peut trouver de plus tendre dans une femme. Mes interêts font les fiens, elle eft attentive à tout ce qui me peut faire plaifir, ma fanté lui eft chere ; nous vivons comme frere & fœur, & dans l'union des cœurs la plus parfaite.

J'interrompis Haffan pour le congratuler de fa fermeté au milieu de tant de dangers. C'eft à Dieu, me dit-il, à qui je fuis redevable de toutes ces graces, je le prie fans ceffe de me les continuer, & de me donner les moyens de retourner finir mes jours dans un Païs Chrétien, & c'est sur quoi j'ai besoin de vos avis & de votre secours.

Je lui demandai si on ne l'inquiétoit plus sur sa Religion : on me laisse assez en repos sur cela, me dit-il, je ne me trouve jamais aux prieres des Mahometans, je ne jeûne point leur Ramadan. Je ne manque jamais d'aller à la Messe des Grecs les Fêtes & Dimanches, mon Emploi m'en donne le moyen, je suis à la campagne tant que je puis, je ne reviens au Camp qu'une ou deux fois la semaine faire ma cour à l'Emir, lui rendre compte de ses commissions, & recevoir ses ordres, & j'y demeure le moins que je puis. Hiché m'en fait quelquefois de petits reproches, quelques caresses l'appaisent, & puis je m'en retourne.

L'Emir fut bien-tôt instruit de la vie que je menois dans le Village. Il me fit venir dans sa tente secrette, & après beaucoup de remontrances & de reproches, dans lesquels il n'y avoit rien de dur, & ausquels je ne répondis que par quelques larmes en me jettant à ses pieds : Hassan, me dit-il, je vois bien que tu es toûjours un porc, qui ne change point de nature quand on lui a coupé la queuë. Tu n'es pas prédestiné au salut des Fidéles ; mais je ne dois pas souffrir que tu abuses de l'extérieur de notre sainte Religion. Je t'aime pourtant, tu es fidéle, exact, tu es honnête homme ; mais tu n'es pas Mahometan. Je te permets de vivre comme tu voudras. Va-t'en à Muzeinat manger du porc avec les Chrétiens. Je te donne le Village à gouverner, & je t'en fais le Maître absolu. Tu pourras y demeurer & y faire les exercices de ta Religion avec liberté, & personne ne me blâmera du mépris que tu fais de ton salut, aussi bien tu n'es d'aucun secours à ta femme.

Je ne répondis rien, j'acceptai le parti, je baisai sa main, & après l'avoir remercié, je m'en allai à mon Village, d'où comme je vous ai dit, je ne reviens qu'une ou deux fois la semaine recevoir les ordres de l'Emir & faire ma cour.

Après que Hassan m'eût fait son Histoire, il me déclara qu'il avoit résolu de s'enfuir, qu'il en avoit cherché l'occasion plusieurs fois ; mais qu'outre la difficulté qu'il y avoit de passer des terres des Arabes sur celles des Turcs qui sont leurs ennemis, il n'avoit trouvé personne à qui il pût se confier pour une affaire de cette importance. Il me demanda ensuite mon conseil & mon assistance.

1664.

Je lui conseillai de conserver les premiers habits des Turcs & des Maures, qui seroient dépoüillez dans les chemins, d'en faire un paquet, & de s'en aller avec cela à la riviere la plus proche de Seïde, de jetter ses habits Arabes dans quelque trou & de s'habiller à la Turque, & qu'ainsi déguisé, il passeroit par tout sans rien craindre, qu'il viendroit chez-moi, où j'aurois soin de disposer toutes choses pour le faire embarquer dans le premier Vaisseau qui iroit à Marseille, que s'il ne me trouvoit pas à Seïde, il iroit tout droit chez les Capucins, & leur diroit qui il étoit, & que ces Peres que j'aurois instruit, & à qui je l'aurois recommandé, ne manqueroient pas de faire tout ce qui seroit à faire pour sa satisfaction.

Il goûta mon conseil, & me promit de le mettre en usage, dès qu'il sçauroit que je serois arrivé à Seïde.

Notre conversation quoique longue auroit encore duré quelque tems, si des Païsans qui nous cherchoient ne nous avoient trouvez, & ne nous eussent avertis que le dîné étoit prêt, & qu'on nous attendoit il y avoit déja long-tems. Nous y allâmes. Ces bonnes gens nous regalerent de leur mieux, & nous retournâmes ensuite au Camp de l'Emir, qui me demanda si Hassan m'avoit fait faire bonne chere, & s'il ne m'avoit pas mené à la chasse du Sanglier. Je lui répondis qu'il m'avoit fort bien regalé ; mais que l'empressement de revenir à sa cour m'avoit fait remettre la chasse à une autre fois, que j'étois fort content de mon voyage, parce que j'avois vû des Païs charmans, & sur-tout parce que j'avois été témoin des loüanges que ses sujets donnoient à sa justice & à sa bonté. Il nous gouverne comme un bon pere, m'ont-ils dit, & nous prions Dieu tous les jours pour sa santé & pour sa prosperité. Nous sommes heureux d'avoir un si bon Maître, nos freres qui sont sujets des Turcs ne sont pas si heureux. Je remarquai que ce discours fit plaisir à l'Emir, qui me dit, Dieu ne met les Princes au-dessus des Peuples que pour les gouverner, comme il les gouverne lui-même. La justice & la misericorde sont deux de ses grands attributs ; mais il faut que la misericorde l'emporte sur la justice, parce que les hommes sont foibles & imparfaits.

La bonne Hiché nous regala parfaitement bien, & nous tint compagnie autant que son service le lui put permettre. Nous allâmes encore faire notre cour à l'Emir, qui avoit la politesse de m'adresser presque toûjours la parole. Nous nous retirâmes quand on servit son soupé, & Hassan coucha avec moi dans sa tente ; & le lendemain après avoir déjeûné de bonne heure, il s'en retourna à Muzeinat.

1664.

## CHAPITRE III.

### Histoire d'un jeune Venitien.

Cinq ou six jours après, le mauvais tems obligea un Corsaire de Malte à venir moüiller à la rade de Caïfa. Un Venitien d'environ dix-huit ans s'étant mis en tête qu'il n'avoit qu'à embrasser la loy de Mahomet pour faire une fortune considerable, se jetta à la mer, & vint à la nâge se rendre au Gouverneur de cette Ville, à qui il déclara le dessein qu'il avoit de se faire Mahometan.

L'Aga crut que c'étoit un esclave que la Providence lui envoyoit sans qu'il lui en coûtât rien, & dont il

C v

pourroit tirer de l'argent. Dans cette pensée il le retint dans sa maison; mais les Religieux du Mont-Carmel & les autres Catholiques de la Ville firent une quête pour le racheter, & ils convinrent avec l'Aga du prix de sa rançon; mais quand il fut question de le livrer à ces Religieux, le jeune homme déclara qu'il ne s'étoit retiré d'avec les Chrétiens que pour se faire Turc, & demanda d'être conduit à l'Emir.

Cette affaire devint sérieuse pour l'Aga. Il s'agissoit de la Religion, & les zelez Musulmans dirent à l'Aga que s'il le livroit aux Chrétiens, ils s'en plaindroient comme ayant vendu un Mahometan aux Infideles. Ainsi le marché demeura sans execution, & le Venitien fut remis à quelques Arabes, qui le conduisirent au camp de l'Emir, que l'on avertit de la bonne volonté de ce jeune homme.

Il ne fut pas plûtôt arrivé que j'en fus averti; je fus chez l'Emir, & je le lui demandai pour me servir de Valet. L'Emir me l'accorda aussi-tôt, & de fort bonne grace. Il vint avec moi ne sçachant pas qui j'étois. Je le menai à ma tente, & j'arrêtai Hassan à souper & à coucher, afin que nous eussions le tems de faire changer de résolution à ce malheureux. Dès que la compagnie qui avoit soupé avec nous se fût retirée, nous entreprîmes ce jeune homme de la belle maniere : nous lui dîmes tout ce qu'on pouvoit lui dire pour le détourner de ce malheureux dessein, nous lui prédîmes tout ce qui lui arriveroit, & il ne falloit pas être devin pour le voir ; car nous reconnûmes que c'étoit un homme sans esprit & sans éducation, que l'avarice possedoit entierement, & qui ne manqueroit pas de se repentir bientôt de ce qu'il alloit faire, quand il verroit qu'il avoit compté mal à propos sur une grande fortune en se faisant Mahometan. Tout fut inutile, il persista dans son dessein, & dès qu'il fut jour il demanda d'être conduit à l'Emir. Le Prince fit appeller Hassan pour lui servir d'Interprete. Il demanda au Venitien quel motif il avoit pour vouloir changer de Religion. Le jeune homme n'osa dire la veritable raison, & demeura muet comme un poisson. L'Emir qui vit son peu d'esprit le méprisa, & lui dit qu'il ne le forçoit point, qu'il étoit libre de demeurer Chrétien, ou de se faire Mahometan, qu'il devoit y penser sérieusement. Hassan qui servoit d'Interprete, lui dit plusieurs fois, fais le signe de la Croix & demeure Chrétien, sinon tu t'en repentiras, crois-moi, n'espere rien, & fais ton salut.

Le jeune homme au lieu de suivre un conseil si sage, leva le doigt & se mit à crier, *lala Mehemed*. C'étoit tout ce qu'il avoit pû retenir de la profession de foy Mahometane qu'on s'étoit efforcé de lui enseigner pendant qu'il avoit été à Caïfa, au lieu de dire ; *La illah ila allah Mehemed Rassoul allah*, qui signifie, il n'y a point de Dieu que Dieu, & Mahomet est l'Envoyé de Dieu.

Alors l'Emir se tournant vers la compagnie ; peut-on aimer, leur dit-il, une Religion qu'on ne connoît pas ?

Les Marchands de Damas qui suivent toûjours le Camp de l'Emir, gens zelez pour leur loy, & superstitieux à l'excez, lui dirent ; Seigneur, ce jeune homme est assûrément predestiné: voyez par quelle suite de miracles, étant né de parens Infidéles, il a mis sa vie en danger pour vous venir trouver, afin d'embrasser notre sainte Religion, c'est une ame Turque dans le corps d'un Chrétien. Voyez avec quelle fermeté il a prononcé les saintes paroles ; c'est Dieu qui les lui a mises dans le cœur avant qu'elles sortissent de sa bouche. Ce seroit détruire l'ouvrage de Dieu de ne le pas recevoir, & de le remettre entre les mains des Infidéles. Ordonnez, Seigneur, qu'il soit circoncis, & vous ferez une action digne de votre pieté, dont Dieu vous tiendra compte, en faisant réüssir tous vos desseins, & augmentant vos jours.

L'Emir qui méprisoit ce jeune homme, ne fut que très-foiblement touché du discours empressé de ces Marchands. Il fit signe de la main au Venitien pour lui faire entendre ce que c'étoit que la circoncision, esperant que la peur de l'opération le feroit changer de dessein ; mais le Venitien lui répondit par un signe de tête qu'il s'y soumettoit. Alors l'Emir ne pouvant plus reculer, l'abandonna à ces Marchands pour en faire ce qu'ils voudroient. Ils le menerent chez eux, & le dépouillerent de ses habits de Matelot qu'il avoit encore, lui en donnerent d'autres à la mode du païs, & l'ayant paré de ce qu'ils avoient de plus beau, ils le firent monter à cheval, le promenerent par tout le camp, & le conduisirent au premier Village, où un

Barbier fit l'operation. Il y demeura jufqu'à ce que la playe fût guerie, & revint à pied au camp, où on le laiſſa vivre comme il put, & comme il voulut.

Il ne fut pas quinze jours ſans s'ennuyer de la vie des Arabes. Comme il étoit ſtupide, groſſier & ſans eſprit, il ne pouvoit rien apprendre de la langue Arabe, pas même pour demander ſes neceſſitez. Cela fit que tout le monde le mépriſa. Il s'apperçût bien qu'il s'étoit trompé dans ſon calcul, & que l'Emir n'étoit pas d'humeur à le charger de richeſſes ; tout le monde le mépriſoit, & on le laiſſoit dans un coin à fumer ſon tabac. Il mangeoit avec les valets, & couchoit dans les tentes, ou dehors, comme il pouvoit.

A la fin il fut contraint de revenir me chercher. Il m'avoit toûjours évité. Il vint donc à ma tente & me témoigna le regret qu'il avoit de la faute qu'il avoit faite, & me pria les larmes aux yeux de le tirer du malheureux état où il s'étoit precipité.

Haſſan étant entré dans ce moment le chaſſa à coups de pieds de ſa tente, en lui diſant ; Eſt-il tems, miſerable, de revenir à nous, tu as abandonné ton Dieu & ta foy : va-t'en demeurer avec les chiens ; si je dis un mot à l'Emir, il te fera brûler avec de la fiente de vache. C'est une menace terrible chez les Arabes, parce que cette fiente faisant un feu fort lent, celui qu'on y expose en souffre infiniment davantage.

Je priai Hassan de le laisser en repos, & de ne lui pas faire le mal dont il l'avoit menacé, & même de trouver bon qu'il me vînt voir quelquefois. Je connus effectivement que cet apostat étoit veritablement touché, j'en eus pitié, & je priai Hassan de le prendre pour son valet, pendant qu'il demeureroit à son Village, & de le mener avec lui quand il auroit occasion de quitter les Arabes pour repasser en Europe. Hassan m'accorda de bonne grace ce que je lui demandois, & emmena dès le même jour son nouveau valet Soliman à Muzeïnat.

Je dirai dans la suite de ces Memoires de quelle maniere Hassan & son valet se sauverent.

## CHAPITRE IV.

*Negotiation de l'Auteur chez l'Emir Turabey, & les honnêtetez qu'il reçût des autres Emirs.*

JE trouvai moyen d'avoir une audience secrete de l'Emir. Je lui dis sans façon que dans l'état où j'avois laissé les affaires en partant de Seïde, les François avoient tout à craindre du ressentiment que les Turcs avoient de la prise de Gigery, & que je lui demandois sa protection pour moi & pour mes freres & mes effets. Je vous l'accorde de tout mon cœur, me dit-il, & non seulement pour vous, vos freres & vos effets; mais encore pour tous les François qui viendront sous vos auspices; & non seulement pour l'occasion qui se presente, mais pour toûjours. Prenez seulement bien vos mesures pour venir sur mes terres; pourvû que je sois averti, vous trouverez une bonne escorte, & vous demeurerez ou dans mon Camp, ce qui me feroit plaisir, ou dans tel autre lieu que vous voudrez choisir. Je vous ferai expedier des lettres, que tous les Arabes respecteront. Je le remerciai comme je devois d'une grace qu'il m'accordoit avec tant de politesse, & ayant trouvé une occasion pour écrire à Seïde à mon frere, je lui mandai ce que j'avois fait, & où j'étois ; car j'étois parti sans dire mon dessein à personne. Je le chargeai encore de m'envoyer par le retour de la même occasion plusieurs choses dont je voulois faire des presen, & de me donner avis de tout ce qui se passoit par certaines adresses secretes que je lui indiquai.

1664.

Cette confidence que j'avois fait à l'Emir de l'état de mes affaires, me mit dans son esprit encore mieux que je n'y étois. Dès que je n'étois pas avec lui il m'envoyoit chercher, & se plaignoit dans des termes polis que je l'abandonnois. Vous ne dînez pas à mon heure ; mais du moins venez prendre du caffé & fumer avec moi; on en prend à toute heure, & je ne vous donnerai point de Bergé, puisqu'il vous fait du mal. Toutes ces faveurs m'attiroient des politesses de tout le monde. J'étois assuré d'être visité de tous les Emirs & autres Seigneurs Arabes qui venoient à la Cour. Il est vrai que j'étois quelquefois fatigué de répondre aux queſtions qu'ils me faiſoient ſur une infinité de choſes qui piquoient leur curioſité ; mais j'en retirois cet avantage, que je m'accoûtumois de plus en plus à m'expliquer facilement dans leur Langue, où je trouvois tous les jours de nouvelles beautez. Je leur faiſois preſenter du caffé & du tabac, & quand ils s'y trouvoient à l'heure de mon repas, j'en faiſois avertir la couſine Hiché, qui avoit ſoin que rien ne nous manquât pour leur faire bonne chere. On ne m'appelloit dans tous les Camps que le Franc de l'Emir : on me regardoit comme ſon Favori, & on me prioit de lui demander ce qu'on n'oſoit pas lui demander à lui-même. Il ne m'a jamais rien refuſé. Je ne l'accorderois pas à tout autre qu'à vous, me diſoit-il quelquefois ; mais puis-je refuſer quelque choſe à une perſonne que j'aime & que j'eſtime ?

Ces Meſſieurs étoient tellement attentifs quand je leur parlois de la puiſſance du Roi, de la Juſtice de ſon Gouvernement, de ſes armées, de la diſcipline de ſes troupes, de nos manieres de faire la guerre, d'aſſieger les Places & de les emporter, que je fus obligé pour les contenter, de faire un petit fort avec du carton, pour leur faire comprendre ce qu'ils ne pouvoient comprendre quand il n'étoit tracé que sur du papier. L'effet du canon leur paroissoit quelque chose de divin. Comment est-il possible, disoient-ils, qu'un peu de poudre donne tant de force à une masse de fer pour lui faire renverser des murailles si épaisses & briser de si grosses pierres ? Personne ne m'interrompoit pendant que je parlois; ils étoient immobiles, on les auroit pris pour des statuës, si l'on n'avoit vû le mouvement de leurs doigts, avec lesquels ils peignoient leurs barbes, qui est leur contenance ordinaire quand quelque discours leur plaît.

Ils se racontoient les uns aux autres ce que je leur avois dit, & ceux qui ne l'avoient pas entendu de ma bouche, venoient exprès pour me le faire recommencer, de sorte que j'en étois fatigué; mais il falloit avoir cette complaisance pour des Princes qui avoient pour moi une infinité de politesses.

Ils me prioient souvent d'aller manger chez eux, & me régaloient de leur mieux, & j'étois tellement accoûtumé à leurs mets & à leurs ragoûts, que je ne trouvois plus de différence entre leurs manieres & les nôtres Nous avions entre autres choses une abondance prodigieuse de toutes sortes de fruits, & sur tout de pasteques, je m'en accommodois à merveille, & j'ai été un mois entier sans boire une goutte d'eau. Ces fruits me tenoient lieu de boisson. Rien n'est plus humectant & plus rafraîchissant. J'en ai mangé en Italie & à Malte, que je croyois les meilleurs qui fussent au monde. Celles de Syrie, & sur tout de Damas & du Mont-Liban étoient toute autre chose.

C'étoit une chose si extraordinaire de voir un Franc chez les Arabes, habillé comme eux, parlant leur Langue, vivant à leur maniere, que l'on me vouloit voir dans tous les Camps des Emirs qui sont éloignez de celui du grand Emir d'une lieuë ou environ, & où ces Princes ont la même authorité que le grand Emir dans le sien.

*L'Auteur va au Camp de l'Emir Dervick.*

Le plus jeune de ces Emirs s'appelloit Dervick, ce n'est pas qu'il eût embrassé la profession de cette espece de Religieux, il en étoit bien éloigné, le pur hazard le lui avoit fait donner. J'avois vû plusieurs fois ce jeune Prince chez l'Emir, il étoit venu prendre du caffé & fumer dans ma tente. Il me convia d'aller dans son Camp pour satisfaire la curiosité de sa mere & de sa sœur, qui avoient envie de voir un Franc. Il m'y conduisit ; mais quand nous y arrivâmes, ces Princesses ne purent jamais me distinguer d'une centaine d'Arabes qui étoient à la suite du Prince.

1664.

Après qu'il m'eût donné la colation, il me mena promener autour de la tente des Princesses, pour leur donner le loisir de me considerer à leur aise, & vers le soir, un peu avant qu'on servît le souper, on vint avertir que les Princesses alloient sortir pour prendre le frais. Aussi-tôt tous les hommes se retirerent par respect dans leurs tentes. Les Officiers que l'Emir avoit chargé d'avoir soin de moi, me firent entrer dans celle qui m'étoit destinée, & me firent voir les Princesses par un trou qu'ils avoient pratiqué, afin que je les pusse voir. Elles se promenerent quelque tems ; elles semblerent même affecter de venir fort près de ma tente, d'où je crois qu'elles sçavoient que je les considerois.

La mere de l'Emir Dervick, veuve de l'Emir *Khachan*, qui avoit été le plus beau & le mieux fait de tous ses freres, étoit belle, grande & fort blanche, elle étoit âgée de trente-cinq ans.

Portrait de la mere de l'Emir Dervick.

La Princesse sa fille étoit petite, d'une taille aisée & bien prise, son visage un peu long étoit fort blanc; elle avoit un très-beau teint. Ses yeux étoient grands & bien fendus, & bordez légérement d'une couleur noire, composée avec de la tutie : c'est la mode du Païs, mode très-ancienne, & qui a passée des femmes Grecques aux Romaines dans les siecles passez. Elle pouvoit avoir environ quinze ans.

L'Emir Dervick n'avoit que dix-huit ans ; il ressembloit beaucoup à sa sœur, mais beaucoup plus grand. Il étoit civil, honnête, poli, & d'une douceur qu'on ne s'imagineroit pas devoir trouver dans une Nation qu'on croit ne s'en point picquer. Il vivoit avec moi & avec ses gens comme avec ses égaux & ses camarades. Il étoit extrêmement liberal, il faisoit du bien à tout le monde, & cette vertu le faisoit aimer & respecter de tous ses Sujets. Il en étoit le maître absolu, plus par cet endroit que par le droit que sa naissance lui donnoit sur eux.

Nous nous mîmes à table après que les Princesses furent rentrées dans leur tente, & contre la coûtume des Arabes, nous y fûmes long-tems, parce

---
1664.
Portrait de la sœur de l'Emir.

Portrait de l'Emir Dervick.

que nous avions du vin que l'on servoit à la ronde, & à petits coups.

1664.

Nous fûmes regalez ensuite d'un concert de voix, de violons, de tambours & de flûtes, qui n'étoit pas moins lugubre que celui dont Hassan avoit été régalé le soir de ses nôces.

Leur chant est uni, avec des pauses fort longues. On pourroit le comparer à la psalmodie des Grecs. La mesure est si juste & si bien executée dans cette musique Arabe, qu'elle ne laisse pas d'être agréable, & que l'oreille s'y fait aisément.

On servoit pendant ce concert du vin à la ronde. Ceux qui n'étoient pas accoûtumez d'en boire s'en trouvoient assoupis, & tenoient long-tems la tasse à la main en rêvant, les chansons en faisoient pleurer quelques-uns. Ces chansons en effet étoient fort tendres. Tout le monde étoit sérieux, excepté moi qui rioit quelquefois, parce que l'Emir nous faisoit des petits contes fort divertissans, & qu'on pouvoit regarder comme des galanteries fort spirituelles.

A l'exemple du Prince chacun en voulut faire à son tour. J'en fis un qui leur fit perdre leur sérieux, & malgré leur gravité, je leur fis jetter de grands éclats de rire.

Il y avoit de ces chanfons qui étoient heroïques, dans lefquelles on racontoit les grandes actions des Heros de la famille de l'Emir. Je ne fçai fi les Efpagnols ont pris leurs chanfons des Arabes, ou fi les Arabes ont reçû les leurs des Efpagnols; mais c'eft à peu près la même chofe.

Les Princeffes ayant foupé, on entendit une vingtaine de voix de femmes qui chantoient devant leur tente pour les divertir. Notre concert finit auffi-tôt, il fe fit dans la tente de l'Emir un grand filence, & tout le monde s'appliqua à entendre cette nouvelle mufique : on ne laiffoit pas de boire, le vin finit avec la mufique, & auffi-tôt on fe leva de table, on donna le bon foir à l'Emir, & on fe retira.

J'avois fait apporter des boëtes de confitures féches, je priai l'Emir d'en vouloir accepter deux douzaines, il vit bien ce que cela fignifioit, & les envoya fur le champ de ma part aux Princeffes. C'étoit une faveur dont il n'y avoit pas d'exemple, auffi l'en remerciai-je de mon mieux.

L'Emir m'envoya un de fes meilleurs lits, il confiftoit à l'ordinaire en un petit

tit matelas de cotton, un carreau de velours cramoisi, une couverture de satin, avec un drap de toile de lin blanc & une *fatta*. Il avoit aussi donné ses ordres pour mes Valets & mes chevaux.

Le jour suivant la Princesse mere se leva dès huit heures, & m'envoya un present de pâtisserie, de pain, de miel, de crême, de beurre frais, & un bassin de confitures de Damas. Deux jeunes Eunuques noirs en furent les porteurs, & furent bien contents du présent que je leur fis.

L'Emir vint sans façon déjeûner avec moi dans ma tente, on ne peut mieux faire les honneurs de sa maison qu'il les faisoit, nous prîmes du caffé, parce que le vin nous manquoit, & puis nous montâmes à cheval pour aller rendre visite à un de ses oncles qui vouloit me voir.

Cet Emir nous reçût très-poliment, & nous traita autant bien qu'on le pouvoit souhaiter, & avec toute la civilité imaginable. Il me demanda si je m'accoûtumois à leurs manieres, & lui ayant répondu qu'elles me plaisoient infiniment : Demeurez donc avec nous, me dit-il, vous y serez aimé & estimé, & tous tant que nous sommes, nous nous étudierons à vous procurer toutes sortes de plaisirs. Je le remerciai de sa bonne volonté, & le suppliai de me la conserver po- une autre occasion. La conversation qui dura jusqu'à trois heures après midi roula sur les coûtumes de France, dont ce Prince étoit fort curieux de sçavoir des nouvelles. Nous montâmes ensuite à cheval, & nous allâmes au fond d'un large vallon où il y avoit une petite plaine. Là les deux Emirs avec leurs gens se partagerent en deux Escadrons d'environ deux cens hommes chacun, & firent une espece de combat avec de longs roseaux qu'ils se lançoient avec beaucoup d'adresse. J'ai déja parlé de ce jeu dans un autre endroit, ainsi je n'en dirai rien davantage. Ce divertissement dura deux heures, après quoi les deux troupes se rangerent sous leurs Chefs, & les Emirs ayant mis pied à terre, tout le monde les imita, on s'assit à l'ombre sous des arbres, on nous servit du caffé qu'on avoit fait sur le lieu, qui étoit aussi bon & aussi proprement que s'il nous l'avoit fait servir sous la tente. Après nous être reposez, nous prîmes congé les uns des autres, les deux Emirs s'embrasserent tendrement, mais sans baiser leurs barbes, parce que l'Emir

Dervick étoit encore trop jeune pour en avoir.

Je pris congé des deux Emirs, & je me retirai au Camp de l'Emir Turabey avec mes gens, après avoir remercié l'Emir Dervick de l'escorte qu'il me vouloit donner. Il est vrai aussi que je n'en avois pas besoin : car j'étois connu par tout. J'allois seul sans rien craindre, & toûjours avec mon équipage Arabe, & quand je rencontrois des troupes d'Arabes, ils venoient me conduire par honneur.

Je trouvai la cousine Hiché dans l'impatience de nous revoir. Je trouvai aussi Hassan. Elle nous apporta le souper qu'elle nous avoit préparé avec son attention ordinaire, & pour l'en récompenser, je lui contai tout ce que j'avois vû & appris dans mon petit voyage, dont elle ne manqua pas d'aller regaler l'Emir & sa Maîtresse.

Dès que nous eûmes soupé, nous allâmes à la tente d'audiance. Je trouvai l'Emir fort chagrin contre son ordinaire, il me parut en colere contre quelques-uns de ses Officiers, qui l'écoûtoient sans rien répondre, de peur de le fâcher davantage. Cette mauvaise humeur fut cause que je me contentai de lui faire la révérence, qu'il
D ij

me rendit fort gracieusement, après quoi je me retirai tout doucement à ma tente, en attendant que la cousine Hiché pût me venir instruire de la cause du chagrin du Prince.

Hiché qui me vit revenir presque sur mes pas, vint aussi-tôt m'entretenir le reste de la soirée, & sçavoir la cause de mon prompt retour. Je la lui dis, & la parenté & l'amitié l'engagerent à ne me pas faire un myftére de tout ce qui s'étoit passé pendant mon absence. Elle me dit donc que le Secretaire de l'Emir étoit tombé malade d'une fiévre continuë à quatre lieuës du Camp, dans un Village où l'Emir l'avoit envoyé en Commission, & qu'il n'avoit personne auprès de lui pour faire ses dépêches, qu'à la verité il pouvoit envoyer chercher un Secretaire chez les autres Emirs ; mais que comme il y avoit toûjours quelque jalousie secrete entre eux, il ne vouloit pas confier ses secrets à leurs domestiques, qu'il y avoit dans le Camp une douzaine d'Agas envoyez par des Pachas & autres Seigneurs, avec sept ou huit personnes chacun, & leurs chevaux & mulets de bagages, qui ne le chagrinoient pas tant par la dépense qu'il étoit obligé de faire pour leur nourriture, que par l'empreſſement qu'ils témoignoient pour s'en retourner, & que depuis trois ou quatre jours, il ſembloit qu'ils s'étoient donné le mot pour le déſeſperer à force de demander leurs réponſes.

1664.

Il eſt vrai, ajoûta-t'elle, qu'il y a chez l'Emir un vieux Secretaire, qui a été un des plus habiles Ecrivains du Païs ; mais outre ſon âge déja fort avancé, l'uſage du *Bergé* lui a tellement affoibli les nerfs, que ſa tête, ſon corps, & ſes mains tremblent de telle maniere, qu'il ne peut pas tenir la plume. Tout le ſervice que l'Emir peut tirer de lui, eſt de lui ſervir d'Interprete, quand les Turcs qu'on lui envoye ne ſçavent pas la Langue Arabe; de ſorte qu'il n'a perſonne pour écrire ſes ordres, & pour répondre aux Lettres qu'il reçoit.

Toutes les affaires de ſes ſujets demeurent ſuſpenduës, rien ne s'avance ni au Camp, ni dans les Villages. Voilà le ſujet de ſa mauvaiſe humeur.

J'avois vû ce Secretaire malade, & il ne m'avoit pas paru un grand Clerc, ni en matiere d'écriture, ni en raiſonnement. Il n'avoit pour tout talent qu'un peu de routine, peu ou point d'ortographe, & ſi ignorant pour tout

D iij

le reste, qu'il employoit pour les plus grands Seigneurs de l'Empire, les mêmes termes dont il se servoit pour un Païsan. Ce qu'il sçavoit parfaitement bien, c'étoient ses interêts, il les faisoit valoir à merveilles ; sans argent ou sans présens les Païsans n'auroient pas arraché deux lignes de sa mauvaise écriture. Aussi n'y en avoit-il pas un dans tout l'Etat de l'Emir, qui ne l'eût voulu voir pendu à un arbre, & qui ne le chargeât tous les jours de mille malédictions.

L'Emir connoissoit ses mauvaises qualitez, son ignorance & son avarice ; mais faute d'autre, il ne pouvoit s'en passer, il apprit qu'il étoit fort mal & hors d'état d'être transporté. L'Emir désesperé de ne pouvoir congedier tous ces Agas, passoit les jours entiers chez la Princesse, & tout le monde se ressentoit de sa mauvaise humeur. Pour moi, je faisois toûjours bonne chere, & je me consolois de l'absence de l'Emir avec la bonne cousine Hiché.

Il me vint cependant dans l'esprit, que ce que je sçavois de Turc & d'Arabe pourroit être utile au Prince, j'en conferai avec la cousine Hiché, qui m'exhorta avec beaucoup d'empressement à lui rendre ce service, puisque j'étois en état de le faire. J'avois heureusement avec moi un Livre Turc intitulé *Hincha*, qui est comme un Formulaire de toutes les Lettres qu'on peut écrire sur differens sujets à toutes sortes de personnes selon leurs qualitez. J'avois appris à écrire étant à Seïde, du nommé *Mehemed Cheleby Cherkez Agli*, qui étoit un des plus habiles Ecrivains qui fût dans tout l'Empire, & j'avois fait d'assez heureux progrès sous ce Maître. Je me persuadai donc que je pourrois suppléer au défaut du Secretaire, en attendant qu'il fût guéri, ou que l'Emir en eût trouvé un autre. Je dis à Hiché de demander un moment d'audiance particuliere pour moi à l'Emir. Il y a apparence qu'elle lui dit de quoi il s'agissoit : car elle vint sur le champ me chercher. Il me fit asseoir auprès de lui dès que je l'eus salué, & me demanda ce qu'il pouvoit faire pour moi. J'ai remarqué, Seigneur, lui dis-je, que vous paroissez être chagrin de la maladie de votre Secretaire, j'ai quelque connoissance des Langues Arabe & Turque, & si vous vous contentez de la maniere dont je les peins, & que vous me jugiez digne de votre confiance, je tâcherai de vous servir le mieux qu'il me sera pos-

D iiij

sible. Pour ma confiance, répondit-il, vous devez vous être apperçû que vous l'avez toute entiere. Mais est-il possible qu'un Franc puisse écrire des Langues si differentes de la sienne.

Sans repliquer, je pris une plume dans son écritoire, & j'écrivis deux ou trois lignes en Arabe & en Turc, que je lui montrai. Il les lût & les trouva fort à son gré. Il me dit, vous me pouvez rendre un très-grand service & je vous en conjure, & sur le champ il tira de son sein une Lettre du Pacha de Damas, & me dit de la lire, je le fis, & je lui demandai quelle réponse il y vouloit faire. J'écrivis d'abord la réponse en François, & comme elle étoit écrite en Turc, je fis la réponse en Turc, & je la lui portai une demie heure après. Il fut surpris de ma diligence, il la lût, il admira le style & les expressions nobles dont je m'étois servi, le vieux Secretaire en fut charmé. J'avois composé un chiffre des Lettres de son nom & de ses qualitez. Elles y étoient entrelassées avec art. Je le mettois à la tête ou à la fin des Lettres, selon la qualité des personnes à qui on écrivoit, avec des queuës & des traits de plume tirez de part & d'autre, qui donnoient un air de propreté & de grandeur à la Lettre. Tout cela fut parfaitement bien reçû, & à voir la différence de mon écriture à celle de son Secretaire malade. Il écrivoit en Arabe à toutes sortes de personnes indifferemment. Il lui falloit tout un jour pour faire le broüillon d'une Lettre. L'Emir en employoit autant à la corriger, après quoi il falloit encore une journée pour la mettre au net, ce qui traînoit toutes les affaires dans une longueur prodigieuse.

Ce Prince voyant que je l'avois servi si promptement & si à son gré, ne sçavoit quelle chere me faire, il me remercia dans des termes dont il n'avoit pas accoûtumé de se servir, son chagrin disparut, & dès le jour suivant il parut dans son humeur ordinaire.

Je priai l'Emir de me remettre ses autres Lettres, & de me marquer les réponses qu'il y vouloit faire. J'en faisois un Mémoire sur le champ, & je lui promis d'achever toutes ces dépêches pour le lendemain au soir. Je lui tins parole, & même plûtôt qu'il n'attendoit: car m'étant mis à travailler à la pointe du jour, tout fut prêt à midi. J'allai lui porter ses expeditions à sa tente d'audiance, elles étoient écri-

D v

tes sur du grand papier, d'un caractére qu'il n'étoit pas accoûtumé de voir, & avec des magnificences qui lui étoient inconnuës jusqu'alors. A mesure qu'il se les faisoit lire, je les mettois dans de petits sacs de taffetas de differentes couleurs, que j'avois fait préparer pour cet effet par la cousine Hiché, & l'Emir y mettoit son cachet. Cette maniere n'avoit jamais été pratiquée chez l'Emir ; mais elle lui fit plaisir, & je crois qu'elle est passée depuis ce tems-là en coûtume, aussi bien que de faire des réponses dans la Langue dont on s'étoit servi dans les Lettres qu'il avoit reçûës. Dès que ces dépêches furent achevées, il fit venir les Envoyez les uns après les autres, leur donna leurs réponses, & leur laissa la liberté de partir quand ils voudroient. Ils furent si contents, que les uns partirent dès le jour même, & les autres le lendemain matin avant que l'Emir fût levé.

On sçût ensuite que le Secretaire étoit mort. L'Emir s'en mit peu en peine voyant que j'en pouvois faire les fonctions jusqu'à ce qu'il en eût un autre, & que je ne cherchois que les occasions de l'obliger. Il prônoit partout les services que je lui rendois,

& difoit que j'étois le plus habile Ecrivain qu'il y eût au monde. Je reconnoiſſois pourtant bien que je ne meritois pas les loüanges qu'il me donnoit, & que je ne pouvois paſſer pour habile que parmi des Bedoüins, bonnes gens, ignorans par nature, & ſans façon.

1664.

Le bruit ſe répandit auſſi-tôt que j'étois le Secretaire de l'Emir, & dès le lendemain matin pendant que je déjeûnois, une troupe d'Arabes & d'autres ſujets de l'Emir, me vinrent aſſieger dans ma tente. Ils crioient tous à la fois : *Ya Sayadi agiaal Nadarck alema.* Ces mots ſignifioient : Seigneur, jettez vos regards ſur nous autres pauvres gens, par votre vie, par votre barbe benîte que Dieu veüille conſerver, aſſiſtez-nous dans nos beſoins. Ils entroient en foule, chacun vouloit être le premier à me conter ſon affaire. L'un vouloit me baiſer la main, l'autre la robe, la plûpart ne ſçavoient pas que j'étois Chrétien. Ils faiſoient un bruit enragé, ils s'interrompoient l'un l'autre, & je ne pouvois comprendre ce qu'ils demandoient. Je leur fis ſigne de la main pour leur impoſer ſilence, & je leur dis de parler l'un après l'autre.

D vij

1664.

Un vieillard qui se trouva le plus près de moi, me dit : Seigneur, il y a tantôt quinze jours que nous venons tous les jours au Camp de l'Emir pour avoir des Ordonnances. Nous perdons tout notre tems à aller & venir, nos affaires ne se font point, parce que ce Secretaire ( à qui Dieu ne fasse jamais misericorde ) étoit malade, & il est mort presentement. Nous vous demandons la grace de nous écrire deux lignes à chacun, afin que nous ne soyons pas plus long-tems dans cette misere.

Je leur accordai ce qu'ils me demandoient, à condition qu'ils n'entreroient que l'un après l'autre. Ils sortirent aussi-tôt, & s'assirent en rond autour de ma tente, & à mesure que l'un sortoit, il en entroit un autre avec un petit morceau de papier grand comme une carte à joüer dans une main, & un présent dans l'autre. J'écrivois l'Ordonnance de l'Emir comme si elle avoit été accordée, parce qu'en ce cas le Prince y mettoit son cachet, on la rendoit déchirée à celui qui la lui avoit présentée, quand il ne vouloit pas accorder la grace qu'il demandoit. En voici les termes.

Nous ordonnons à toi Abou Mehmed Cheix d'un tel Village, de donner à Mustafa porteur de la présente, quatre charges de bled ou d'orge, &c. que nous avons accordé, tu n'y feras donc faute, sinon tu sçais... Ces billets sont sans datte. Il y a seulement au-dessus le paraphe de l'Emir, qui ne signifie autre chose que le pauvre, l'abject Mehmed fils de Turabey.

1664.

J'employai toute la matinée à me débarasser de ces gens-là, qui me fatiguerent plus par leurs remercîmens & leurs cérémonies, que je ne l'avois été par plus de cinquante ordonnances que je leur avois faites. Il n'y avoit rien de si aisé pour moi que de leur donner ce consentement, & ils furent si heureux, que pas un ne fut refusé ce jour-là; de sorte qu'ils s'en retournerent contents, en criant & me donnant des bénédictions.

Je passai près de deux mois dans cet exercice, expediant tous les matins une quantité de ces gens, qui ne manquoient jamais de m'apporter un présent pour deux lignes d'écriture que je leur donnois sur le champ. L'un m'apportoit du tabac, l'autre du caffé, un mouchoir, un agneau, du fromage, du miel, des fruits, chacun selon son pouvoir, & selon le prix de la chose qu'il demandoit au Prince. Je refusois tout ce qu'on m'apportoit, mes gens seulement prenoient quelquefois du tabac & des fruits, & je leur disois que la coûtume des François n'étoit pas de servir leurs amis par interêt, que je n'avois pas besoin de cela ni chez l'Emir ni ailleurs, & que je leur faisois présent de mes droits en consideration de l'Emir leur Maître, & que je les servirois toûjours de bon cœur. Mon désinteressement m'attiroit des loüanges infinies, le Camp retentissoit des bénédictions qu'ils me donnoient à pleines têtes. Ils s'attroupoient & se disoient les uns aux autres, nous étions bien malheureux avec ce chien de Secretaire, nous n'avions pas assez de bien pour assouvir son avarice, s'il avoit pû nous avaler il l'auroit fait, il marchandoit les jours entiers avec nous pour nous délivrer nos ordonnances. Dieu nous a fait une grace singuliere de nous avoir délivrez de sa tyrannie, & de nous avoir envoyé ce Franc à sa place. On nous disoit que les gens de cette Nation étoient de mauvaise foi, des voleurs & des Corsaires, nous voyons bien le contraire dans celui-ci, & plût à Dieu que nous eussions l'ame aussi pure & aussi blanche, & la conscience aussi nette que lui.

On ne parloit dans tout l'Etat de
l'Emir, que de mon défintereſſement 1664.
& du refus que je faiſois des préſens
qu'on m'offroit; de ſorte que j'étois
connu & eſtimé de tous ſes ſujets, &
que quand j'allois me promener ſeul,
j'étois aſſuré de revenir accompagné de
tous ceux que je rencontrois.

J'étois ſouvent l'arbitre des differends qui ſurvenoient entre les ſujets de
l'Emir. J'étois accoûtumé à écoûter avec
patience tout ce qu'ils avoient à dire,
& quand j'avois prononcé, ils s'en tenoient ſans ſe plaindre de ma déciſion.
J'étois l'Avocat de tout le monde auprès de l'Emir, qui m'accordoit de bonne grace tout ce je lui demandois, &
je me trouvai bien plus en état de faire
plaiſir à ceux qui avoient beſoin de
moi, que je n'aurois été dans mon
Païs.

Quelque tems après, les Officiers
de l'Emir me propoſerent une partie
de plaiſir à Tartoura. Je le dis à l'E-
mir, parce que je ne voulois pas m'é-
loigner dans le beſoin qu'il pouvoit
avoir de moi. Ces déferences lui plai-
ſoient infiniment. Il m'en remercia
dans les termes les plus tendres, & me
dit de me bien divertir, & que s'il

venoit quelque Lettre, il feroit attendre les Envoyez.

## CHAPITRE V.

*Voyage de l'Auteur à Tartoura.*

TArtoura eſt un petit Port de la dépendance de l'Emir Turabey. A peine y fûmes-nous arrivez, que le gros tems fit échoüer un gros Bateau de Grecs ſur les bancs de ſable. Il étoit chargé de vin de Chypre & de fromages que l'on portoit en Egypte. Dès qu'il eût touché, les lames le mirent en pieces en peu de momens, tout l'Equipage ſe ſauva à terre. Les fromages demeurerent à la mer, & les tonneaux de vin rouloient au gré des flots.

*Naufrage d'un Bateau de Chypre.* L'Emir Dervick qui avoit vû le naufrage du haut des montagnes, y accourut avec une partie de ſa Cavalerie & quelques Officiers du Grand Emir, qui commencerent par dépoüiller les Matelots & les Paſſagers, & firent travailler les Arabes à retirer les débris du Bateau & tout ce que la mer apportoit à terre. Le Patron & tous ſes gens ſe voyant nuds allerent se cacher dans les broussailles, en attendant la nuit pour se retirer au prochain Village, & trouver à se revêtir. J'allai les consoler de la perte qu'ils avoient faite. Je leur dis que j'étois Chrétien & que j'avois quelque crédit parmi les Arabes, & que je tâcherois de leur rendre service. Ils furent bien aises de m'avoir rencontré, & de m'entendre parler leur Langue qui est le Grec vulgaire. Je leur proposai de venir travailler à retirer de la mer ce qui s'en pourroit sauver, & que je leur ferois rendre quelque chose. Je le fis trouver bon à l'Emir qui me promit de les contenter.

1664.

Alors ces pauvres Matelots s'étant jettez à la mer malgré la violence des vagues qui portoient les marchandises à terre, & puis les reportoient au large, sauverent beaucoup de choses. On ne put empêcher que les tonneaux ne fussent brisez. Ils ne purent en sauver que deux, & avec beaucoup de peines ils les mirent à terre. Les Arabes avoient ramassés quelques fromages : je leur dis en riant qu'ils étoient fait de lait de truyes, ils les jetterent aussi-tôt, se laverent les mains, & les Grecs en profiterent.

Il commençoit à être tard, & la mer étoit si agitée que les Matelots ne pouvoient plus travailler. Je priai l'Emir de leur faire rendre leurs habits. Il commanda qu'on les leur rendît, & les Arabes leur en rendirent la plus grande partie; mais comme l'Emir voulut coucher à Tartoura sous des tentes qu'il avoit fait dresser, je leur fis esperer d'obtenir encore quelque chose pour eux: je leur conseillai d'attendre qu'il eût soupé, afin de le trouver de meilleure humeur.

L'Emir ordonna qu'on lui préparât à soûper : rien ne fut plus aisé à ses Officiers, car tout ce qu'il y avoit de gens dans le Village lui avoient apporté des presens de viandes, de volailles, de gibier, de fruits & de caffé, mais aucun n'avoit apporté du vin; j'en trouvai deux cruches chez un Grec du Village nommé *Abou-Moussa*, que je fis présenter à l'Emir par ces pauvres Matelots. Le Prince les reçût avec plaisir. Nous nous mettions à table : je fis signe aux Grecs de se tenir hors de la tente, & d'attendre que je les fisse entrer, & cependant on leur donna à manger.

Le repas fut grand & long. Il y avoit beaucoup d'Arabes qui ne bûvoient pas de vin, ce qui fit que l'Emir & moi, & quatre ou cinq de ses Officiers en eûmes suffisamment. On portoit les tasses à la ronde, on chantoit bien ou mal, il y avoit du plaisir dans ce divertissement champêtre.

Je crus qu'il étoit à propos de faire entrer les Grecs, je les fis appeller, ils entrerent en foule, baiserent la veste de l'Emir, & se retirerent à côté. Le Prince me demanda si on ne leur avoit pas rendu leurs habits, & s'ils desiroient quelque autre chose. Je lui répondis que ses ordres avoient été exécutez fort exactement, mais que ces pauvres gens ayant été ruinez par la perte de leur Bateau & de leurs marchandises ils le supplioient de leur accorder les débris du naufrage qu'ils pourroient retirer, qui n'étoient pas considérables, qui pouroient leur servir à se retirer chez eux & à secourir leurs miserables familles.

Ceux de la compagnie qui avoient envie d'en faire leur profit, s'y opposerent; mais l'Emir après quelques réfléxions les leur accorda, & ordonna sur le champ qu'on leur laissât tout enlever jusqu'à un clou. Il n'en fallut pas davantage. Les Grecs lui baiserent le bas de la veste pour tout remercîment, & s'en allerent fur le champ travailler à ramaffer ce que la mer jettoit à la côte, avec efpérance de faire le refte le jour fuivant, parce que le vent étant tombé, la mer devoit être plus belle, & que l'Emir devoit décamper avec tous ceux qui auroient pû les embaraffer.

Je me levai à la pointe du jour, je fis faire deux traîneaux pour tranfporter les deux pieces de vin fur la montagne : j'y fis atteler trois paires de bœufs à chaque traîneau, & j'y fis bien attacher les pieces, & je dis à l'Emir que je préfiderois au tranfport, afin qu'il n'arrivât point d'accident. Je pris tous les Païfans que je jugeai nous être neceffaires, & nous nous mîmes en marche. Les bœufs alloient fi lentement, & nos Païfans étoient fi peu accoûtumez à cette forte d'ouvrage, qu'il étoit fix heures du foir quand nous arrivâmes au Camp de l'Emir Dervick.

L'Emir fut fi content de voir fes deux tonneaux arrivez chez lui fains & entiers, qu'il récompenfa généreufement les Païfans de leurs peines, & il envoya fur le champ des Exprès à tous les Emirs qu'il connoiffoit peu fcrupuleux fur la défenfe de boire du vin, pour leur apprendre qu'il en avoit chez lui deux gros tonneaux, & les inviter d'en venir boire leur part. Ils lui manderent qu'ils le ſçavoient déja, & qu'ils s'étoient préparés à le venir voir, & à paſſer la nuit dans ſon Camp, qu'il n'avoit qu'à ſe préparer à les bien recevoir, & à leur faire bonne chere.

L'Emir Dervick qui étoit le plus jeune de tous ces Princes reçût cette nouvelle avec une joye extrême. Il étoit ravi d'avoir cette occaſion de leur donner des marques de ſon amitié. Il donna ſes ordres pour le feſtin, & auſſi-tôt on vit dans tout le Camp une boucherie & une rôtiſſerie complette de bœufs, de moutons, de chevreaux, de volailles, de gibier. Pluſieurs tentes étoient remplies de femmes qui travailloient aux potages, aux ragoûts, à la pâtiſſerie, aux fruits & aux confitures.

Je pris la direction du vin, il n'étoit pas bien clair ; mais cela embaraſſe peu ces Peuples. C'étoit du vin de Chypre excellent. Je fis placer les deux tonneaux dans la grande tente du feſtin dans un endroit où ils ne pouvoient nuire à perſonne. Je plaçai un de mes gens à chaque tonneau,

& ayant trouvé dans mon écritoire quelques plumes neuves, j'en fis de petites canulles pour tirer le vin & remplir les tasses que les domestiques servoient à la ronde aux conviez. Je voulus faire voir à l'Emir de quelle maniere on faisoit rôtir les viandes chez les François. Faute de broche un de mes gens prit une vieille lance, y fit une poignée, & y embrocha un gros aloyau, un quartier de mouton & des volailles, les fit rôtir à notre mode, & les fit servir à table. Je les coupai & les servis, & ces Princes avoüerent que notre maniere de rôtir les viandes valoit mieux que la leur, parce que nos viandes conservoient leur suc, au lieu que les leurs étoient seches & presque brûlées, & sans saveur.

Nous n'avions point de bouteilles, elles ne sont point d'usage chez les Arabes, mais on remplissoit les tasses à mesure qu'on les vuidoit.

Tous les Emirs invitez arriverent ensemble, & après les complimens, les embrassades, & les baisers de barbes & de la main selon l'usage & la dignité des personnes, on s'assit sur des nattes. Les Emirs avoient des carreaux de velours, les autres n'en avoient point, & s'affirent les jambes croisées comme nos Tailleurs.

1664.

Après une assez courte conversation les Conviez mirent leurs grands mouchoirs qui leur tinrent lieu de serviettes devant eux pour conserver leurs habits, & on servit de grands bassins de cuivre étamé remplis de viandes rôties, boüillies & de ragoûts. Les potages étoient copieux & de plusieurs sortes. La pâtisserie qu'on servit ensuite étoit fort bien faite. Le rôti qu'on réserva pour le dernier service servit d'entremets, & on le trouva bon. Le fruit vint ensuite. Tous les Conviez mangerent de grand appétit. On servoit de nouveaux plats à mesure qu'il y en avoit de vuides, ou que les Emirs en envoyoient à leurs gens qui étoient par pelotons, & qui mangeoient avec autant d'appétit que leurs Maîtres. Les tasses rouloient à la ronde, & le vin répandoit la joye chez tous les Conviez. Les haut-bois, les violons, les trompettes & les tambours faisoient une simphonie que l'on entendoit de fort loin. Ils joüoient quelquefois séparément, & quelquefois tous ensemble. Leurs airs languissans faisoient extasier nos bûveurs ; ils rêvoient en tenant leurs tasses, pleuroient de tendresse, s'embrassoient, se baisoient la barbe, & se faisoient des protestations les plus tendres du monde. Le repas fut si long, qu'il étoit plus de trois heures après minuit avant qu'on quittât la table. Alors ceux qui avoient besoin de dormir se mirent sur des matelâts & sur des carreaux dont on couvrit la natte qui étoit sur le plancher. Les premiers qui se réveillerent vers les dix heures du matin, appellerent les autres. Je leur conseillai de prendre du caffé au lait, & je leur en fis faire par mes gens, & en cela je leur rendis un service dont ils avoient grand besoin : car la plûpart avoient bien mal à la tête. Après le caffé & un peu de promenade on se remit à table, & on recommença à boire & à manger sur nouveaux frais, & on répéta cet exercice pendant deux jours & demi, c'est-à-dire tant que le vin dura, & en attendant qu'il en vînt d'autre on se sépara les meilleurs amis du monde.

Je remarquai deux choses dans ce long festin qui me firent plaisir. La premiere, que ces gens qui sont extrêmement sobres dans leur ordinaire, fussent d'une aussi grande fatigue que
*celle*

celle qu'ils avoient essuyée dans ce long repas, sans qu'il y parût par les marques qui suivent ordinairement la débauche.

La seconde, que parmi tant de gens qui bûrent du vin copieusement pendant ce long repas, il n'arriva pas le moindre désordre : on n'entendit pas la moindre parole choquante par le moindre reproche. Au contraire ils conserverent leur sérieux, & le vin ne fit que les rendre plus enjoüez, plus gais, un peu plus libres à la verité, mais sans sortir des bornes de la politesse & de toute la bienséance & des égards qu'ils se devoient les uns aux autres : de sorte qu'ils se séparérent avec mille témoignages de l'amitié la plus tendre, & toutes les honnêtetez qu'on pouvoit attendre de personnes de leur condition.

## CHAPITRE VI.

*Expédition des Arabes contre des Révoltez.*

LEs Emirs avant de se séparer avoient fait une partie de chasse pour le jour suivant: Ils devoient courir le liévre & la gazelle, j'en devois être, & j'étois bien aise de prendre part à ce divertissement. Elle fut rompuë dans le moment que j'allois partir avec l'Emir Dervick, pour aller joindre les autres Emirs au lieu où ils étoient convenus de se trouver.

Ce fut un ordre verbal que le Grand Emir leur envoya de se rendre au plûtôt auprès de lui pour déliberer ce qu'ils devoient faire sur un commandement du Grand Seigneur qu'il venoit de recevoir. Ils monterent à cheval à l'instant, fort curieux de sçavoir ce que c'étoit. J'allai descendre à ma tente, où la cousine Hiché ne manqua pas de me venir voir aussi-tôt, & me faire compliment sur mon retour & sur les divertissemens que l'Emir Dervick m'avoit donné. Elle me raconta tout ce qui s'étoit passé au Camp pendant mon absence, & me dit que dès le lendemain j'aurois bien des expéditions à faire. J'allai me présenter à l'Emir : il me reçût avec un visage riant, & me dit qu'il étoit bien aise que j'eusse passé agréablement mon tems, & que le lendemain nous travaillerions ensemble.

Hiché ne manqua pas de m'apporter un assez grand souper pour que j'en pusse faire part à quelques Officiers des Emirs, qui étoient demeurés au Camp pour attendre les ordres du Grand Emir. Ils ne firent point de difficulté de me dire la raison pour laquelle les Emirs avoient été assemblez, qui n'étoit que pour faire payer les contributions aux Païsans de Napoli de Syrie que les Arabes appellent *Napolous*. J'ai déja dit que c'est l'ancienne Sichem dont il est parlé dans l'Ecriture.

Les Maures qui habitent la campagne & les Villages des environs avoient été ruinez par les sauterelles qui étoient venuës fondre sur leurs terres après avoir dévoré toutes les semailles de la Judée & de la Samarie. Elles avoient ruiné les bleds, les cottons & toutes les autres denrées; de sorte que ces Provinces étoient affamées à un point que n'ayant rien recüeilli l'année précédente, la disette extrême qui les pressoit les mettoit hors d'état de payer les contributions ordinaires au Beig.

On sçait que les Vicerois, Pachas, Gouverneurs des Places, & autres Officiers de l'Empire Ottoman, sont des Fermiers qui, sous peine d'envoyer leurs têtes au Tréfor Royal, font obligez d'y faire remettre les sommes dont ils font convenus avec le Grand Visir. On ne reçoit point d'excuse sur cela. Il faut trouver de l'argent, n'en fût-il point; & comme leur vie & leur fortune dépendent de leur exactitude à payer, ils mettent tout en usage pour en venir à bout.

Les violences que le Beig de Césarée de Napoli de Syrie exerça sur ces Paysans désolez, & l'impossibilité où ils se trouvoient de payer leurs contributions, firent prendre les armes à ces Maures. Ils se rendirent maîtres de la campagne, & obligerent le Beig de se renfermer dans Napoli, & de s'y fortifier, pour éviter les suites de ce soulevement. Ce fut pour le réprimer qu'il demanda du secours au Pacha de Damas de qui il dépend, & que celui-ci donna ses ordres aux Émirs & aux Gouverneurs voisins, qui dans ces occasions sont obligez de secourir celui ou ceux qui sont ataquez par des Révoltez qu'ils ne peuvent réduire avec les troupes qu'ils entretiennent ordinairement.

Ahmed Pacha de Damas fils de Mehmed Cuproli alors Grand Visir, jugeant que les Arabes du Mont-

Liban seuls suffiroient pour châtier ces Rebelles, envoya ordre à l'Emir Turabey de marcher à eux avec ses troupes ordinaires ; ce qui fut bientôt exécuté : car dès que le Courier du Pacha de Damas fût arrivé au Camp du Grand Emir, & qu'il lui eût remis les dépêches de son Maître, l'Emir fit partir un nombre de Cavaliers qui avertirent les autres Emirs de se rendre auprès de lui. C'étoit cet ordre qui avoit rompu notre partie de chasse.

Les Cavaliers n'ont pas la peine d'aller aux Camps des Emirs. Ils mettent un grand mouchoir blanc au bout de leurs lances, & se postant sur toutes les éminences dont ils peuvent être apperçûs des autres Camps, ils font avec leurs lances & leurs mouchoirs une espece d'exercice du drapeau jusqu'à ce qu'on leur réponde du Camp qu'ils veulent avertir par le même signal : car, comme j'ai dit ci-vant, tous ces Camps ne sont éloignez que d'une lieuë de celui du Grand Emir.

Ces Princes étoient venus, comme je l'ai dit, & après le Conseil s'en étoient retournez chez-eux en attendant l'ordre pour le départ.

1664.

Revûë des troupe. de l'Emir.

Cet ordre leur ayant été donné, on vit venir de tous côtez des troupes d'Arabes par pelotons & sans ordre ; de sorte qu'en moins de six heures elles se trouverent en état de se mettre en marche au nombre de quatre mille Cavaliers armez de lances, de haches & de masses d'armes.

La revûë en fut faite en peu de momens. Chaque Emir à la tête de sa troupe passa devant le Grand Emir qui étoit à cheval à la tête de sa maison, après quoi chaque Emir vint occuper le poste qui lui étoit marqué autour des tentes du Prince.

Le reste de la journée fut employé à regler l'Equipage du Grand Emir qui devoit commander, & à regler la marche & les dispositions de l'attaque, & dans le Conseil qui fut tenu le soir on résolut de partir le lendemain à la pointe du jour, afin de surprendre ces Maures révoltez, selon la coûtume des Arabes.

M'étant trouvé le soir chez l'Emir. Il me dit, vous demeurerez au Camp, pourquoi exposer votre vie dans une affaire qui ne vous regarde point. Je lui dis que je ne le quitterois point, que je combattrois à ses côtez, & que je le suppliois de trouver bon que je partageasse le danger avec lui. Il me le permit, & j'y allai avec trois valets bien armez, un desquels portoit mon fusil outre le sien, & nous avions tous quatre des pistolets à l'arçon de la selle. Je remarquai que cela fit plaisir à l'Emir & à tous ses autres Princes.

Les tentes & les bagages furent chargez & se mirent en marche trois heures devant le jour avec un corps d'Arabes pour les escorter.

Dès que le point du jour parut les trompettes sonnerent, l'étendart de l'Emir fut déployé & le départ du Prince fut annoncé par ses haubois & ses tambours. Les troupes prirent differentes routes pour passer plus aisément les défilez des montagnes, & arriverent sur les cinq heures du matin dans la plaine qui est au pied des montagnes du Mont-Liban. Là elles se mirent en ordre de bataille & marcherent vers Napolous.

Les Maures qui étoient campez par bandes, & qui ne s'attendoient pas à être si-tôt attaquez, ne purent se joindre & faire un corps; car dès qu'ils apperçûrent les Arabes, ils les virent fondre sur eux tête baissée. Ils furent si surpris & si pressez, qu'après avoir fait précipitamment une décharge de

E iiij

1664.

Défaite des Maures révoltez.

leurs mousquets, ils abandonnerent leurs armes, & ayant passé des fossez & des ruisseaux qui étoient derriere eux, ils se disperserent & se sauverent dans les montagnes, où nous ne pûmes pas les suivre ce jour-là.

Les Arabes n'eurent que deux hommes tuez, & un Emir eut le bras gauche cassé d'un coup de mousquet.

Les Maures qui étoient environ cinq mille bien armez, laisserent cent quarante morts sur la place, tous percez de coups de lances, & environ deux cens blessez, qui furent envoyez dans la Ville comme prisonniers. Les morts & les blessez furent dépoüillez, & les Arabes gagnerent plus de deux mille mousquets & autres armes. Je m'avançai avec mes trois valets jusques sur le bord du fossé, d'où nous fîmes quelques décharges sur les fuyards avec succès. Toutes les armes furent apportées au Camp de l'Emir, & furent distribuées aux plus braves. Mes valets furent distinguez & eurent chacun un fusil & des sabres. Ceux qui avoient des armes les vendirent aux Marchands de Damas, qui suivent ordinairement le camp de l'Emir.

On étoit convenu que le Beig de Napolous sortiroit de l'autre côté, &

couperoit le chemin des montagnes aux Révoltez; mais les Emirs qui connoissent la lenteur de Turcs quand il faut se mettre en marche, & qui vouloient avoir tout l'honneur de cette execution, ne jugerent pas à propos de les attendre, de sorte que le Beig fut étonné d'entendre les coups de fusil des Maures, & d'apprendre en même tems leur défaite & leur fuite. Il sortit de sa Ville, se mit à la poursuite des fuyards, il en prit quelques-uns qu'il fit empaler sur le champ, & en fit d'autres prisonniers, qui écrivirent aux rebéles de s'accommoder. Ils y furent contraints, pour ne pas achever de se perdre tout-à-fait. Les riches prêterent aux pauvres ce qui leur manquoit. On paya au Beig ce qu'il demandoit, la paix fut concluë, & les prisonniers mis en liberté.

Pendant le traité, & jusqu'à son entiere execution, les Arabes demeurerent campez dans la plaine où l'action s'étoit passée. Le Beig eut soin de leur envoyer des vivres, & toutes sortes de rafraîchissemens. Il vint rendre visite au Grand Emir, & comme il me connoissoit, il fut surpris de me trouver dans la tente de l'Emir. Il m'en demanda la raison. Je lui dis que mes

E v

affaires m'ayant conduit chez l'Emir, j'avois voulu le suivre à cette expedition, puisqu'il s'agissoit du service du Grand Seigneur ; il me dit qu'il m'en étoit obligé, & qu'il le feroit sçavoir au Pacha de Damas, afin que ce Seigneur & son Pere y eussent égard, quand l'occasion s'en presenteroit.

La paix étant faite nous décampâmes & reprîmes le chemin de notre Camp ordinaire. J'avois écrit par l'ordre de l'Emir, une assez grande lettre au Pacha de Damas, dans laquelle on lui rendoit compte de notre expedition. Elle fut portée par un Officier avec une escorte de trente Cavaliers.

Dès que l'Emir fut descendu à sa tente, il reçût les complimens des autres Emirs, & des principaux Officiers, & de ceux qui étoient demeurez à la garde du Camp ; car il ne faut pas s'imaginer que les femmes, les enfans, les vieillards & les malades eussent été abandonnez.

On leur avoit laissé des gens sur la probité & la bravoure desquels on pouvoit se reposer entierement, & qui étoient en assez grand nombre pour repousser une insulte, si quelques ennemis des autres bannieres euſſent entrepris d'en faire.

Après les complimens & une grande colation que l'Emir donna à tous ces Seigneurs, ils ſe retirerent chez eux & je m'en revins à ma tente avec Haſſan.

La couſine Hiché y vint auſſi-tôt, & nous conta tout ce qui s'étoit paſſé pendant les dix jours que nous avions été abſens.

Je trouvai auſſi ce que j'avois demandé à mon frere, & entre autres choſes il y avoit joint de lui-même deux douzaines de paires de gans pour femmes, parfumez. J'en fis mettre une paire à Hiché ; elle ne s'en étoit jamais ſervie ; car ce n'eſt pas la mode chez les Arabes. Ils faiſoient un effet merveilleux ſur ſa peau noire. Je lui donnai le reſte du paquet dont elle ne manqua pas de regaler la Princeſſe, qui m'en fit faire des remercîmens. Je preſentai le lendemain à l'Emir deux caiſſes de liqueurs & deux douzaines de boëtes de confitures au ſucre candi, & deux lunettes d'approche, une de deux pieds de longueur, & une de huit pouces à tuyaux d'argent dans un étui de chagrin. Il voulut les éprouver le même jour, & en fut fort content. J'en envoyai aussi à l'Emir Dervick avec une douzaine de paires de gans, qu'il eut la bonté de donner en mon nom aux Princesses sa mere & sa sœur. Il me manda de lui aller apprendre à se servir des lunettes au premier loisir que j'aurois, & que nous ferions notre partie de chasse.

Tout le Camp marqua une joye extrême de l'heureux retour de l'Emir. Il y eut des feux, des festins, des chansons, & une musique qui pensa m'étourdir.

On avoit envoyé chercher un Chirurgien à Acre pour panser l'Emir qui avoit eu le bras cassé. Il arriva trop tard; la gangrene s'étoit mise au bras, il fallut le couper, & quand l'opération fut faite, on s'apperçût que la gangrene avoit gagné jusqu'à l'épaule, quoiqu'elle ne parût pas au dehors; de sorte que ce Prince mourut au bout de quelques heures après l'operation, sans se plaindre, & remerciant Dieu de ce qu'il souffroit par son ordre irrevocable. Tout le monde admira sa constance, sa fermeté & sa résignation. Il fut pleuré de tout le monde, parce qu'il étoit fort aimé. Les femmes qui en ce Païs-là, comme par tout, pleurent & rient quand elles veulent, firent merveilles, & si on ne les avoit pas connuës, on eût crû qu'elles alloient toutes mourir de douleur, mais comme on est accoûtumé à leurs allûres, on les laissa faire, & elles se consolerent bien vîte elles-mêmes, sans que personne songeât à prendre ce soin.

Il survint tant d'affaires, & j'eus tant de dépêches extraordinaires à faire outre le courant, que je fus huit jours entiers sans pouvoir m'éloigner du Camp. Vers le soir seulement je montois à cheval, ou seul, ou avec quelques Officiers de l'Emir, & j'allois prendre l'air aux environs du Camp.

Les affaires étant achevées, je dis à l'Emir que j'avois envie d'accomplir la partie de chasse que l'Emir Dervick m'avoit proposé ; il y consentit de bonne grace, & me demanda en riant si j'avois besoin d'une escorte. Je lui répondis que l'honneur d'être sous sa protection m'en tenoit lieu, mais que je le suppliois de m'envoyer avertir, s'il y avoit quelque chose pour son service, & que je quitterois tout pour me rendre à ses ordres. Il me le promit & me souhaitta bien du plaisir.

Sans avertir l'Emir Dervick, j'allai mettre pied à terre à quelques pas de sa tente. J'entendis qu'un de ses Officiers lui dit ; voilà le Franc de l'Emir Turabey. Quoique ce Prince fût alors en compagnie, il se leva, vint au devant de moi, m'embrassa & me dit : Soyez bien venu, vous êtes donc libre, & me parlant à l'oreille, il me dit, j'ai du vin que j'ai reservé pour vous régaler. Tous ceux qui étoient avec lui s'étoient levez & vinrent m'embrasser. Nous nous assîmes & quelque tems après on servit le dîner; mais comme il y avoit dans la compagnie des zélateurs de la Loi, on ne parla pas de vin. Après qu'on eût desservi il fit venir les chevaux, & nous allâmes nous promener & nous exercer au jeu des Cannes. Vous n'êtes pas fait à cet exercice, me dit-il, du moins cela ne m'a pas paru jusqu'à present, il seroit honteux à un Bedoüin comme vous êtes de nous regarder faire sans y prendre du plaisir. J'y consentis, il me fit donner un de ses chevaux jeune & très-vigoureux & nous partîmes. Nous étions environ cent cinquante Cavaliers, nous nous partagâmes en deux troupes, & nous commençâmes à courir les uns contre les autres, à caracoller pour gagner la croupe de son adverſaire ; car comme je l'ai déja remarqué, on ne peut frapper en dardant la canne que l'on tient à la main que par derriere, & jamais par devant. Je donnai des coups & j'en reçûs, mais je remarquai que les Arabes m'épargnoient. Cet exercice dura deux heures, après quoi nous nous aſsîmes ſur l'herbe pour nous repoſer & laiſſer repoſer nos chevaux, & on nous ſervit du caffé. Pendant que nous fumions, l'Emir me demanda ſi j'étois content du cheval que j'avois monté, je lui dis qu'il étoit excellent. Il eſt à vous, me dit-il, & ſi vous le refuſez nous romperions enſemble pour toûjours. J'avois de la peine à recevoir un preſent de cette conſequence ; mais il m'en pria avec tant d'inſtance que je ne pus le refuſer. C'étoit un cheval de quatre à cinq ans, aléza͠n très-bien fait, de bonne race, doux preſque comme une cavalle, & d'une reſſource infinie.

Nous trouvâmes le ſouper tout prêt en arrivant, nous n'eûmes qu'à nous mettre à table ; nous fîmes grande chere, & nous bûmes plantureuſement. Il étoit plus de trois heures après minuit quand les conviez s'en dormant les uns après les autres, ceux qui tenoient encore bon trouverent à propos de s'aller coucher, après que l'Emir eût donné les ordres necessaires pour ceux qui étoient endormis.

Nous ne nous reveillâmes que fort tard, & nous ne fûmes pas long-tems sans nous remettre à table, où la bonne chere, la joye & le bon vin nous retinrent jusqu'au soir. Nous fîmes un tour de promenade, après laquelle chacun ayant besoin de repos nous donnâmes le bon soir à l'Emir, & nous allâmes nous reposer, pour nous preparer à la partie de chasse que nous devions faire le lendemain.

L'Emir avoit une douzaine de fort bons chiens, quatre Emirs que nous trouvâmes au rendez-vous qu'ils s'étoient donnez en avoient aussi; de sorte que nous avions une mutte complete. Mes valets & moi avions des fusils, je fis trouver bon de les essayer quand les chiens seroient las. Ils forcerent quatre ou cinq gazelles & dix liévres, après quoi étant presque rendus, je tuai une gazelle qu'ils avoient fait lever & trois liévres, & un de mes gens tua une gazelle qui donna bien de l'exercice à ceux qui allerent pour l'avoir. Elle étoit tombée dans une falaise escarpée, & avoit été arrêtée par un arbre. Il étoit impossible d'aller où elle étoit. Je remarquai qu'elle remüoit encore ; je lui tirai un second coup, elle fit un effort pour se relever, & elle tomba jusqu'au fond de la vallée, où il fut facile de la ravoir, mais tellement brisée de sa chûte, qu'elle étoit déchirée en beaucoup d'endroits, par les pointes des rochers sur lesquels elle avoit roulé.

La gazelle est une espece de biche, elle est belle, s'apprivoise facilement quand on la prend jeune, autrement elle est très-sauvage, extrêmement legere à la course, elle fait des sauts prodigieux, se tient sur des pointes de rocher, pourvû que ses quatre pieds qu'elle joint tous ensemble y puissent trouver place. Sa chair est délicate. Je n'ai point entendu dire en Syrie qu'elles donnent du musc, comme quelques Auteurs l'ont prétendu. Il faut que celles du Royaume de Boutan, d'où on nous en apporte en Europe soient d'une autre espece. Ces animaux ne sont jamais gras, ils font trop d'exercice pour engraisser. Cela n'empêche pas que leur chair ne soit tendre & de très-facile digestion.

Les liévres sont très-bons & ont du

fumet, pourvû qu'on les faſſe rôtir comme il faut.

Nous avions mangé un morceau en paſſant dans un Village, & nous arrivâmes le ſoir au Camp de l'Emir Dervich affamez réellement comme des Chaſſeurs. Nous nous mîmes à table auſſi-tôt que nous fûmes arrivez, nous fîmes grande chere & nous achevâmes notre vin.

Je paſſai tout le jour ſuivant au Camp de l'Emir, & le ſixiéme jour je pris congé de lui, & je me trouvai au lever du grand Emir, c'eſt-à-dire, quand il vint déjeûner dans ſa chambre d'audiance. Il me demanda ſi je m'étois bien diverti, je le lui dis, & lui fis voir le cheval dont on m'avoit fait preſent, il le trouva beau, & me dit obligeamment que je meritois encore toute autre choſe. Je crois que ce preſent fut la cauſe de celui qu'il me fit la veille de mon départ. Il me donna enſuite pluſieurs Lettres que j'apoſtillai ſuivant ſes ordres. Je fis les réponſes que je lui portai le lendemain matin, après que j'eus expedié les Païſans.

C'étoient tous les jours de nouvelles politeſſes de la part de l'Emir, & de tous les Seigneurs de la Nation. Ce Prince auroit bien voulu me retenir auprès de lui, & m'offrit plusieurs fois des avantages aussi considerables qu'il m'en pouvoit faire ; mais j'avois d'autres affaires. Je lui dis cependant de ne se point presser pour trouver un Secretaire, parce que je sçavois que la chose n'étoit pas aisée, l'assurant que je demeurerois auprès de lui jusqu'à ce qu'il en eût trouvé un qui fût à son gré. Il se passa du tems avant qu'il en eût trouvé un. Il en arriva à la fin un le 9. de Novembre. Je songeai à me retirer ; mais l'Emir à qui je le dis, me pria avec instance de former son nouveau Secretaire, il l'envoyoit travailler avec moi dans ma tente, il écrivoit assez bien ; mais ses expressions étoient pesantes & trop uniformes pour tout le monde. Quand il avoit fait le broüillon d'une lettre, je la corrigeois & lui faisois remarquer les fautes qu'il avoit faites, je lui en disois les raisons. C'étoit un jeune homme qui ne manquoit pas d'esprit, & qui aimoit à être instruit. Quand les dépêches étoient faites, nous les portions ensemble à l'Emir, qui ne manquoit jamais de demander si je les avois vûës, & dès que je l'assurois que je les avois examinées, il y mettoit son sceau.

Je lui fis prendre la coûtume d'apostiller les Lettres qu'on lui écrivoit, parce que comme on les gardoit, on sçavoit en les revoyant la réponse qu'on y avoit faite, ce qui soulage la memoire & empêche qu'on ne se trompe dans la suite d'une affaire. J'employai quinze jours à instruire ce nouvel Officier, & pendant ce tems-là je reçûs des Lettres de mes freres, qui m'avertissoient que les bruits que la prise de Gigery avoient excitez, étoient entierement dissipez, & que ma présence étoit absolument necessaire à Seïde. Je le dis à l'Emir, qui fut fâché de ce que je voulois le quitter : car il m'aimoit réellement. Il crut d'abord que j'avois quelque mécontentement de lui ou de ses domestiques, & me conjura de m'expliquer & de ne lui rien cacher. Je l'assurai que je ne pouvois que me loüer de ses bonnes manieres & de tous ses Officiers ; mais que n'ayant que mes deux freres à la tête de mes affaires, ils étoient trop jeunes pour les conduire comme il falloit. Je vis qu'il ne se contentoit pas de ces raisons, je lui fis voir le paquet que j'avois reçû, & je lui expliquai le contenu des Lettres qu'il renfermoit. Il se rendit alors, mais ce fut après m'avoir fait promettre que je viendrois le joindre, dès que j'aurois mis l'ordre que je voudrois à mes affaires, ce qu'il fixoit à un mois d'absence. Je lui promis tout ce qu'il voulut, & j'obtins mon congé.

Dès que mon prochain départ fut sçû, je reçûs des visites sans nombre. Il fallut les rendre à tous les Emirs, & à tous les Seigneurs avec qui j'avois lié amitié. Ils voulurent me regaler tour à tour, ils me firent faire des parties de chasse, tout cela consomma bien du tems. La plûpart me firent des présens en échange de ceux que je leur avois fait, & me donnerent en les quittant les marques les plus éclatantes de leur estime & d'une très-étroite amitié.

La cousine Hiché ne fut pas la derniere à me fatiguer par ses pleurs & par ses cris, toutes mes raisons ne la persuadoient point. Vous pouvez mettre ordre à vos affaires sans quitter l'Emir qui vous aime, votre cousin & moi nous vous adorons, me disoit-elle. Elle s'en alla trouver la Princesse & lui exagerant mon merite : il faut, Madame, lui disoit-elle, le retenir à quelque prix que ce soit. Vous sçavez avec quel zele il a servi l'Emir, il faut que vous obteniez de lui qu'il lui donne quelque grande Charge, des Villages & des grands biens, en sorte qu'il oublie son Païs; Dieu le convertira, & s'il se fait Mahometan, ce sera un Saint. La Princesse entra dans les raisons de sa confidente, & en parla tant de fois à l'Emir qu'elle pensa l'impatienter. Il eut la bonté de me le dire, ajoûtant que s'il y avoit pensé, il auroit remis mon affaire à la décision de sa Maison. C'est ainsi qu'il s'expliquoit pour ne pas dire sa femme; assurément vous l'auriez perduë; mais j'ai votre parole, & je compte sur votre probité.

Je la lui ai tenuë, & quand mes affaires me le permettoient, j'allois passer un mois auprès de lui, & j'ai toûjours trouvé en lui les mêmes bontez & les mêmes attentions.

Enfin, après bien des remises, il me permit de partir quand je voudrois, & s'étant souvenu que je lui avois demandé sa protection, il m'en fit faire un acte autentique par son nouveau Secretaire, & me le donna lui-même, ajoûtant que si les termes ne me paroissoient pas assez forts, je n'avois qu'à en faire un tel que je voudrois, quoique je n'eusse pas besoin de cette piece étant connu de tous les Emirs &

de tous leurs Officiers. Je la reçûs par honneur & comme une marque de son amitié. Je le remerciai & voulus lui baiser la main; mais il la retira & m'embrassa. Faveur qu'il ne fait jamais qu'aux Emirs ses plus proches parens.

A peine fus-je retourné à ma tente, que son Ecuyer, c'est-à-dire, l'Officier qui a l'Intendance de ses chevaux & de ses bagages, me vint présenter de sa part une très-belle cavalle de cinq à six ans avec tout son équipage, c'est-à-dire, la selle, la bride, la couverture, un damas des plus beaux, une hache, une masse d'armes & une lance. L'Officier me remit aussi les pieces justificatives de la généalogie de la cavalle, & de l'étalon qui l'avoit couverte. C'étoit un présent de plus de quinze cens piastres, chose fort rare parmi les Arabes qui ne sont pas riches. Il donna aussi à mes quatre domestiques des habits neufs fort propres & quelques piastres. Je reçûs ce présent avec bien du respect, je caressai la cavalle qui étoit douce comme un agneau, & si familiere qu'elle me suivit dans ma route, comme si elle y avoit été élevée, & je récompensai comme je devois l'Officier & le Palfrenier. Je priai la bonne cousine Hiché de se charger de mes liberalitez, & de les distribuer à ceux qui m'avoient rendu service.

Elle m'avoit apporté une douzaine de mouchoirs les plus beaux qu'on pouvoit voir, avec une toilette de soye bleuë, rayée d'or & d'argent avec des fleurs d'or à l'aiguille. Je me doutai bien que c'étoit un présent que la Princesse me faisoit; mais que la bienséance ne permettoit pas de me faire à son nom. Je priai Hiché de bien remercier la personne qui me le faisoit. J'avois une assez belle bague d'une émeraude, avec six petits diamans. Je la tirai de mon doigt, & je dis à Hassan de la mettre à celui de sa femme. Pourquoi, lui dit-elle, Dervich Nasser ( c'est le nom que l'Emir m'avoit donné ) est mon cousin, je veux recevoir son présent de sa main. Je la lui mis au doigt, & elle me prenant la main la baisa tendrement, & l'arrosa de ses larmes.

J'eus une grosse compagnie à souper, que la cousine fit servir magnifiquement, & après que nous fûmes hors de table, j'allai prendre congé de l'Emir & recevoir ses ordres. Il me dit, souvenez-vous de la parole que vous m'avez donnée, j'y compte, & vous devez

vez compter sur mon amitié, après quoi il m'embrassa, & me donna beaucoup de bénédictions à la maniere du Païs.

Voici la traduction de la Patente qu'il m'avoit donnée. Elle commence par ce mot Hou écrit en gros caracteres. Il signifie, Dieu, ou, Celui qui est.

,, A nos Freres les Emirs, & à tous
,, les Soubachis, Cherifs, & autres nos
,, Officiers, à tous les Arabes nos en-
,, fans & les Maures nos sujets, que
,, Dieu veüille garder. Nous vous ap-
,, prenons que Dervich Nasser le Franc,
,, porteur de la Présente, est un hom-
,, me qui nous appartient. Nous vous
,, ordonnons que toutes les fois qu'il
,, passera par les chemins, plaines,
,, Montagnes, Villages, Ports & Péa-
,, ges de notre dépendance, vous lui
,, fournissiez des voitures, des escor-
,, tes, & la subsistance pour lui, pour
,, sa suite & pour son équipage, &
,, toutes les choses dont il aura besoin
,, pendant sa route, de le proteger,
,, défendre & assister contre les gens
,, de mauvaise vie, qui pourroient at-
,, tenter à sa personne & à son équi-
,, page, tout de même que vous seriez
,, obligez de le faire pour un de nos
,, enfans ; laissant tout le reste à vos

,, foins, à votre affection & à l'obéïs-
,, fance que vous nous devez. N'y fai-
,, tes donc faute, finon vous fçavez.

Son fceau & fon nom étoient au bas, &
contenoit ces mots :

Le pauvre, l'abjet MEHEMET, fils
de Turabeye.

Le lendemain dix-huit Decembre de
cette année 1664. nous fîmes un grand
déjeûner dès les fept heures du matin.
Je crois que la coufine Hiché avoit
veillé toute la nuit pour le préparer.
Mais quand nous fûmes prêts à monter
à cheval, Hiché fe mit à crier, à fe jetter par terre, & à faire un tintamare
épouventable. Je lui promis d'être de
retour dans un mois. Elle dit qu'elle ne
le croyoit point, & qu'elle n'ofoit l'ef-
perer, Il fallut que Haffan qu'elle res-
pectoit infiniment fût ma caution, &
cela effuya fes larmes en partie.

Je montai ma belle cavalle, & je fis
mener en main mes deux autres chevaux. Haffan me vint conduire, & j'eus
toutes les peines du monde à empêcher une trentaine des Officiers de
l'Emir, & d'autres Arabes de venir
avec nous jufqu'à la riviere de Caïfa.

Malgré tout ce que je pus faire, il en vint une douzaine qui me dirent pour derniere excuse que tel étoit l'ordre de l'Emir.

1664.

La bonne cousine Hiché nous suivit jusques sur une éminence, & quand nous fûmes descendus dans la plaine, nous l'apperçûmes encore de fort loin qui battoit des mains, & qui faisoit voltiger son mouchoir en l'air, pour nous marquer son affection, & les souhaits qu'elle faisoit pour notre heureux voyage. Nous nous retournions de tems en tems pour les lui rendre, je mis un grand mouchoir au bout de ma lance, & nous ne cessâmes de la saluer, que quand l'éloignement la déroba entierement à nos yeux.

Hassan & sa compagnie m'accompagnerent jusqu'à la riviere de Caïffa. Là nous mîmes tous pied à terre, nous nous embrassâmes, nous baisâmes nos barbes, & après mille protestations d'une amitié éternelle, nous nous séparâmes, après que j'eus bien chargé Hassan d'assurer l'Emir de mes plus profonds respects, & de la reconnoissance que j'aurois toute ma vie de ses bontez, & chacun suivit son chemin.

J'eus soin d'écrire à *l'Emir* dès que je fus arrivé à Seïde. Je lui envoyai quelques rames de papier à Lettres, & je lui marquai que j'allois travailler à mettre mes affaires en état de retourner passer quelque tems auprès de lui. Il me remercia de mon petit present, & me marqua qu'il comptoit les momens de mon absence, qui lui paroissoient bien longs, & que je me souvinsse de ma parole.

Je fus pourtant trois mois sans la pouvoir executer, parce qu'il m'arriva deux Vaisseaux qu'il fallut expedier.

A la fin du mois de Mars 1665. je me trouvai libre, & je résolus de retourner voir l'Emir. Je repris le chemin le plus court, n'ayant rien à craindre sur la route ; au contraire dès que je fus rentré sur les terres de sa dépendance, je trouvai des gens qui me reçûrent à bras ouverts ; l'Emir avoit si bien donné ses ordres, qu'il ne fut pas necessaire de montrer la Patente qu'il m'avoit donnée. Je fus défrayé, carressé, bien traité. On s'empressoit de me servir, de m'accompagner. Je menai mon frere cadet avec moi, il commençoit à parler Arabe assez correctement, & s'il avoit sçû bien former les caracteres de cette écriture, je l'aurois peut-être laissé quelque tems auprès de l'Emir.

Nous arrivâmes au Camp. Je descendis à la tente de Hassan, & j'allai aussi-tôt à celle de l'Emir. Dès qu'on m'eût annoncé, il se leva, vint au-devant de moi, je voulus lui baiser la main, il m'embrassa en me disant, il y a long-tems que je vous attends, il faut que vos affaires vous ayent empêché de venir plûtôt. Je lui dis que j'en avois quitté d'assez pressantes pour venir lui faire ma cour, & passer chez-lui quelques jours. Quelques jours, me repliqua-t'il ; vous m'affligez de trop bonne heure. Cependant mes domestiques mirent à ses pieds le present que je lui avois apporté : car il s'étoit assis, & m'avoit fait asseoir auprès de lui. Comment, me dit-il, encore des presens ; avez-vous envie de vous ruiner pour m'enrichir ? Seigneur, lui répondis-je, si vous avez de la peine à le recevoir de ma main, recevez-le au moins de ce jeune homme qui a l'honneur de vous l'offrir : c'est mon frere le plus jeune. Je lui fis signe de s'approcher, il voulut lui baiser le bord de sa veste, l'Emir lui presenta sa main. Mon frere lui fit un petit compliment en Arabe, que l'Emir entendit avec plaisir. Il lui répondit gracieusement, & lui fit signe de s'asseoir. Je lui avois

1665.
Second voyage de l'Auteur au Camp de l'Emir Turabeye.

fait prendre un habit Arabe qui lui sioit fort bien. Il étoit grand, fort bien fait, assez beau garçon, & ne manquoit pas d'esprit. Il plût à l'Emir. Nous dînâmes avec le Prince, qui donna plusieurs fois des fruits à mon frere.

Dans la conversation qui suivit le repas, le Prince me dit, il me semble que vous m'aviez promis de vous faire voir en habit de François, en avez-vous apporté un ? Je lui dis que je n'y avois pas manqué. Et quand nous le ferez-vous voir ? Tout à l'heure, si vous me l'ordonnez, lui repliquai-je. Allez donc vous habiller, & revenez ici, votre frere demeurera à votre place. J'allai au plus vîte à la tente de Hassan. J'y trouvai la cousine Hiché qui me combla de caresses, me montra la bague que je lui avois donnée, & me dit qu'elle avoit envoyé avertir Hassan. Je la priai de trouver bon que je changeasse d'habit. Elle sortit de la tente que j'avois trouvée tout en ordre : mes Valets s'y étoient établis. Je pris mes habits à la Françoise. J'avois une veste de satin rouge, un juste-au-corps de drap de la même couleur, avec des boutons d'orfévrie, des bas de soye, une perruque, un chapeau bordé d'or, avec un plumet blanc, des gands brodez, mon épée & ma canne, & dans cet équipage j'entrai chez l'Emir. Je fis trois révérences à la Françoise, & lui fis un compliment en François qu'il n'entendoit point, & dont je fus obligé d'être moi-même l'Interprete. Il regarda long-tems mon habit, & dit à la compagnie, cet habillement est propre à des gens de guerre, il les embarasse moins que les nôtres, je le trouve de bon goût & fort commode. Il faut que vous demeuriez avec cet habit jusqu'à ce que vous vous couchiez : car il y a ici bien des gens qui voudront vous voir. J'entendis bien ce que cela signifioit. Toute la tente fut remplie dans un instant de curieux, on venoit toucher mon habit, on l'examinoit, on le loüoit, on l'approuvoit.

L'Emir étant allé chez la Princesse, ses Officiers me prierent de me promener avec eux dans le Camp. Il fallut avoir cette complaisance. Je crois que toutes les femmes seroient sorties pour me voir de plus près, si la bienséance le leur avoit permis : car je m'appercevois bien qu'elles me regardoient par les fentes de leurs tentes : je les entendois rire & babiller selon la coûtume du sexe.

Je retournai à ma tente, où Hiché m'avoit fait apporter deux lits. Elle me dit que la Princesse me vouloit voir dans mon habit François, & qu'elle viendroit m'avertir quand il seroit tems de me promener. Cette bonne cousine étoit dans des transports de joye, qu'il faudroit avoir vû pour les exprimer. Elle donna à mon frere quelques milliers de bénédictions, & comme parens elle ôtoit son voile dès que nous étions seuls avec elle. Je ne l'appellois que ma cousine, & mon frere en faisoit autant, ce qui lui plaisoit beaucoup.

Hiché me vint avertir qu'il étoit tems de me promener, je menai mon frere avec moi, après l'avoir averti de quelle maniere il devoit se comporter. Quelques Officiers de l'Emir nous accompagnerent. Ils sçavoient de quoi il s'agissoit, & me laissoient marcher de tems en tems seul, afin qu'on me pût mieux voir. On peut croire que je fus bien regardé. Il n'y avoit que ma barbe qui défiguroit un peu mon habillement. Par discretion nous ne nous promenâmes qu'un quart-d'heure, & nous rentrâmes dans ma tente.

J'allai sur les huit heures faire ma cour à l'Emir, à qui il fallut compter tout ce qui s'étoit passé pendant mon absence, & toutes les nouvelles de l'Europe.

Hassan étant arrivé, & s'étant presenté à l'Emir, ce Prince lui dit : Votre cousin est un homme de parole, il faut le divertir si bien qu'il demeure long-tems avec nous. Après qu'Hassan lui eût rendu compte de ses affaires, le Prince me dit : Vous me faites trop de plaisir pour vouloir que vous vous fassiez la moindre peine. Vous vivrez comme vous avez fait ci-devant : Hiché aura soin de vous : Demandez, commandez, vous êtes le maître.

Nous nous retirâmes quelque tems après, & nous allâmes nous mettre à table. Deux Agas & quelques-uns des Officiers de l'Emir vinrent souper avec nous, je m'informai s'ils bûvoient des liqueurs, & ayant sçû que cela leur feroit plaisir, j'en fis servir, & nous passâmes la soirée fort agréablement.

Je me levai d'assez bon matin, je montai à cheval, & nous fûmes seuls nous promener aux environs du Camp. Hassan me réitera ce qu'il m'avoit promis, & en attendoit l'occasion avec impatience.

Nous vînmes déjeûner, & quand je fus averti que l'Emir étoit visible, je

F v

fus lui faire ma cour. Je le remerciai des ordres qu'il avoit eu la bonté de donner à ses sujets, dont je loüai fort l'exactitude & les bons traitemens qu'ils m'avoient faits. Je lui présentai deux montres d'or que je lui avois apportées. Il les reçût agréablement, en me disant qu'elles ne pouvoient venir plus à propos, parce que la sienne étoit gâtée, & qu'il ne sçavoit comment la faire accommoder. Je me chargeai de le faire, & je lui montrai à se servir du réveil, qui étoit dans l'une de celles que je lui présentois. Il en fut charmé : car il n'avoit pas encore vû de semblables instrumens. Vous aurez, me dit-il, bien des visites à recevoir & à rendre. Ayez soin qu'on regale comme il faut ceux qui viendront manger avec vous. Je lui demandai s'il étoit content de son Secretaire, il me répondit qu'il avoit encore bien besoin de mes instructions, & qu'il me prioit de lui en donner. En effet, dès le jour même ce Secretaire me vint trouver, & m'apporta plusieurs Lettres ausquelles l'Emir vouloit que je misse la main. Je fis sortir mes gens, à un desquels j'ordonnai de demeurer à la porte, & de ne laisser entrer personne. Nous travaillâmes trois heures, & je lui fis faire toutes ses dépêches. Il les porta à l'Emir, qui lui dit, je vois bien que Dervich Nasser y a mis la main comme je l'en ai prié, profitez bien du tems qu'il voudra demeurer auprès de moi.

Tous les sujets de l'Emir me connoissoient. Dès qu'ils apprirent mon retour, ils vinrent en foule me rendre visite & m'apporter des presens, & voyant que je ne voulois pas les recevoir, ils les laissoient auprès de ma tente, & s'en alloient en publiant le bien que je leur avois fait. Le Prince le sçût, & me dit qu'il étoit bien aise que ses sujets eussent de la reconnoissance, & que je les attristois en refusant quelques bagatelles qu'ils m'offroient, comme une marque de leur affection ; de sorte que je fus obligé de les contenter, & de recevoir leurs presens ; mais en échange, je leur en faisois d'autres que je les priois de garder pour se souvenir de moi.

L'Emir Dervick fut averti de mon arrivée dès le même jour, & je crois que tous les autres Emirs le sçûrent en même-tems.

On dit qu'une des grandes dépenses des Princes & des Seigneurs Italiens, est d'entretenir des Espions qui les avertissent promptement de tout ce qui se passe. Les Princes Arabes sont dans le même goût. Je ne sçai pas bien s'il leur en coûte beaucoup; mais je sçai par experience qu'ils ne negligent rien pour être informez de tout ce qui se passe chez leurs voisins. Quoiqu'ils paroissent fort unis & qu'ils le soient en effet dans beaucoup de choses, il ne laisse pas d'y avoir des jalousies secretes entre eux, & pour en éviter les suites, ils tâchent tous de découvrir les secrets de leurs voisins. C'étoit pour cela que l'Emir Turabeye ne voulut point se servir des Secretaires des autres Emirs, quand celui dont j'ai parlé ci-devant lui manqua.

L'Emir Dervick vint au Camp du grand Emir le surlendemain de mon arrivée. Il vint mettre pied à terre à ma tente, m'embrassa, & me dit qu'il venoit me voir & renouveller notre amitié. Je lui presentai mon frere, il lui fit beaucoup de caresses. Nous l'accompagnâmes chez l'Emir. Après les civilitez ordinaires, l'Emir lui dit: Mon frere, ne venez-vous point m'enlever Dervich Nasser. J'en ai grande envie, lui répondit le jeune Emir; mais il ne fera rien contre votre volonté. Permettez donc, lui répondit l'Emir, qu'il se repose quelques jours, & puis nous le partagerons. La conversation roula ensuite sur les nouvelles de l'Europe, dont ces Princes ne pouvoient se lasser de m'entendre discourir. Je laissai les deux Emirs ensemble, & je m'en allai dîner. Je me trouvai à leur dîné où je pris du caffé. On apporta ensuite du *Bergé*. L'Emir nous dit, je ne vous en presente point, car vous m'avez dit qu'il vous faisoit mal, mais votre frere n'en prendroit-il pas ? Je lui dis qu'il étoit encore trop jeune pour s'accoûtumer à cette drogue. Il fera bien, dit l'Emir, je suis bien fâché de m'y être accoûtumé, & je voudrois bien en pouvoir quitter l'usage. Rien n'est si aisé, Seigneur, lui repliquai-je ; vous n'avez qu'à diminuer chaque jour la dose que vous avez accoûtumé d'en prendre, & vous verrez que vous en quitterez l'habitude, & que vous vous en porterez mieux. Il faut commencer dès ce moment, répondit-il. En effet, il en prit un tiers moins. Il ne laissa pas de s'assoupir quelques momens après. Nous prîmes ce tems pour me retirer à ma tente, où l'Emir Dervick fit colation, & bût des liqueurs qui lui plurent beaucoup. Il s'en retourna sur le soir à son Camp, après m'avoir fait promettre que j'irois, & que je l'en avertirois la veille.

Je paſſai encore cinq jours au Camp de l'Emir ſans en ſortir que ſur le ſoir pour aller me promener. Ce n'eſt pas la coutume en ce Païs d'aller à pied. Il faut qu'un Arabe ſoit bien pauvre quand il n'a pas un cheval. Il eſt riche quand il a une cavalle de bonne race, parce qu'elle lui fait des poulins, qu'il eſt aſſuré de bien vendre.

L'Emir en avoit beaucoup & de fort belles, & les autres Emirs en avoient auſſi. Ils ne ſe défont pas aiſément de leurs cavalles, elles ſont bien plus eſtimées que leurs chevaux, quoiqu'ils ſoient très-bons, & excellens coureurs; mais les cavalles les ſurpaſſent, & ſont d'une reſſource infinie, on peut dire qu'elles ne courent pas, mais qu'elles volent, rien ne les arrête, elles franchiſſent des foſſez qui arrêteroient les meilleurs ſauteurs d'Europe.

Haſſan eut ſoin d'avertir l'Emir Dervick du jour & de l'heure que je me rendrois auprès de lui. Je partis après déjeûné; je trouvai à quelques cent pas du Camp une troupe d'Arabes que l'Emir Dervick envoyoit au devant de moi, & je le trouvai lui-même à une demie lieuë de son Camp. Nous descendîmes de cheval, nous nous fîmes les civilitez ordinaires, & nous arrivâmes à sa tente. Mon frere lui fit un petit compliment, pendant que nos valets mirent sur son tapis le présent qu'il le pria d'accepter. Il le reçût de bonne grace, & me dit : Je reçois ces presens, parce qu'ils viennent de votre frere, car je me fâcherois si vous usiez avec moi de ces cérémonies. Je ne laissai pas de lui présenter une montre à boëte d'or, qu'il ne reçût qu'après s'en être défendu fort long-tems. Il n'en avoit point, & je connus qu'elle lui faisoit plaisir. Je lui appris à s'en servir, & il alla sur le champ la faire voir à sa mere & à sa sœur.

Il revint, on servit, & nous nous mîmes à table. Nous nous y trouvâmes treize personnes. Les Arabes n'ont point de superstition sur ce nombre, & en cela ils sont bien plus raisonnables que beaucoup d'Européens à qui ce nombre fait peur. Il nous fit grande chere, nous bûmes du vin. Heureusement dix des conviez n'en bûvoient point, & nous en eûmes pour le soir. On servit à la fin quelques liqueurs que je lui avois données. Les dix conviez dirent que le Prophéte ne les avoit pas défenduës, en bûrent, & les trouverent bonnes. On dit Graces, elles ne font pas si longues que celles de nos Moines, elles confistent en trois paroles, Graces à Dieu, & cela suffit.

Après une assez longue conversation nous montâmes à cheval, & nous allâmes nous exercer au jeu des cannes. Je montai une cavalle de l'Emir qui étoit excellente, c'étoit sa monture ordinaire.

Au retour il me pria de prendre mon habit François, & que nous nous promenerions autour des tentes. Je vis bien ce que cela signifioit. Je lui donnai cette satisfaction, & aux Princesses qui n'avoient pas assez d'yeux pour me regarder. Nous eumes une plus grosse compagnie à souper, qui nous aida à achever le vin de l'Emir. Pendant que nous étions à table, un Emir de ses oncles l'envoya prier de me mener chez lui avec mon habit François. Il lui manda que nous irions le lendemain dîner avec lui : nous y fûmes en effet. J'étois vêtu à la Françoise : tous les Arabes sortirent de leurs tentes, & se mirent en haye pour nous voir passer. Le vieil Emir vint recevoir son neveu, l'embrassa tendrement, & nous fit entrer dans sa tente d'audiance. Je le saluai à la Françoise, & je lui fis mon compliment en Arabe : je lui présentai mon frere qui lui fit aussi son compliment. Il nous répondit fort poliment, nous fit asseoir, & me demanda des nouvelles de Seïde & d'Europe. On servit peu après, nous fûmes bien régalez, mais nous n'eûmes point de vin : le vieillard étoit trop zelé observateur de sa Loi pour en souffrir chez lui : à cela près c'étoit un homme plein d'esprit & de cordialité.

Nous passâmes l'après-dîné en conversation. Un Esclave noir vint dire quelque chose à l'oreille de l'Emir Dervicx, qui me dit quelques momens après : Sortons & prenons l'air, car il fait bien chaud ici. Je le suivis, nous nous promenâmes à quelque distance des tentes des Princesses, & quelquefois le jeune Emir s'arrêtoit : je compris que c'étoit afin que les Princesses me vissent tout à leur aise. Nous rentrâmes dans la tente de l'Emir : il nous fit servir des fruits, du caffé & du sorbec pour notre colation, & puis nous prîmes congé de lui, & nous allâmes chez un autre

Emir qui étoit son cousin. C'étoit un jeune homme à peu près de l'âge de l'Emir Dervick. Il fut charmé de voir mon habillement qui lui plut beaucoup. Il nous régala bien, nous donna de bon vin, nous tint long-tems à table, & convint d'une partie de chasse pour le lendemain. Nous nous en retournâmes un peu après minuit, marchant au pas selon la coûtume du Païs, qui veut que l'on ne presse jamais les chevaux que dans un besoin, comme quand il faut poursuivre ou se retirer. Les Seigneurs Romains pensent à peu près de même : leurs carosses, ou plûtôt les chevaux qui les tirent ne vont qu'à petit pas dans la ville, & quand on leur dit qu'ils devroient les pousser un peu davantage, ils répondent sagement qu'il n'y a qu'à partir de chez soi un peu plûtôt, & qu'on est arrivé à tems : cela rend leur marche grave, & bienséante à des gens qui sont ou Ecclésiastiques, ou qui prétendent descendre de ces anciens Sénateurs qui alloient toûjours d'un pas lent, qui les rendoit respectables. Il est pourtant vrai que ces mêmes Romains si graves dans la Ville semblent laisser leur gravité à la porte de la Ville, & courrent comme des Arabes qui suivent leur proye quand ils sont à la campagne, & ne la reprennent qu'en y rentrant.

Nous trouvâmes cinq jeunes Emirs au rendez-vous avec leurs chiens : notre chasse fut heureuse & si longue, que nous ne retournâmes au Camp de l'Emir Dervick qu'après le coucher du soleil. Nous nous mîmes à table tout en arrivant, & nous mangeâmes de grand appétit. On avoit apporté six cruches de vin à l'Emir. Ceux qui étoient du festin étoient des esprits forts, sur qui la superstition d'une vaine observance ne faisoit point d'impression. Nous vuidâmes nos six cruches & quelques bouteilles de liqueurs, après quoi nous allâmes nous reposer. J'allai me promener le lendemain matin avant que l'Emir fût levé, je pris un valet avec moi, & chacun notre fusil, & nous chasâmes sans chiens & à l'avanture : nous ne laisâmes pas de tuer trois liévres, huit perdrix & quelques pigeons, qui ne sont pas des ramiers quoiqu'ils soient sauvages.

Je trouvai l'Emir en peine de moi, nous prîmes du caffé en attendant le dîné, & nous fumâmes. Il lui prit envie de s'habiller à la Françoise, il fut aisé de le satisfaire, mais il ne lui fut pas fi aifé de fe fervir de mes habits; la culotte fur tout l'embaraffoit extrêmement, il s'y feroit pourtant fait, tout le refte l'accommodoit affez. Il alla dans ce nouvel équipage fe faire voir à fa mere & à fa fœur, qui rirent à gorge déployée quand il entra dans leur tente, où il s'étoit fait annoncer fous mon nom: il y demeura long-tems, & puis vint chez moi fe déshabiller & reprendre fes habits. Nous dînâmes en compagnie, après quoi j[e] pris congé de lui : il voulut m'accompagner une partie du chemin, & quand nous nous quittâmes après les proteftations les plus marquées d'une fincere amitié, il me laiffa une trentaine de fes Cavaliers pour m'efcorter jufqu'au Camp du Grand Emir.

J'allai auffi-tôt faire ma cour à l'Emir. Il étoit à travailler avec fon Secretaire, mais il y avoit ordre de me faire entrer dès que je paroiffois. Vous vous êtes bien diverti, me dit-il, & nous avons beaucoup travaillé, venez nous aider. Je fis figne à mon frere de fe retirer, & nous demeurâmes tous trois enfermez pendant plus de deux heures, & nous achevâmes toutes les dépêches: j'en écrivis la plus grande partie. L'Emir congédia fon

DU CHEVALIER D'ARVIEUX. 141
Secrétaire, & ordonna qu'on ne laissât entrer personne. Hé bien, me dit-il, comptez-moi votre voyage. Je lui en fis le recit ; mais quand je lui rapportai la mascarade de son neveu, il en rit de tout son cœur, en disant : les jeunes gens sont toûjours jeunes, quand il viendra ici je le veux voir en habit François. Cela le mit de si bonne humeur, que tous ceux qui entrerent ensuite pour lui faire leur cour ne sçavoient sur quelle herbe il avoit marché ; tant il leur parut changé de ce qu'il étoit quelques heures auparavant.

1665.

L'Emir Dervick envoya le lendemain un jeune cheval fort beau à mon frere. L'Emir le vit, & me dit qu'il vouloit lui donner une jeune cavalle pour le mettre en ménage : je le remerciai par avance de la grace qu'il lui vouloit faire.

Je demeurai au Camp de l'Emir jusqu'au huitiéme de Mai que je pris congé de lui, malgré toutes les instances qu'il me fit pour me retenir. Je lui promis de le venir voir souvent, & autant que je pourrois connoître ne lui être pas à charge. J'allai faire mes adieux à tous les Emirs que j'avois été voir, ou qui m'avoient fait l'honneur

Départ du camp de l'Emir.

de me rendre visite, & à tous les principaux du Païs. Cela m'occupa encore six jours, de sorte que je ne pus partir que le 15. du même mois.

L'Emir envoya la veille de mon départ la cavalle qu'il avoit promise à mon frere, & voulut qu'il la montât devant lui : il le fit de bonne grace, la fit marcher au pas, au trot, au galop. L'Emir fut content, & lui donna beaucoup de loüanges : je lui avois fait prendre l'habit & les armes qui avoient accompagné la cavalle, & cet habit lui convenoit fort bien. Il descendit, & vint baiser la main de l'Emir pour le remercier. Ce Prince l'exhorta à s'adonner à l'étude des Langues Orientales, & à en bien former les caracteres, & l'assura que s'il vouloit s'attacher à lui, il le traiteroit si bien, qu'il lui feroit oublier son Païs.

La cousine Hiché qui nous attendoit dans ma tente, & qui avoit appris ce que l'Emir avoit dit à mon frere, joignit ses avis à ceux de son Maître. Je lui avois fait quelques presens, qu'elle connut bien que je voulois qu'elle présentât à sa Maîtresse. Elle l'avoit fait; & je reçûs d'elle d'autres présens, que je reconnus bien venir de la Princesse.

Le 15. May la bonne Hiché nous servit un grand déjeûné de bon matin: elle eut soin de faire prendre à mes valets des viandes cuites, du pain & des fruits pour faire notre halte.

Nous arrivâmes heureusement à Seïde, où tout le monde nous congratula d'avoir de si bons amis parmi des Peuples qui passent pour les ennemis de tout le monde. Il est vrai que leur métier ordinaire est de décharger les Voyageurs de ce qui peut les embarasser dans leur voyage, comme leurs habits & leurs marchandises; mais il est rare qu'ils maltraitent & qu'ils tuent personne, à moins qu'on ne se soit mis en défense, on qu'on ait tué ou blessé quelques-uns d'eux. En ce cas leur vengeance est à craindre, & il n'y a point de quartier à en attendre. Du reste ce sont les meilleures gens du monde, civils à leur maniere, hospitaliers, serviables, exacts dans leurs promesses, & bien plus honnêtes gens que les Européens ne se l'imaginent. C'est pour les détromper, qu'ayant une connoissance très-exacte & très-étenduë des mœurs & des coûtumes de ces Peuples, je me trouve obligé de les représenter tels qu'ils sont à ceux qui en jugent si mal, & c'est ce que je vais faire voir dans les Chapitres suivans.

## CHAPITRE VII.

### Des Arabes en général.

IL semble qu'on ne devroit appeller Arabes que ceux qui habitent les trois Arabies, ou qui y ont pris naissance. Cela a été & devroit encore être ; mais depuis les conquêtes que les Turcs ont faites dans ces vastes Païs, ils en ont tellement changé le Gouvernement, les Coûtumes & les Peuples, les divisions de leurs Provinces, & les ont tellement molestez qu'ils les ont obligez de se répandre de tous côtez, & jusqu'en Afrique où il y en a en bien des endroits & jusques sur le Niger.

Tous les Arabes tirent leur origine d'Abraham par sa servante Agar, dont il eut un fils nommé Ismaël. Dieu qui lui commanda de chasser cet enfant & sa mere de sa maison, lui promit que cet enfant seroit le pere d'un Peuple très-nombreux. Cela est arrivé comme Dieu l'avoit promis. Les Peuples qui vinrent d'Ismaël ont été sans
contredit

contredit plus nombreux que tous les autres, & se sont étendus bien davantage que les Israëlites même, qui étoient le Peuple choisi de Dieu. On les a connus dans les siecles bien reculez, sous le nom d'Agaréniens, comme descendans d'Agar, ils prirent ensuite le nom d'Ismaëlites qui leur convenoit mieux, puisqu'Ismaël étoit leur pere incontestablement. Joseph fut vendu par ses freres à des Ismaëlites qui trafiquoient en Egypte. On les appella Sarasins du nom de Sara femme d'Abraham qui n'a jamais été leur mere. Ce nom leur faisoit plus d'honneur que celui d'Agar. Quelques Auteurs ont prétendu que ce nom venoit du mot Arabe *Saraz*, qui signifie voler, ainsi Arabe & Voleur seroient des noms synonimes. Cette étymologie, toute honteuse qu'elle est, ne leur convient pas mal : car c'est le métier favori d'une grande partie d'entre eux, & surtout de ceux qui habitent l'Arabie déserte ou Petrée.

Il me semble que puisqu'ils cherchoient un nom qui pût illustrer leur origine, ils devoient prendre Abraham pour leur pere, & se nommer Abrahamiens ou Abrahamites : on n'auroit guéres pû le leur contester : car ils en descendent réellement, on ne peut pas même dire qu'ils soient bâtards; car leur mere Agar, quoique servante, ne peut pas être regardée absolument comme une concubine. Sara étant sterile avoit consenti qu'Abraham eût des enfans de sa servante. Cela étoit d'usage en ce tems, & l'a été encore depuis, comme on l'a vû dans les servantes de Lia & de Rachel, dont les enfans ne furent point regardez comme bâtards ; mais comme les enfans de Jacob, qui leur donna une part égale à celle des enfans de Lia & de Rachel dans son heritage.

Les Arabes que l'on voit aujourd'hui dans la Palestine, la Syrie, les Arabies & l'Afrique sont les descendans d'Ismaël. C'est parmi eux qu'est né le séducteur Mahomet. Ainsi il ne faut pas s'étonner s'ils ont embrassé sa Loi & sa Doctrine, qui n'est qu'un amas confus, informe & ridicule du Judaïsme, du Christianisme, & de la plûpart des héréfies qui infectoient alors l'Eglise, & en corrompoient la veritable doctrine & la pureté.

Les Arabes sont divisez en plusieurs familles, que des interêts particuliers ou des vieilles querelles ont rendus irréconciliables ennemis. Il y a des Arabes à qui on a donné le nom de Maures ; ce n'est pas qu'ils soient originaires de la Mauritanie Royaume d'Afrique ; mais c'est parce que les veritables Arabes les méprisent, les regardent comme des gens sans honneur, qui ont dégeneré des vertus de leurs ancêtres, en s'établissant dans les Villes, travaillant à la terre, exerçant des arts & des métiers, choses tout à fait indignes de la noblesse des veritables Arabes, tels que sont ceux du Mont-Liban & de bien d'autres endroits, qui à l'exemple de leurs peres fuyent les Villes, demeurent toute leur vie sous des tentes, & n'ont d'autre exercice que celui des armes. Ils sont à la verité sujets du Grand Seigneur ; mais ils le sont malgré eux, toûjours prêts à se révolter, & ils donneroient bien de l'exercice aux Turcs, & secoüeroient aisément leur joug s'ils pouvoient se réconcilier, oublier leurs inimitiez particulieres & se réünir sous un seul Chef. Mais les Turcs ont un soin particulier d'entretenir des jalousies parmi eux, afin qu'étant divisez, ils viennent plus aisément à bout des uns & des autres.

Malgré tout cela, les Officiers du Grand Seigneur les craignent, & les traitent d'une maniere bien differente de celle dont ils traitent ses autres sujets, soit Grecs, Egyptiens & autres, & ils ont raison: car les Arabes sont braves & fort nombreux ; il y a peu de gens qui puissent supporter la fatigue comme eux, qui soient plus prompts, plus actifs, plus vigilants, & s'ils avoient l'usage des armes à feu comme les Turcs & les Druses, il est certain qu'ils secoüeroient aisément le joug des Turcs.

Je leur ai demandé quelquefois pourquoi ils ne se servoient pas de nos armes ; ils m'ont répondu qu'ils n'en blâmoient pas l'usage dans les armées; mais qu'elles ne convenoient qu'à des lâches, qui tuënt leurs ennemis avant d'être en état de leur parler. La lance, me disoient-ils, est l'arme la plus ancienne & la plus noble, l'arc & les fléches ne doivent être employées que contre les animaux, que l'on ne peut pas approcher d'assez près pour les combattre corps à corps ; encore leurs Chasseurs ne s'en servent-ils jamais. J'ai déja remarqué qu'ils forcent les gazelles & les liévres avec des chiens, & que les oiseaux sont en sûreté chez eux.

Quoique des raisons de politique

les obligent à obéir aux ordres du Grand Seigneur, on peut dire qu'ils ne le font qu'à regret. Toute leur obéïssance est reservée pour leurs Emirs, & pour leurs Cheiks qui commandent sous eux.

Ils se donnent par honneur le nom de Bedoüins, qui signifie des hommes champêtres ou des Habitans des Déserts. Ce nom convient parfaitement bien à leur état, à leur profession & à leur origine. En effet, l'Ecriture Sainte nous apprend que leur pere Ismaël demeuroit dans le Désert, & que son exercice ordinaire étoit la chasse. Il y a apparence que de la chasse des bêtes, il passa à celle des hommes, non pas pour les manger comme font quelques Peuples de l'Afrique, mais pour les voler; de sorte qu'il se fit des ennemis sans nombre, & devint aussi l'ennemi de tous ses voisins. *Manus ejus contra omnes, & manus omnium contra eum.* Cet oracle de l'Ecriture se verifia dans Ismaël, & se verifie encore à present dans ses descendans. C'est leur occupation favorite, c'est le seul art qu'ils cultivent. Ils y sont de grands maîtres, & en pourroient donner des leçons aux plus habiles.

Ils sont extrêmement jaloux de la

noblesse de leur origine, & se regardent comme les premiers Peuples du monde, ils ne se mésallient presque jamais en épousant des femmes Turques ou Maures. Ils regardent les premiers comme des usurpateurs de leur patrimoine, & les seconds comme des bâtards qui ont dégénéré de la noblesse de leurs ancêtres.

Toute leur occupation est de monter à cheval, d'avoir soin de leurs troupeaux, & de faire des courses sur leurs ennemis, c'est-à-dire, sur tout le monde, à moins qu'on ne soit de leurs amis & sous leur protection : car alors on trouve chez eux l'hospitalité la plus parfaite, une fidelité à toute épreuve, la civilité & toute la cordialité qu'on peut souhaiter. Il est vrai qu'il faut s'accoûtumer à leurs manieres simples & champêtres, & vivre comme eux à la Bedoüine. Les Emirs vivent d'une maniere plus noble & plus aisée, ce que j'en ai dit ci-devant le marque assez.

Les Ecrivains qui leur ont donné des Royaumes & le titre de Roi à quelques-uns de leurs Princes, se sont trompez lourdement. Celui même qui est à la tête de tous les Arabes, qui sont entre le Mont Sinaï & la Mecque, ne s'en est jamais paré. Il est puissant à la verité, & pourroit le prendre à plus juste titre que tous ces Rois de la Palestine, dont les Etats étoient renfermez dans leur Ville ou Village & dans leur territoire fort borné; au lieu que celui-ci a des Païs immenses où il promene comme il lui plaît ses Villes ou Villages ambulans, & à qui les Turcs sont obligez de payer des contributions annuelles, afin qu'il ne bouche pas les puits, & qu'il n'insulte pas les Caravannes qui vont à la Mecque. Il est encore vrai qu'il a un bien plus grand nombre de sujets que les Princes qui demeurent dans la Syrie, la Palestine, & les autres Etats d'Asie & d'Afrique. Cependant il se contente de la qualité modeste d'Emir, c'est-à-dire, Seigneur. Quand on dit Emir simplement, on entend l'Emir principal ou le Chef de la famille, dont les branches ont aussi des Emirs que l'on distingue par leur nom, que l'on joint toûjours à leur qualité, comme l'Emir Dervick, l'Emir Corquas & autres. Ces Princes reconnoissent l'Emir tout court comme leur Chef, le respectent, lui obéïssent dans certaines choses; mais ils sont aussi absolus & aussi Souverains que lui dans leurs Camps, & dans leurs territoires qu'il l'eſt dans le ſien.

Les Cheixs obéïſſent aux Emirs dans le diſtrict deſquels ils ſont. Ce mot ſignifie ancien ou vieillard. Si on ſuivoit exactement ce que le mot ſignifie, ce ſeroient toûjours les plus âgez qui ſeroient Cheiks; cependant on en voit d'aſſez jeunes qui ont cette qualité comme par ſucceſſion & par heritage. Ils ſont, à proprement parler, les Gouverneurs d'un ou de pluſieurs Peuples Chrétiens ou de Maures, c'eſt à eux à lever les contributions que les Païſans doivent à leurs Emirs, & à lui en rendre compte ſuivant les ordres qu'ils en reçoivent. C'eſt auſſi à eux à terminer les differends qui naiſſent entre leurs Peuples, ſauf l'appel à l'Emir s'ils ne ſont pas contents du jugement du Cheix.

On donne auſſi par honneur la qualité de Cheik aux gens de Lettres. Il ne faut pas pour cela avoir pris les degrez dans quelque Univerſité, ni être Docteur dans les formes, & après beaucoup de dépenſes, qui tiennent ſouvent lieu de ſcience & de probité. Il ſuffit de ſçavoir lire & écrire en Arabe. Un homme qui ſçauroit avec cela le Turc, le Perſan, le Grec vulgaire ſeroit un Cheix par excellence; il ſeroit plus estimé que s'il étoit Docteur en Theologie, en Droit, en Medecine. Si j'avois voulu m'établir chez les Arabes, j'aurois été sans contredit le premier Cheik du Païs.

Quand ceux qui sont Cheiks sont d'un âge peu avancé, on doit supposer que l'art de gouverner, la prudence & la probité ont précedé les années.

Quoique la plûpart ne s'amusent pas à étudier, ils ne laissent pas d'avoir l'esprit bon, solide, juste, pénétrant : ils feroient des progrès infinis dans les sciences comme ils en ont fait autrefois ; mais ne deviendroient-ils pas orgüeilleux, entêtez, contredisans, querelleurs, pleins d'eux-mêmes, & de leurs chimeres, comme sont nos Sçaçans ? Leur ignorance conserve l'union & la paix parmi eux, ils vivent dans une heureuse simplicité, & quoiqu'ils ne manquent pas de politique, on n'en voit point qui se dessechent la cervelle à force de rafiner sur la conduite des autres.

Le Grand Seigneur les laisse vivre dans ses Etats comme il leur plaît, il n'en exige ni contributions, ni taxes. Tout ce qu'il attend d'eux, c'est d'aider ses Officiers à châtier les rebelles, & à les ranger à leur devoir. Lorsqu'il a besoin d'eux, ce ne sont pas des ordres superbes qu'il leur envoye comme à ses Pachas, ce sont des prieres qu'il leur fait, qui pour l'ordinaire sont accompagnées de présens. Il est vrai que les Pachas les leur envoyent à leur nom, & non à celui du Sultan; c'est une délicatesse qui ne change rien au fond.

L'Emir envoye aussi quelquefois des présens au Grand Seigneur, ou à son avenement au Trône Imperial, ou à son Mariage, ou à ceux de ses enfans quand il en est informé. Ce sont pour l'ordinaire de beaux chevaux ou des chameaux d'une taille extraordinaire. Ils ne les font jamais conduire par leurs Officiers à Constantinople. Ils ne se fient pas assez aux Turcs pour livrer leurs gens entre leurs mains dans des lieux si éloignez. Ils les envoyent à quelque Pacha leur voisin, qui a soin de les faire conduire à la Porte. Le Grand Seigneur ne manque guéres de les en remercier par quelque présent.

Outre les Arabes que l'on voit dans la Syrie, la Mesopotamie, l'Egypte & l'Afrique, il y a une autre espece d'Arabes dans la Syrie & dans la Palestine, qui vivent d'une maniere bien differente de ceux dont il est question ici.

On les appelle Turkmans ou Turcomans. Ils demeurent à la campagne, sont sujets du Grand Seigneur, & lui obéïssent, leurs tentes sont de toile blanche. Ils font un grand trafic de toutes sortes de bétail, ce qui les enrichit. Ils sont propres dans leur Camp, couchent sur de bons lits, & sont bien plus sobres & plus ménagers que les autres Arabes. Ils ne volent point sur les grands chemins; au contraire ils aiment les Etrangers, les reçoivent agréablement, les logent & les nourrissent sans qu'il leur en coûte rien, ils sont par conséquent d'un grand secours aux Voyageurs qui passent dans leur Païs, où il n'y a ni Khans ni Hôtelleries. C'est un proverbe en Orient, qu'il faut manger chez les Arabes, & coucher chez les Turcomans, pour marquer la bonne chere des uns & les bons lits des autres.

Il est difficile de sçavoir bien au juste ce que sont les Turcomans. Eux-mêmes ignorent leur origine, & ne se mettent pas en peine de la rechercher. Les veritables Arabes en sçavent plus qu'eux, & cependant ils n'en sçavent pas exactement toutes les suites. Je parle des gens ordinaires; car les Emirs & les Cheiks en

1665.
Arabe Turcomans.

sont bien informez, parce que cette connoissance leur est necessaire pour prouver que leur rang & leur autorité est hereditaire dans leurs familles. Je ne m'étendrai pas davantage sur ces recherches. Outre qu'elles sont d'assez peu de conséquence, il est trop difficile d'en pénétrer la verité.

J'ai parlé des familles Arabes de la banniere blanche, de la rouge & des Drusses. Il faut à present parler de la famille de l'Emir Turabeye, qui est sans contredit la plus noble de toutes celles qui demeurent dans la Syrie.

## CHAPITRE VIII.

*De l'Emir Turabeye Prince des Arabes du Mont-Carmel, de sa Famille, & de son Gouvernement.*

Turabeye est le nom du Chef de cette famille, il est Arabe, & signifie poudre ou poussiere. Les Princes de cette Maison occupent depuis long-tems une partie du Mont-Carmel ils ne l'ont occupé entierement que depuis la mort violente de l'Emir Fekerdin Prince des Drusses, qui n'ont jamais passé pour Arabes, comme je l'ai fait voir en parlant de ces Peuples, dans le premier volume de ces memoires. Ce n'a été qu'après la mort de ce Prince que les Arabes de la Maison Turabeye ont occupé le Carmel entier, par le consentement du Grand Seigneur, qui ne pouvoit pas faire autrement, puisque ces Princes en possédant déja une partie, se seroient emparez du reste, & auroient engagé le Grand Seigneur dans une guerre dangereuse, & dont les suites auroient pû être funestes à ses Etats voisins ; au lieu qu'en le cedant de bonne grace à ces Princes, s'il n'en a pas fait des tributaires, il en a fait des amis, qui sont toûjours prêts à soûtenir ses interêts, & à faire respecter ses ordres par des Peuples qui sont naturellement jaloux de leur liberté, qui ne souffrent qu'avec peine le joug très-dur de ses Officiers, & qui le secoüeroient de tout leur cœur, s'ils en trouvoient l'occasion.

Il est impossible de sçavoir au juste dans quel tems les Princes de cette Maison ont commencé de s'établir au Mont-Carmel, ni où ils étoient auparavant.

Les Emirs qui étoient en 1664. à la tête des differentes branches de cette famille étoient au nombre de dix-huit. Ils étoient tous parens, freres, oncles ou cousins germains, ou issus de germains. Leurs dignités sont hereditaires dans chaque branche ; mais la branche aînée est toûjours celle dont l'aîné est reconnu par toutes les autres comme le chef de toute la Nation.

L'Emir Mehmed qui est celui dont j'ai parlé dans ce volume, avoit succedé à son frere l'Emir Zoben qui étoit mort sans enfans à la fin de l'année 1660. C'étoit un Prince plein d'esprit, & d'un rare merite, capable des plus hautes entreprises, s'il n'avoit pas été sujet à des emportemens qui rendoient son gouvernement dur ; il étoit quelquefois intraitable, & par consequent peu aimé de ses sujets & de ses voisins.

*Portrait de l'Emir Mehmed Chef des Arabes du Mont-Carmel.*

L'Emir Mehmed étoit d'une petite taille, bien prise à la verité ; mais si maigre & si décharné, qu'il n'avoit, pour ainsi dire, que la peau collée sur les os. L'usage immoderé du *Bergé*, l'avoit rendu si tremblant de tous ses membres, qu'il ne pouvoit rien tenir avec assûrance. Les vapeurs de cette drogue l'assoupissoient à un tel point, qu'il raisonnoit souvent fort mal à propos. Il ne vivoit que de fruits cruds

& de caffé, & passoit tout le jour à fumer & rêver au milieu de ses Courtisans, & à racler un bâton de bois blanc avec son couteau.

Il ne laissoit pas de donner audience aux étrangers; & comme ses Officiers avoient soin de n'introduire personne que quand l'operation du Bergé le mettoit en état de les écoûter, & de leur répondre, il le faisoit avec beaucoup de sagesse & d'esprit. Il avoit environ quarante ans en 1664.

Il avoit l'ame belle & généreuse, & ses inclinations étoient portées au bien. Il étoit doux, liberal, sans façon, sans hauteur, sans vanité. Il faisoit du bien à ses domestiques, & à tous ceux qui avoient recours à lui. Il vivoit moralement bien. Il étoit juste, équitable, désinteressé. Il abhorroit le sang & toute sorte de violence. Il regnoit dans les cœurs de ses sujets par sa douceur. Il ne laissoit pas d'être craint, quoiqu'il ne fît mourir personne, & que ses plus rudes châtimens ne fussent que de faire mettre aux coupables les entraves d'un cheval, disant qu'un homme qui a du cœur étoit plus puni de se voir réduit à la condition des bêtes, que si on lui ôtoit la vie ou son bien. Il ne laissoit pas d'être obéï avec plus de ponctualité que ceux qui auroient employé le fer & les supplices les plus rigoureux.

Il étoit dans une aussi étroite liaison qu'elle le pouvoit être avec les Pachas ses voisins. Il en recevoit des presens, & ne manquoit pas de leur en faire. Il traitoit magnifiquement leurs Envoyez, & outre les caresses & les politesses dont il les combloit, il ne manquoit jamais de leur faire des presens de chevaux & d'habits.

Il étoit d'un accès facile, & tenoit sa parole avec une exactitude qui alloit jusqu'au scrupule. Quand il avoit promis sa protection, on y pouvoit compter. Il servoit ses amis de bonne grace & avec chaleur. Il gardoit inviolablement le secret, ne parloit jamais mal de personne; il étoit l'ennemi déclaré des médisans & des menteurs. Ceux qui ne le connoissoient pas à fond avoient peine à se persuader qu'il y eût une si belle ame dans un corps d'une si petite apparence. Il étoit brave, ne craignoit point le péril, sçavoit la guerre à la façon de sa Nation, & n'étoit point du tout cruel. Quand il avoit remporté quelque avantage, quand même il lui avoit coûté du sang, chose très-rare dans ces

Peuples, & quand ſes Officiers prenoient la liberté de lui en dire quelque choſe, il leur répondoit que la défenſe étoit de droit naturel, & qu'ils avoient plus de raiſon de ſe défendre qu'on n'en avoit de les attaquer.

Il avoit épouſé une très-belle femme, fille d'un des premiers Emirs de ſa Maiſon. Il n'en avoit point d'enfans; c'étoit une raiſon pour la répudier, & d'en prendre une autre; mais il l'aimoit paſſionnément, & elle le meritoit; car elle l'aimoit de même, & avoit pour lui des complaiſances infinies. Elle ſouffroit ſes infirmitez, qui le mettoient quelquefois de mauvaiſe humeur; elle avoit de la vertu, de la ſageſſe. Il étoit rare qu'elle lui demandât quelque choſe, & il étoit encore plus rare qu'il ne la prévînt pas en toutes choſes. D'ailleurs comme on ſçavoit qu'elle avoit beaucoup de pouvoir ſur ſon eſprit, c'étoit à elle qu'on s'adreſſoit par le moyen de Hiché, qui étoit ſa confidente, qui étoit en même tems la dépoſitaire des preſens qu'on lui faiſoit en or, argent, pierreries & autres choſes de prix, dont elle faiſoit part aux femmes qui la ſervoient, & aux domeſtiques de l'Emir ſon époux.

L'Emir demeure toûjours campé dans le Mont Carmel. Ses tentes sont au centre du grand cercle que font celles de ses sujets autour des siennes, sans être environnées d'aucune enceinte, de fossez, de murailles & de palissades, n'aimant pas à être enfermé : il leur suffit d'un rempart Macedonien, c'est-à-dire, de leurs propres corps, pour se défendre de leurs ennemis. Il est vrai qu'ils pourroient être surpris; car ils ne font ni garde ni patroüille ; mais ils ont toûjours des gens en campagne, qui ne manqueroient pas de les avertir, s'ils appercevoient quelque corps de troupes en marche de leur côté, & dans un instant ils seroient à cheval & armez. Je crois qu'ils ne feroient pas une longue résistance à pied. Ils ne sont braves qu'à cheval, encore craignent-ils les armes à feu. En ce cas ils prendroient la fuite, mais leur Camp seroit pillé, & on enleveroit leurs femmes, leurs enfans & leurs meubles.

Les autres Emirs de sa famille ont leurs camps autour du sien, à une ou deux lieuës de distance, & les Villages habitez par les Chrétiens & les Maures qui font leurs Païsans, sont dans les entre-deux de ces Camps, &

du Chevalier d'Arvieux. 163

au delà. Ils cherchent toûjours à se camper auprès des rivieres ou des grosses fontaines, tant pour leur commodité particuliere, qu'à cause de leurs bestiaux, en quoi consistent leurs richesses les plus solides.

1665.

L'Emir tire les revenus des Villages qui sont de sa dépendance, & les droits d'entrée & de sortie des Ports qui y sont enclavez. Le Grand Seigneur ne lui en demande rien : il exige seulement qu'il tienne les chemins libres, & qu'il fasse escorter les caravannes des Marchands, & les couriers qui vont à la Porte, ou qui en reviennent. Avant cet accord les Arabes arrêtoient les Couriers, les dépoüilloient & déchiroient leurs dépêches. Ils ne le font plus depuis qu'il a revêtu l'Emir Turabeye de la qualité de *Sanjak-Beghi*, c'est-à-dire, Seigneur à banniere. Ce qui lui donne le pouvoir de faire combattre ses troupes sous l'étendart du Grand Seigneur, d'arborer un Toug ou queuë de cheval, & d'avoir un certain nombre de hautbois, de tambours, de trompettes & timballes comme les Pachas, mais en moindre quantité.

Tous les autres Emirs sont Souverains chez eux, c'est-à-dire, dans leurs Camps, qui sont composez d'une quantité d'Arabes attachez à leurs perſonnes & à leurs Maiſons particulieres, dont ils ſe diſent ſerviteurs. Ce ſont les troupes, à la tête deſquelles ils combattent, & qu'ils conduiſent quand l'Emir qui a le titre de *Sanjak-Beghi* les mande. Ils ſe rendent auſſi-tôt auprès de ſa perſonne avec leurs maiſons, & le ſuivent aux expeditions pour leſquelles ils ſont mandez.

Quand ils ſont tous réünis ils peuvent faire un corps d'environ cinq mille Cavaliers, ce qui eſt conſiderable pour un Païs qui n'a gueres que quarante lieuës de circonference.

Outre les Arabes qui compoſent la Milice de l'Emir, il y a dans les Villages des Chrétiens & des Maures qui habitent les Villages du Carmel, ce ſont eux qu'ils appellent Rabays ou Sujets. Ils vivent doucement ſous ſa domination, en payant la dixme de tout ce qu'ils recüeillent. C'eſt le Cheik qui en eſt le Receveur & le Gardien. Ses droits ſont reglez & aſſez modiques pour ne pas fouler ſes Sujets. Toutes ces dixmes ſe payent en eſpeces, & par conſéquent les revenus de l'Emir diminuent ou augmentent à proportion que les récoltes ſont bonnes ou modiques.

Avec tout cela les revenus de ce Prince ne montent qu'à cent mille écus ou environ par an ; c'est peu, comme l'on voit, mais c'est assez, parce qu'il fait peu de dépense. Il ne donne aucune solde à ses troupes, le bled & la viande ne lui coutent rien. Il nourrit presque toutes les familles de son Camp de ce qui sort de sa cuisine. Les Officiers qu'il envoye pour des Commissions ont leurs droits réglez, qui sont fort modiques.

Il y a très peu d'Arabes qui n'ait des troupeaux, & qui ne fasse assez de trafic de son bétail pour avoir abondamment toutes ses commodités à leur maniere, qui nous paroît miserable en la comparant à la nôtre, qui l'est en effet plus que la leur ; mais ils joüissent en paix de ce qu'ils ont, s'en contentent, & vivent heureux & tranquilles.

La principale richesse des Emirs ne consiste qu'en chevaux, chameaux, bœufs, moutons, chevres & grains. Ils en vendent ou en troquent selon leurs besoins aux Marchands qui suivent le Camp, ou les envoyent aux Ports de mer & achetent du caffé, du ris, des legumes, des toiles, des draps, des étoffes de soye, & autres choses qui ne viennent point chez eux, & leurs besoins remplis ils gardent l'argent qui leur reste, & ont soin de le changer en sequins, qu'ils cachent dans leurs tentes, pour l'emporter plus facilement avec eux quand quelques affaires imprévûës les obligent de déloger promptement. Cette œconomie leur fait amasser des sommes très-considerables. Il s'est trouvé de vieux Emirs qui avoient plus d'un million de sequins.

L'Emir Turabeye professe la Religion Mahometane, parce qu'il y est né, il est Mahometan de bonne foi, & dit qu'il faut qu'un honnête homme ait une Religion, mais il ne s'est jamais avisé de l'approfondir. Il n'a dans son Camp ni Mosquée, ni Ministre de la Loy. Il fait sa priere dans sa tente, sans trop s'embarrasser de l'heure ni de la quantité d'Oraisons que la Loy prescrit à ses Sectateurs. Les autres Emirs suivent assez regulierement son exemple. On peut dire à leur loüange, qu'ils ne sont ni outrez ni superstitieux dans leurs observances. Ils aiment leur liberté en tout tems, en tous lieux, & dans la Religion comme dans toutes les autres choses. Ordinairement pourtant ils sont la priere en public les Vendredis, & pendant le mois du Ramadan, qui est leur tems de penitence & leur Carême. Ils jeûnent quand ils le peuvent faire sans s'incommoder, ce font des Mahometans commodes, & des esprits forts.

L'Emir juge souverainement tous les differends qui naissent entre les Emirs de sa famille & entre ses Sujets. Il est rare qu'il punisse de peine capitale; mais la plus ordinaire est la peine pécuniaire ou l'amende. C'est un châtiment politique qui grossit ses parties casuelles.

J'ai déja remarqué que l'Emir loge toûjours sous ses tentes. Il a pourtant environ à trois lieuës de son camp un très-beau Palais, qui a été bâti par l'Emir Fekerdin, dans le tems qu'il étoit Maître du Païs. Ce Prince aimoit à bâtir, & avoit bien du goût pour l'Architecture. Je fus voir cette belle maison dans mon second voyage, elle est très-bien bâtie, elle a une vûë charmante ; les appartemens sont grands, magnifiques, disposez d'une maniere galante, & fort commode : un Prince y seroit parfaitement bien logé, si on y vouloit faire quelque dépense pour la remettre en bon état. J'en dis ma pensée à l'Emir à mon retour. Vous sçavez, me dit-il, que notre coûtume n'est pas de nous enfermer dans des Villes ni dans des maisons. Vous aimez les murailles, vous autres Francs: Hé bien, je vous la donnerai, avec autant de terres & de Villages que vous voudrez, si vous voulez vous établir auprès de moi. Je le remerciai très-humblement d'une offre si obligeante, & je lui dis que si je pouvois joüir de l'honneur d'être à son service tout le reste de mes jours, je ne voudrois pas quitter son Camp, ni m'éloigner de sa personne plus que je l'étois dans la tente où j'étois logé. Mon compliment lui fit plaisir, & assurément j'étois dans ces sentimens, & si j'avois eu des affaires qui m'eussent obligé de me bannir de ma patrie, je n'aurois point choisi d'autre retraite. Il me dit avec la maniere la plus obligeante: Je suis bien fâché de n'avoir rien qui puisse vous tenter, car vous sçavez combien je vous aime, & à quel point je vous estime.

— Les Arabes ne veulent point être enfermez. Quelque bien qu'ils soient avec les Turcs & avec leurs voisins, ils craignent toûjours d'être surpris par les uns ou par les autres. Les Turcs ne les voyent qu'à regret dans le Pais dont il prétendent être les Maîtres abſolus, & s'ils pouvoient exterminer toute la Nation, ils n'héſiteroient pas un moment, & n'attendroient pas des ordres particuliers de la Porte, ſçachant bien qu'ils ſeroient approuvez s'ils en venoient à bout ; car les Arabes ſont une épine à leur pied dont ils voudroient bien ſe débaraſſer. Ce beau palais ſe détruit peu à peu, faute d'être habité, & manque de quelque leger entretien, & il tombera en ruine comme beaucoup d'autres édifices de l'Emir Fekerdin.

Les Emirs ne ſont ſervis que par des Arabes leurs ſujets. Leurs femmes & leurs filles ſe font un honneur d'être au ſervice des Princeſſes. Elles n'ont point de gages ; mais ſeulement des préſens qui ne laiſſent pas dans la ſuite de les enrichir. Les Princeſſes ont auſſi de jeunes Eunuques noirs, les plus laids & les plus difformes ſont les plus eſtimez. Ce ſont des Marchands de Damas qui ſe mêlent de ce commerce, & qui prennent en échange des chevaux & d'autres beſtiaux : car pour de l'argent il n'y faut pas penſer. Dès qu'il eſt une fois entré dans les coffres des Emirs, il n'en ſort plus que pour être changé pour de l'or. Ils ont auſſi de jeunes garçons Arabes & des Negres. Ces derniers ſont Eſclaves. Ni les uns ni les autres n'entrent point dans les tentes des Princeſſes. Ils ſervent les Emirs, & préſentent le caffé & les pipes à ceux qui rendent viſite à ces Princes. Ils n'ont d'Eſclaves Francs que les Corſaires qui échoüent ſur leurs côtes. Ils n'en font pas grand état, & ſe les vendent les uns aux autres, & aux Marchands qui ſont chargez de les retirer, & à fort bon marché.

## CHAPITRE VI.

### De la Religion des Arabes.

LA Religion des Arabes eſt la Mahometane. On la connoît aſſez ſans que je m'arrête à en faire un détail plus circonſtancié. Ils ont parmi eux des dévots, des ſuperſtitieux, des eſprits forts, des libertins, comme dans toutes les autres Religions.

*Ignorance des Arabes.* Les Arabes ne s'amuſent guéres à approfondir les Myſtéres de l'Alcoran. Et comment le feroient-ils ? Ils ſont trop ignorans pour cela. Il n'y a pour l'ordinaire que les Emirs, leurs Secrefaires & les Cheiks qui sçachent lire & écrire. Le Peuple se contente d'écouter ce qu'on leur dit de la Loi par occasion, & réduisent tous les preceptes à la circoncision, au jeûne, à la priere & à l'abstinence de la chair de cochon. Ils suivent au surplus la loi de nature, & excepté le vol sur les grands chemins, ils vivent passablement bien moralement. Ils sont d'ailleurs persuadez de l'unité & de l'immensité de Dieu, de l'immortalité de l'ame, de la récompense & du bonheur dont Dieu fera joüir les bons dans l'autre vie, & des peines dont il châtiera les méchans, selon la doctrine de leur faux Prophete, qui n'a pas jugé à propos de rendre ces peines éternelles.

Ils font circoncire leurs enfans mâles, quand ils ont atteint un âge où ils puissent s'en souvenir. Pour lors on assemble tous les enfans qui sont en état d'être circoncis. La cérémonie s'en fait d'une maniere aussi simple qu'est la vie de ces Peuples. Les peres tiennent leurs enfans sur leurs genoux & les découvrent, un Barbier tire le prépuce au-delà du gland, & l'arrête avec une pincette destinée à cet usage, & coupe ce qui excede avec un rasoir,

*Maniere de circoncire les enfans.*

H ij

1665.

& y met aussi-tôt des poudres astringentes & dessicatives pour arrêter le sang de la playe & la cicatriser. Les parens & les amis mettent cependant dans la bouche de l'enfant du miel ou des confitures, pour l'empêcher de crier & rendre la douleur plus supportable. On fait joüer les hautbois, on bat le tambour, pour empêcher les autres enfans d'entendre les cris de ceux qui ont souffert l'operation, de crainte que cela ne les dégoûte & ne leur fasse prendre la fuite : car la douleur est très-vive, particulierement le troisiéme jour après l'operation. Il s'en trouve qui ont demeuré jusqu'à un âge assez avancé, avant de se résoudre à souffrir cette operation. On dit qu'elle est plus douloureuse à cet âge ; mais tôt ou tard il faut s'y soumettre & se venir mettre au nombre des enfans que l'on circoncit, les Emirs & les Cheixs y contraignent les negligens.

La Circoncision des Negres du Sénégal. Les Negres du Sénégal que l'on circoncit à douze ou treize ans sont plus courageux. Il vont eux-mêmes se mettre sur la poutre où se fait l'operation. Ils tiennent leur saguaye à la main, & quand elle est achevée, ils s'en vont les jambes écartées, & n'y apportent d'autre remede que de la laver souvent avec de l'eau fraîche.

La douleur de cette operation est très-vive. Hassan qui avoit été circoncis malgré lui, m'en a dit des nouvelles. Les enfans doivent souffrir moins que les gens plus âgez. On la diminuë en les parant de beaux habits, & en leur faisant de petits présens. On ne leur donne point de nom dans cette cérémonie. Leurs peres les nomment comme il leur plaît dès qu'ils viennent au monde.

Les enfans des Emirs, des Cheiks & des autres personnes de consideration sont circoncis de la même maniere, excepté que les habits sont plus magnifiques, & qu'ils donnent à manger splendidement à tous ceux qui ont assisté à la cérémonie. Ils reçoivent en ces occasions les visites de leurs amis & des présens, & sur-tout de leurs vassaux, qui, selon la coûtume de l'Orient, ne se présentent jamais les mains vuides devant leurs Seigneurs.

La Circoncision & le Mariage sont les deux occasions, qui donnent lieu aux plus grandes réjoüissances qu'il y ait chez ces Peuples. Les familles s'assemblent alors, les voisins s'y trouvent quelquefois sans être invitez, tout le monde est bien reçû, bien regalé, on n'épargne rien pour cela. Souvent on s'y ruine malgré les préfens qu'on reçoit.

*Jeûne du Ramadan.* Les Arabes jeûnent les trente jours de la Lune du Ramadan : car leurs mois font lunaires. Ils ne boivent ni ne mangent depuis le point du jour jufqu'au Soleil couché. Les fcrupuleux n'ofent pas même fumer ni manger jufqu'à ce qu'on voye quelque étoile.

Alors ils rompent leur jeûne en bûvant de l'eau, ou prennent quelque autre rafraîchiffement, & après qu'ils ont fait la priere, ils fe mettent à table, & mangent ce qu'on leur a préparé, ils y paffent une bonne partie de la nuit. Ils font encore un petit repas avant que le jour paroiffe, & puis fe couchent & dorment la plus grande partie du jour. C'eft l'entendre & tirer partie d'une Loi fort rigoureufe dans des Païs chauds comme le leur.

Les jeunes gens & les vieillards peuvent fe difpenfer du jeûne, quand la loi ou leur dévotion fe trouvent au-deffus de leurs forces. En cela ils font bien plus raifonnables que les Turcs, qui puniffent corporellement & fort févérement ceux qui rompent ce jeûne, quelques raifons qu'ils puiffent avoir de ne le pas obferver. Les Arabes difent que le Prophete étoit trop raifonnable pour les obliger à l'impossible, ou à ruiner leur santé. Ils ont cependant l'attention de ne manger qu'en particulier, & d'une maniere qui ne puisse pas scandaliser les petits esprits.

Les femmes sont exemptes du jeûne. Outre la délicatesse de leur complexion qui les en dispense, pourquoi s'assujetteroient-elles à une loi pénible, dont elles n'esperent aucune récompense en l'autre monde. Mahomet les a excluës du Paradis. Elles font bien de ne pas travailler en vain, puisqu'elles n'y peuvent rien prétendre. C'est pour cela qu'elles ne sont point obligées à aucune chose qui approche de la circoncision.

Quant à la priere, chacun la fait en son particulier, sous sa tente ou à la campagne, sans les affectations que l'on remarque chez les Turcs qu'ils qualifient du nom de régularité. Ils n'ont pas plus de scrupule pour l'heure dans laquelle on la doit faire. Les uns la font plus tard, d'autres plûtôt, selon que leurs affaires & leur commodité le peuvent permettre. Il est pourtant vrai que les Vendredis & pendant le Ramadan, les Emirs & les Cheiks font étendre des nattes & des tapis au milieu du Camp, & font leurs prieres en commun. Pour lors leurs Secretaires ou autres gens de Lettres, s'il s'en trouve parmi eux, font les fonctions des Imans, & difent la priere à haute voix, les affiftans les fuivent & y répondent, & quand ces gens font affez habiles pour faire une exhortation, on les écoûte avec attention & refpect, & on en fait ce qu'on juge à propos, parce qu'on eft perfuadé que ces Prédicateurs en difent beaucoup plus qu'ils n'en font eux-mêmes.

Les Turcs & les Maures font leurs ablutions régulierement avant de commencer leurs prieres. Les Arabes n'y regardent pas de fi près, fur-tout quand ils fe trouvent dans des lieux où il n'y a ni ruiffeau ni fontaine. Ils n'y manquent pas pourtant quand ils en trouvent l'occafion. Il y en a d'affez fcrupuleux pour s'aller purifier à la mer, quand ils jugent avoir befoin d'une plus forte purification. En effet, l'eau de la mer eft plus déterfive à caufe de fon fel, mais le nombre de ces dévots eft fort petit.

*Sacrifices des Arabes.* Les Arabes auffi-bien que les autres Mahometans font quelquefois des Sacrifices. C'eft pour l'ordinaire à la naiffance ou à la circoncifion de leurs enfans, ou quand ils veulent entreprendre quelque chose de conséquence, dont le succès leur importe & qui leur paroît douteux, ou quand ils se sont échappez de quelque danger. Il les font indifferemment dans leurs tentes ou à la campagne. Tout leur Sacrifice consiste à égorger quelque bœuf ou quelque mouton, en invoquant le nom de Dieu, & quand ils l'ont écorché, ils en distribuent la chair aux pauvres, afin qu'ils joignent leurs prieres aux leurs.

Les Chrétiens qui demeurent dans les Villages qui dépendent des Arabes, en sont traitez avec beaucoup de douceur; ils vivent dans une entiere liberté, on ne les inquiéte jamais sur leur Religion ni sur leurs exercices.

Les Turcs n'en usent pas de même. Les Chrétiens sont souvent exposez à des avanies, sous le specieux prétexte qu'ils ont parlé mal de Mahomet & de sa Loi.

Les Arabes parlent de Dieu en bons termes, & fort peu de la Religion. La raison est facile à trouver, c'est qu'ils n'en sçavent presque rien. Ils vivent cependant dans une grande retenuë, & dans un grand éloignement des vices qui corrompent nos mœurs, excepté que ce n'est pas chez-eux un plus grand crime de voler & de dépoüiller les paï-sans, que c'en est chez-nous d'aller à la chasse.

Une des meilleures raisons qu'ont les Arabes de ne pas se piquer de régularité dans l'exercice de leur Religion, c'est qu'ils comptent extrêmement sur les mérites de leur Prophete, & sur la prédilection qu'il doit avoir pour ses compatriotes. Les Turcs ne conviennent pas de cela, & disent que Mahomet voyant tant de relâchement dans les Arabes, déclara qu'il étoit veritablement issu de leur race; mais qu'elle avoit dégénéré, & ne meritoit plus son attention & ses faveurs; mais après avoir mis son chat & bien d'autres animaux en Paradis, pourquoi n'y mettroit-il pas aussi les Arabes, qui quoique voleurs de profession, ne laissent pas d'être de bonnes gens?

## CHAPITRE X.

*De l'hospitalité des Arabes dans leurs Camps, & de celle de leurs vassaux dans les Villages.*

Ceux qui n'ont vû les Arabes que sur les grands chemins, ou qui ne les connoissent que par le rapport qu'on leur fait de leurs courses & de leurs pillages, ont peine à se persuader qu'il y ait chez eux de la bonne foi, de la fidelité, & de l'hospitalité. Rien pourtant n'est plus vrai. Les Arabes s'excusent de leurs brigandages, en disant que c'est la seule chose qui leur reste après avoir été chassez de leur Païs, & dépoüillez de leurs biens. Aussi se contentent-ils des marchandises & des hardes de ceux qui tombent entre leurs mains, ils ne leur font aucun mauvais traitement, à moins qu'on ne se défende opiniâtrement & qu'on ne les blesse : car ils ne pardonnent jamais le sang, & tuent tous ceux qu'ils peuvent attraper.

Mais quand on va chez eux de bonne foi, & qu'étant rencontrez on leur dit qu'on va en un tel lieu, parler à l'Emir ou au Cheix, & qu'on est réellement sur le chemin qui y conduit, ils ne font point d'insulte, au contraire ils vous conduisent honnêtement.

Dès qu'on est arrivé à un Camp ou à un Village, on est assuré d'être bien reçû. Il est vrai que les gens ordinaires ne vous présentent qu'une natte pour vous asseoir & pour vous coucher, ils n'ont pas davantage. Pour lors on se sert de ses hardes. Le hiram qui est une piece de serge de six aunes de long sur une de large, que l'on met sur la selle du cheval, sert de matelas & ses hardes de couverture.

Mais les Emirs & les Cheiks qui sont toûjours bien mieux meublez, vous envoyent des matelas, des couvertures & des coussins. Ils vous défrayent entierement, vous, vos domestiques, vos équipages, & quand vous êtes prêts à partir, vous en êtes quittes pour dire : Dieu vous le rende, & voilà toute votre dépense payée.

Mais comme on ne trouve pas toûjours des Emirs dans sa route, & qu'on est obligé d'aller chez des Cheiks, ou même dans des Villages où il n'y en a point, il faut dire ici comment on est reçû.

Le premier Arabe qui apperçoit l'Etranger qui vient au Village ou au Camp, ne manque pas d'aller au-devant de lui. La civilité oblige de mettre pied à terre, on s'embraſſe comme ſi on ſe connoiſſoit depuis long-tems, on ſe baiſe reciproquement la barbe, & on écoûte les complimens que l'on fait. Quel bonheur pour nous, dit l'Arabe, que vous veniez chez-nous, vous y apportez la bénédiction de Dieu, ſoyez le bien venu ; comment vous portez-vous ? On répond avec politeſſe à ce compliment, on donne des bénédictions en échange de celles qu'on reçoit, & on a la patience d'en écoûter encore d'autres, ou d'entendre repeter dix fois les mêmes paroles, & y répondre autant de fois. Ces premiers complimens achevez, on vous demande ce que vous ſouhaitez, ſi vous voulez paſſer la nuit dans le Village, y ſéjourner, ou ſi on ne veut que s'y rafraîchir & continuer ſa route. On dit librement ce dont on a beſoin. S'il y a un Cheik dans le Village, on le fait avertir, il vient auſſi-tôt ; il vous complimente & vous conduit au Mouzil. C'eſt ainſi qu'on appelle la maiſon ou la tente deſtinée aux Etrangers. Quelquefois elle fait partie de la maiſon du Cheik, quelquefois elle en eſt ſéparée. Elle est d'ordinaire toute nuë; mais dans un moment le Cheik y fait apporter des nattes, des matelas s'il en a, des couvertures & des coussins. Il vous fait présenter du caffé & du tabac. Ses gens aident aux vôtres à décharger le bagage, à le placer dans la tente ou dans la maison. On frotte les chevaux en votre présence, on les couvre s'ils ont chaud, on les fait boire, & s'il est tems on leur donne de l'orge.

L'heure du repas étant venuë, que l'on avance quelquefois quand l'Etranger témoigne le souhaiter, on lui donne la place d'honneur, le Cheik & les principaux lui viennent tenir compagnie par honneur & mangent avec lui. On lui sert du potage, du ris, de la viande boüillie & rôtie, du lait, des fromages, des salades, des fruits, du miel. On sert tout ce qu'on a à lui présenter tout à la fois, afin que lui & les conviez mangent ce qu'ils trouveront plus à leur goût. L'usage des fourchettes n'est pas encore dans le Païs, quelquefois même ils n'ont pas de cuillieres. Les Voyageurs prudens en portent avec eux. Elles sont ordinairement de bois. Quand on en manque absolument, on prend le ris, le potage

& autres mets dans le creux de la main qui sert alors de cuilliere. Comme on n'a ni nappes ni serviettes, on étend son mouchoir sur ses genoux, & après le repas on lave ses mains. La coûtume n'est pas de parler pendant le repas. Après qu'on a mangé, on en porte aux domestiques de l'Etranger, & après qu'on a ôté la table, on sert le caffé, & on présente des pipes allumées. C'est alors que la conversation commence. Elle dure jusqu'à ce que l'Etranger témoigne qu'il veut se retirer. Alors on lui souhaite le bon soir, on se retire & on le laisse en liberté.

Si l'Etranger ne part pas le lendemain matin, on a soin de le faire déjeûner dès qu'il est levé. Le Cheik lui vient demander des nouvelles de sa santé, & s'il a bien passé la nuit, il déjeûne avec lui, on prend le caffé, on fume, il reçoit des visites, on le mene à la chasse, aux exercices de la lance, du geric, à la promenade, aux Villages des environs, aux Camps des Emirs voisins. Si ses chevaux sont fatiguez on lui en trouve de frais. Il est assuré d'être bien reçû par tout, il trouve des gens qui le caressent, & qui lui donnent tous les divertissemens que le lieu & la saison peuvent

1665.

permettre : jamais on ne le presse de partir, quand il demeureroit plusieurs jours dans un Village, parce que quelqu'un de ses chevaux est blessé, ou pour quelque autre raison que ce puisse être : on lui témoigne toûjours le même empressement de le bien traiter & du regret de son départ : on lui demande s'il n'est pas content, on le prie de s'expliquer, afin qu'on répare ce qui lui a donné du chagrin. Enfin quand l'heure du départ est arrivée, & qu'il a bien déjeûné ou dîné, on lui fait bien des excuses de ce qu'on ne l'a pas mieux traité, & on l'assure qu'on prendra mieux ses mesures une autre fois pour le mieux recevoir. On le prie de revenir souvent, on le charge de bénédictions & de complimens. Si la traite qu'il doit faire est longue, sans trouver de Villages ou de Camps, on a soin de donner des vivres à ses gens, & de l'orge pour ses chevaux : les embrassades, les baisers de barbes suivent les complimens. Si les chemins sont difficiles à trouver, ou dangereux, on l'accompagne, on l'escorte. En quel endroit du monde peut-on trouver de semblable hospitalité ? On se fâcheroit si on prétendoit payer sa dépense. Tout ce qu'on peut souffrir, encore faut-il le faire sans que le Cheix ou celui qui vous a reçû s'en apperçoive, est de donner quelque chose à ses domestiques. Quelle différence de ces bonnes gens avec nos hôtelleries d'Europe, qui écorchent les Voyageurs, qui ne sont jamais contents, & dont les domestiques, après vous avoir mal servis, ont encore l'impudence de vous demander des récompenses, & de murmurer hautement si on ne satisfait pas entierement leur avarice.

J'oubliois à dire que l'on ne sert à table que de l'eau : on en donne quand on en demande, & jamais de vin, à moins qu'on ne se trouve chez des Chrétiens, & qu'on ne soit connu pour l'être : en ce cas le Maître de la maison en fait apporter dans des cruches autant qu'il en faut pour mettre ses hôtes & les conviez de bonne humeur : alors on rit, on chante, on fait des contes, ce qui n'arrive pas quand on n'a que de l'eau qui n'excite pas à la joye.

La plûpart des Cheiks sont exempts de toutes sortes de tailles & d'impositions, quand ils ont des biens en propre, pour les dédommager des dépenses qu'ils sont obligez de faire pour recevoir & nourrir les paſſans. La Communauté du Village ne murmure point de ces privileges, parce qu'ils la déchargent du ſoin & de la nourriture des Etrangers.

Tous les Orientaux, Chrétiens, Turcs, Maures, Arabes, Perſans & autres reçoivent avec plaiſir tous ceux qui vont manger à leur table, ils s'en font un honneur, & croyent que c'eſt pour eux une bénédiction particuliere que Dieu leur envoye. Un Etranger qui a faim, ſoit qu'il ſe trouve à la campagne ou dans les Villes, & qui voit des gens à table, peut s'y placer ſans façon, & manger comme les autres. Il n'eſt jamais arrivé qu'on en ait rebuté, ou qu'on lui ait fait mauvaiſe mine : il en eſt quitte quand il a mangé, en diſant : Dieu vous le rende, & cela ſuffit ; mais ce que les Voyageurs doivent avoir pour voyager heureuſement & avec plaiſir, c'eſt l'uſage de la Langue du Païs. Il eſt vrai qu'on peut avoir des Drogmans ou Interpretes, mais outre que c'eſt ſouvent une difficulté aſſez grande d'en trouver, & une dépenſe conſidérable, il eſt certain qu'on ne s'explique jamais mieux que par ſoi-même. La Langue Arabe eſt la Mere Langue de l'Orient, tout le monde la sçait, la parle & l'entend, & tous les Mahometans y sont obligez, parce qu'ils doivent entendre l'Alcoran qui est écrit en cette Langue, & qu'il est défendu de traduire dans une autre. Elle est belle, grave, énergique, & n'est pas si difficile qu'on se l'imagine, dès qu'on s'est une fois accoûtumé à sa prononciation qui n'est pas plus gutturale que la Portugaise, l'Espagnolle, & même l'Italienne quand on la veut prononcer comme les Florentins qui ne laissent pas de passer pour les Maîtres de cette Langue. Au reste l'usage de la Langue Arabe sert beaucoup plus que tous les préceptes, n'en déplaise à nos prétendus Sçavans d'Europe qui s'imaginent que l'Arabe qu'on parle en Orient est différent de celui qu'on voit dans leurs écrits : c'est la même chose, la même prononciation par tout. S'ils ne l'entendent pas, qu'ils s'en prennent à eux-mêmes, à leur ignorance, & à leur peu d'usage.

## CHAPITRE XI.

### Des Mœurs des Arabes.

J'Ai déja remarqué qu'on se trompe grossierement quand on prend les Arabes pour des gens impolis, grossiers, brutaux, injustes, violens, sans fidélité, sans sentimens. Ce que je viens d'en dire dans la vérité la plus exacte, & sans flatterie, doit réformer les préjugés désavantageux qu'on se forme de ces Peuples.

L'orgüeil des Romains les faisoit regarder tous les autres Peuples du monde comme des Barbares. Il falloit être Romain, ou du moins avoir le droit de bourgeoisie Romaine, pour ne pas être confondu dans la masse des Barbares. Avoient-ils raison ? Point du tout. Il y avoit des Peuples aussi polis qu'eux, & peut-être plus. Nous nous mocquons de leur vanité, & nous tombons dans la même faute quand nous jugeons des Arabes comme nous en jugeons.

Mais, dira-t'on, le nom d'Arabe blesse les oreilles : c'est le terme ou l'idée qu'on y a attaché. Il est certain que ce n'est peut-être que l'idée, car le mot en lui-même n'a pas plus de désagrément que ceux de Normands, de Picards, de Gascons. Il n'y a que les idées qu'on attache bien ou mal à ces noms qui puissent nous donner de l'éloignement pour ces Peuples. Quand nous nous figurons que les Normands sont traîtres & sans bonne foi ; que les Picards sont opiniâtres, précipités, prompts, souvent sans raison, & toûjours brusques & impolis ; que les Gascons sont vains, fantasques & trop ardens : voilà de quelle maniere nos idées mal fondées nous font faire des jugemens précipités, incertains & plus souvent faux que vraisemblables. Il en est de même des Arabes. On s'en est formé des idées désavantageuses : on n'a pas pris la peine de vérifier si ces préjugés sont bien ou mal fondés : on ne veut pas prendre celle de s'en éclaircir par soi-même, & on passe toute sa vie sans faire usage de sa raison, & sans rendre la justice qu'on devroit à un grand Peuple très-ancien & très-nombreux, à qui nous sommes redevables de ce que nous avons de meilleur dans l'Astronomie, la Medecine, & bien d'autres Sciences. Il est vrai que les Sciences ne fleurissent pas chez eux à préfent, eſt-ce leur faute ? C'eſt à la tyrannie des Turcs qu'ils 'en faut prendre. Ces Vainqueurs infolens les ont réduit dans un état qui ne leur permet plus de s'y appliquer, malgré tous les avantages que la nature leur a donnés pour y faire des progrès infinis : car généralement parlant ils ont l'eſprit vif & pénétrant, ils ont de la folidité dans le raiſonnement, de la juſteſſe dans leurs idées, une ſanté vigoureuſe, & une complexion très-forte.

Ils ſont naturellement graves, férieux & moderés dans toutes leurs actions. Ils aiment un air fage & compoſé : ils rient peu & rarement : les contes les plus plaiſans peuvent à peine produire chez eux un leger fouris, dès qu'ils ſont arrivez à l'âge d'être mariez, ou qu'ils ont la barbe aſſez longue pour ne plus paroître de jeunes garçons. Ils difent que ceux qui rient aiſément, & pour peu de choſes, ont l'eſprit foible, & que les airs gracieux, enjoüez, plaiſans & rians ne ſont agréables que ſur les viſages des jeunes filles, ou tout au plus des jeunes femmes.

Ils parlent peu, & jamais fans neceſſité. S'ils ſont en compagnie, ils s'écoûtent, sans que la démangeaison de répondre leur fasse interrompre celui qui parle. Ils attendent paisiblement qu'il ait fini, & répondent juste sans empressement : s'ils ne sont pas de son sentiment, ils gardent des mesures pleines de bienséances, quand ils sont obligez de penser d'une maniere opposée : les grands parleurs, ces grands diseurs de rien, ces rieurs de profession ne feroient pas fortune chez eux. Ils auroient beau leur dire : Je vais vous faire rire ; ils les écouteroient, & leur diroient gravement : Vous avez oublié de nous avertir quand il falloit rire.

Il est vrai qu'ils sont un peu bien-longs dans les complimens qu'ils vous font, lorsqu'on va chez eux, ou lorsqu'on en sort ; mais c'est l'usage ; c'est l'effusion de leurs cœurs : il faut leur passer ces endroits, & leur répondre sur le même ton.

Les Arabes ne peuvent souffrir dans les conversations les mouvemens de bras, de tête & de corps, que nous regardons comme le bon air dans les discours. On ne parle que de la langue, disent-ils ; ces mouvemens sont inutiles : quand on ne peut s'expliquer sans cela, il vaut mieux se taire ; on les souffre dans les muets, parce qu'ils ne peuvent faire autrement ; mais quand on a une organe destinée par la nature à cet usage, il y a de la folie à vouloir employer les autres parties du corps à une chose dont elles ne sont pas capables. Que diroient-ils s'ils voyoient les gesticulations de nos Prédicateurs, & sur tout des Italiens, à qui il faut des chaires longues comme des galeries, pour promener leurs gestes & leurs discours.

Dès que leur barbe les avertit qu'ils ne sont plus de jeunes gens à qui on pardonne beaucoup de choses à cause de leur jeunesse & de leur peu d'expérience, ils sont dans les conversations aussi immobiles que des statuës. Ils écoûtent beaucoup, répondent laconiquement, après qu'ils ont assez réfléchi sur ce qu'ils croyent devoir dire, pour ne rien avancer précipitamment & hors de saison.

Ils écoûtent patiemment le babil importun de leurs femmes & de leurs enfans. Ils les écoûteroient depuis le matin jusques au soir sans se fâcher & sans leur répondre : ils se contentent de dire : Ce sont des créatures imparfaites, à demi formées, il faut leur pardonner.

Mais

Mais ils écoûtent avec plaisir les gens qui parlent de bon sens, juste, d'un ton doux, égal, sans précipitation, qui s'énoncent aisément, qui disent beaucoup en peu de mots, qui ne choquent personne par des paroles piquantes, qui bannissent les railleries même les plus fines de leurs discours, aussi-bien que les dérisions & les médisances.

Leurs conversations sont toûjours dans les regles de la bienséance la plus austere. Il est vrai, que quand ils sont obligez de parler de quelque partie du corps, ils la nomment par son nom. C'est un usage reçû parmi eux, il y en a pourtant beaucoup de fort retenus malgré cet usage, & qui au lieu de la nommer par son nom, la désignent par le nom de quelque fruit à qui elle a du rapport.

On ne les entend jamais déchirer la réputation de personne. Ils disent du bien de tous ceux qu'ils connoissent, & quand ils sont obligez d'avoüer les crimes d'un scelerat, parce qu'ils sont si publics que personne ne les ignore, ils ajoûtent toûjours, Dieu lui fasse la grace de se reconnoître & de devenir homme de bien.

Ils ont encore la politesse de ne jamais démentir ceux qui parleroient contre la verité en leur préfence, ou qui exagereroient les chofes d'une maniere fi forte, qu'elle les fait paroître impoffibles ou incroyables, ils fe contentent d'applaudir poliment à ce qui nous feroit rire outre mefure. C'eft tout ce qu'on peut attendre de leur gravité.

Ils ne conteftent jamais fur ce qu'on leur rapporte, quand même ils le croiroient faux, ou du moins trop exageré. La raifon qu'ils donnent de cette complaifance, eft qu'il ne faut jamais défobliger perfonne, que celui qui parle fçait bien fi ce qu'il dit eft vrai ou faux, & que s'il fe fait un plaifir de le dire, il faut lui faire le plaifir de ne le pas démentir.

Les Arabes & leurs fujets vivent fans façon, & l'on eft chez-eux dans une liberté toute entiere. On doit compter fur leur amitié. Ils ne fe jettent pas la tête des gens, ils veulent connoître; mais quand ils ont une fois donné leur parole, elle eft inviolable.

Ils ont un refpect infini pour le pain & pour le fel. Quand on mange avec eux, & qu'ils veulent faire une inftante priere à quelqu'un, ils lui difent: Par le pain & par le fel, qui font entre nous faites cela. Ils s'en fervent encore pour affirmer ou pour nier quelque chose.

Ce qu'on appelle bien acquis ou licite, leur est autant considerable, que le mal acquis ou illicite leur paroît détestable. Ils ne mêlent pas le bien acquis à la sueur de leur front, avec celui qui vient de vol ou d'usure. Par cette raison, & de crainte qu'il ne leur porte malheur, ils l'employent le plûtôt qu'ils peuvent, & lui font changer de nature.

Les Drusses ont les mêmes sentimens. Quoique leur Religion n'approche guéres de celle des Mahometans, ils pensent comme les Arabes. Ils ne mêlent point l'argent qu'ils ont reçû d'un Turc avec celui d'un Franc. Ils observent même si l'argent des Francs n'a point été dans un sac de Turc. En ce cas ils croyent qu'il a contracté quelque impureté dans le sac, & s'en défont le plûtôt qu'ils peuvent. La raison qu'ils donnent de cela, est que le Roi de France est un Prince juste & craignant Dieu, qui ne souffre pas que ses sujets gagnent du bien d'une maniere injuste, & que l'usure est défenduë par notre Loi; au lieu que l'argent des Turcs ne vient que des concussions, des tyrannies, d'usure & du sang des pauvres. Ils ne laissent pourtant pas de le prendre : car ils en font fort avides ; mais ils ont foin de le purifier en l'employant en marchandifes, ou le changeant pour d'autre.

— Les Arabes auffi bien que les Turcs ne fe fervent point de chaifes. Ils font affis modeftement à terre, ou fur des nattes ou fur des tapis, & fe tiennent dans une pofture refpectueufe devant les Emirs & devant les Etrangers, & de crainte que leurs mains ne fe portent, fans y penfer, à quelque endroit indécent, ils peignent continuellement leurs barbes avec la main droite, & mettent la gauche fous le bras droit pour le foûtenir. S'il furvient pendant qu'ils font en converfation quelque Emir, quelque Cheik, ou un Etranger, ils fe levent tous, lui cedent la place d'honneur, & ne fe remettent point à leurs places qu'il n'ait pris la fienne.

— Lorfqu'il furvient quelque differend entre eux, & qu'ils s'apperçoivent que leur colere s'allume, & les pourroit porter à en venir à quelque extrêmité, ceux qui font préfens les accommodent fur le champ, & fe fervent pour cela de comparaifons, de fentences, de proverbes. Les plus groffes injures qu'ils fe difent, eft de s'appeller chien, excommunié, homme sans honneur. Il est rare qu'ils se frappent, quoiqu'ils mettent souvent la main au poignard, mais on les accommode aisément.

Il n'y a parmi eux d'irréconciliable, que quand il y a eu du sang répandu, ou par la mort de quelqu'un, ou par une blessure. Il n'en faut pas davantage pour rompre éternellement l'union la plus étroite qui étoit entre deux familles. Elles n'ont plus de commerce entre elles, plus de familiarité, jamais d'alliances. Si on leur en propose, ils répondent honnêtement : Vous sçavez qu'il y a du sang entre nous, nous ne pouvons pas donner les mains à ce que vous proposez, nous avons notre honneur à conserver. Il faut qu'ils se vengent. Ils n'y vont pas brutalement, ils n'envoyent point de cartel, sans se presser ils attendent le tems & l'occasion, & ne la manquent pas. C'est en partie ce qui les oblige à bien vivre ensemble, & à s'éloigner de tout ce qui les peut porter à quelque excès.

Les Arabes regardent comme une rusticité & un mépris de se moucher, ou de cracher devant les personnes à qui on doit du respect ou de la consideration. Quelque besoin qu'ils en ayent en fumant, ils s'en abstiennent ou avalent leur salive, & ne se mouchent point. Les grands mouchoirs qu'ils portent ne leur servent qu'à essuyer leur visage & leurs mains, & à étendre sur leurs genoux pour amasser les poils de leur barbe quand ils en tombent, ou pour leur servir de serviette quand on mange.

— Les Arabes, tout Arabes qu'on se les représente, ne sont pas cruels naturellement, ils abhorrent le sang. Quelque crime qu'un Arabe ait commis, il est très-rare que l'Emir de qui il dépend le condamne à la mort. Mais ils regardent les Turcs comme des usurpateurs de leurs terres & de leurs biens, & ne leur font aucun quartier quand ils sont en guerre avec eux & qu'ils peuvent les joindre ; de sorte qu'il faudroit changer le proverbe, & au lieu de dire qu'ils se traitent de Turc à Maure, il faudroit dire, de Turc à Arabe.

Une autre chose que les Arabes ne peuvent souffrir, sont les vents qu'on rend par en bas avec bruit. Rien ne peut excuser une telle faute. Un homme à qui cela arrive est déshonoré pour toûjours, & son infamie rejaillit jusques sur sa famille. Si cela arrivoit dans une compagnie, le malheureux peteur deviendroit tout d'un coup pâle & interdit, & prendroit la fuite, la compagnie resteroit interdite, comme si le tonnere étoit tombé au milieu d'elle. Ils ne prononcent qu'avec horreur le nom de pet. J'en ai vû etant à Acre dans le Khan des François, qui s'enfuirent & coururent se laver à la mer, comme s'ils avoient été soüillez d'une impureté extraordinaire, pour avoir entendu un Matelot qui en lâcha un, en faisant un effort pour lever un sac de cendre. Un Arabe à qui ce malheur arrive est perdu de réputation pour toûjours. Un Arabe m'ayant un jour demandé dans une compagnie, si on avoit en France la vertu de retenir les pets. Je lui dis qu'il n'y avoit rien de si préjudiciable à la santé que de retenir ses vents ; mais qu'il étoit extrêmement malhonnête de les lâcher, de maniere qu'on les entendît, mais qu'on n'étoit pas déshonoré pour cela. Je n'eus pas plûtôt achevé ces paroles, que toute la compagnie s'enfuit ; & celui qui m'avoit fait la question, demeura si interdit, qu'après être demeuré quelques momens sans rien dire, il se leva tout d'un coup, & s'enfuit, sans que je l'aye vû depuis.

1665.  Un Marchand de Damas qui étoit à quelques pas delà, ayant vû ces gens s'enfuir avec tant de précipitation, s'approcha de moi pour en sçavoir la cause. Je la lui dis dans les mêmes termes dont je m'étois servi en parlant aux Arabes. Je ne m'étonne plus, me dit-il, qu'ils se sont sauvez si vîte ; mais venez sous ma tente, & je vous conterai des choses qui sont arrivées de mon tems, & qui vous surprendront.

Nous allâmes chez-lui, & après nous être assis : Il y avoit, me dit-il, deux Arabes, qui ayant vendu à Acre deux charges de charbon, s'en retournoient au Camp avec l'argent qu'ils avoient reçû. Il y en eut un qui eut la colique pour avoir trop mangé de concombres cruds. Il se retint trop long-tems ; mais à la fin il fut contraint de lâcher un vent si vigoureux, que son camarade qui marchoit derriere l'entendit. Il en fut si effrayé, qu'il tomba de dessus son chameau, & pensa se rompre le col. Il se releva pourtant, & voulut tuer le pauvre malade, disant qu'il l'avoit déshonoré. Le peteur se jetta à ses pieds, avoüa sa faute, & le pria de ne le pas perdre : Je n'ose plus t'appeller mon frere, lui disoit-il, en pleurant, après le malheur qui m'est arrivé, tuë-moi si tu veux, ou si tu me donnes la vie, prens le chameau & tout l'argent du charbon, & gardes-moi le secret; tu sçais bien en ta conscience que je ne l'ai pas fait volontairement. L'autre après s'être fait beaucoup prier se rendit à la fin, prit l'argent, & promit le secret.

1665.

Mais quelques jours après ce secret lui déchirant la poitrine, il ne pût le retenir davantage, sa conscience ne le laissoit pas en repos sur cela, il l'eut pourtant assez tendre pour commencer par rendre tout ce qu'il avoit reçû, & puis il déclara publiquement ce qui s'étoit passé. Sur le champ il s'éleva un si grand bruit dans le Camp, que le pauvre peteur l'ayant entendu, & se voyant perdu s'enfuit à toutes jambes, & se retira dans le désert chez d'autres Arabes, ausquels il n'eut garde de dire la cause de sa retraite.

Au bout de trente ans il eut envie de revoir son Païs & ses parens, se persuadant que depuis tant d'années on avoit oublié ce malheureux pet. Il prit congé de ses Arabes, & ayant marché quelques journées, il arriva enfin dans un vallon où il y avoit un ruisseau voisin du Camp où il alloit. Il voulut se reposer & se rafraîchir. Pen-

I v

dant qu'il y étoit, quatre femmes du Camp vinrent chercher de l'eau, & auparavant d'emplir leurs cruches, elles se mirent à causer suivant la coûtume de leur sexe. L'une demanda à l'autre, quel âge avez-vous ? Elle répondit, je suis née l'année que l'Emir Fekherdin fut conduit à Constantinople. Et vous, dit l'autre ? Je suis venuë au monde, lui répondit-elle, l'année que l'Emir Moussa mourut. Elle fit la même question à la troisiéme, qui répondit qu'elle étoit née quand il tomba tant de neige. Enfin la quatriéme étant interrogée, répondit qu'elle avoit oüi dire à sa mere, qu'elle étoit venuë au monde l'année qu'un tel peta, le nommant par son nom & son surnom. Il n'en fallut pas davantage. Ce pauvre homme qui n'avoit pas encore bû, se leva sur le champ, & s'enfuit en criant, il faut que je sois bien malheureux d'apprendre que mon pet sert d'époque dans nos chroniques, & s'en retourna chez les Arabes qu'il venoit de quitter, & y passa le reste de ses jours.

Ce Marchand me dit encore avoir vû un Arabe derriere sa tente, se donner le foüet avec des épines, à cause que son derriere avoit eu l'insolence de lâcher un pet en faisant ses necessitez, ayant regardé de tous côtez pour voir si personne ne l'avoit entendu.

J'ai vû plusieurs fois, me dit encore ce Marchand, des Arabes s'écarter fort loin pour satisfaire à cette necessité, & prendre bien garde que personne ne les pût entendre, de crainte que leur honneur ne reçût par ce vent une playe mortelle.

Un autre qui étoit extrêmement pressé de cette necessité, s'écarta du Camp, fit un trou dans la terre avec son poignard, & après s'être ajusté sur le trou, & avoir amassé la terre autour de ses fesses, comme s'il avoit voulu les lutter, & s'empêcher lui-même d'entendre le bruit qu'il alloit faire, il acheva son operation, & promptement il remit la terre dans le trou, de crainte que le vent qu'il y avoit mis ne sortît, & ne frappât les oreilles de quelque passant & les siennes mêmes, & qu'il ne fût déshonoré.

Ceci ne paroîtra pas une fable à ceux qui ont voyagé en Asie & en Afrique, & qui ont vû l'aversion que les Arabes ont pour ces sortes de choses. Elle est si grande, qu'il est impossible de trouver des termes pour l'expliquer. Elle est passée des Arabes aux Negres. Ils font si délicats sur ce point, qu'ils tuëroient un homme qui auroit peté, ou même éternué en leur préfence, parce qu'ils regardent ces deux actions naturelles comme également honteufes, & difent qu'on pete par le nez comme par le derriere.

Les Arabes ont un proverbe là-deffus, & difent qu'un homme qui n'eft pas maître de fon derriere, ne merite pas de commander à fa barbe. En voilà affez fur cette matiere défagréable.

## CHAPITRE XII.

*Du refpect que les Arabes ont pour la barbe.*

LEs Arabes ont tant de refpect pour la barbe, qu'ils la confiderent comme un ornement facré, que Dieu leur a donné pour les diftinguer des femmes; ils ne la rafent jamais. Ils la laiffent croître dès leur enfance, quand ils font élevez en gens d'honneur. La marque de l'infamie la plus grande qu'on fe puiffe figurer, eft de la rafer. C'eft un point effentiel de leur Religion. Ils imitent fcrupuleufement en cela leur Legiflateur Mahomet, qui n'a jamais rasé la sienne. Les Persans passent pour hérétiques, parce qu'ils la rasent sous les mâchoires par principe de propreté ; mais en cela ils donnent atteinte à la Loi. C'est encore chez eux, comme chez les Turcs, une marque d'autorité & de liberté. Le rasoir ne passe jamais sur le visage du Grand Seigneur ; au lieu que tous ceux qui le servent dans le Serail l'ont rasé, comme une marque de leur servitude. Ils ne peuvent la laisser croître, que quand ils sortent du Serail, qui est pour eux une espece de récompense, qui ne manque pas d'être accompagnée d'un Emploi plus ou moins considerable, selon les talens qu'on a remarquez en eux, ou la protection qu'ils ont auprès du premier Ministre.

De tous ceux qui approchent le Grand Seigneur, il n'y a que le Bostangi Bachi, qui ait le privilege de porter la barbe longue, parce qu'il est le Chef de tous les Jardiniers, leur commande absolument, & se tient toûjours auprès du Grand Seigneur, comme les Capitaines des Gardes se tiennent auprès de la personne du Roi.

Les jeunes Turcs quoique libres qui ne sont point dans le Serail, dont le sang est encore fol, pour me servir de leur maniere de parler, rasent leurs barbes, & ne gardent qu'une moustache quand ils ont assez de poil pour la former. On dit pour les excuser que le feu de la jeunesse les porte aux folies du monde, plûtôt qu'à l'observance de la Religion. Mais quand ils sont mariez, & dès qu'ils ont eu un enfant, ils ne la coupent plus, ce qui fait voir qu'ils sont devenus sages, qu'ils ont renoncé aux vices, & qu'ils ne pensent plus qu'à leur salut.

Pour peu qu'on ait frequenté les Mahometans, on doit avoir observé qu'ils étendent un mouchoir lorsqu'ils peignent leur barbe, qu'ils amassent avec soin les poils qui en tombent, les enveloppent dans un papier, & les portent au cimetiere, & les enterrent quand ils en ont une certaine quantité. Ils les rompent auparavant en deux lorsqu'ils ont été arrachez, & que la racine tient encore au cuir. Voilà bien des précautions pour peu de chose; mais ils n'en jugent pas comme nous. Voici la raison de cette observance scrupuleuse. Ils croyent qu'il y a plusieurs Légions d'Anges députez à la garde de chaque poil de barbe, & qu'ils y logent quand ils sont entiers. C'est pour leur donner congé de se retirer où bon leur semblera, qu'ils les coupent par le milieu ; c'est aussi pour éviter les maléfices que les mal intentionnez peuvent faire sur les poils de barbe, quand ils en trouvent qui sont entiers. C'est à peu près la même superstition, qui oblige quelques Chrétiens à rompre les coques d'œufs dont ils ont mangé le dedans. On ne recüeille pas les poils que les Barbiers ont coupé pour rendre la barbe égale, parce que les Anges s'attachent à ce qui tient au cuir, sans songer à se nicher dans ces superfluitez.

1665.

Un homme qui cracheroit sur la barbe d'un autre, ou qui crachant à terre, lui diroit, c'est pour ta barbe ; ou celui qui lâchant un vent, diroit, je peterai sur ta barbe, seroit rigoureusement puni en justice comme un sacrilege, un profanateur de la barbe, & un impie qui méprise les Anges, qui en sont les protecteurs & les gardiens.

Il n'en est pas de même de la moustache, elle passe pour immonde dans la rigueur de la Loi. On la tolere aux gens de guerre qui ont la barbe rasée, à cause des inconveniens qu'il y auroit de les obliger à la porter longue. On prétend même que cela leur donne un air plus guerrier, & les rend formidables aux ennemis. Elle leur est même necessaire, aussi bien qu'aux jeunes gens, qui ne nourrissent pas leurs barbes, pour faire voir qu'ils sont hommes.

Tous les Européens portoient autrefois la barbe longue. Nous le voyons dans les tableaux anciens. Peu à peu ils ont quitté la barbe, & l'on croit que l'époque de ce changement est le tems que les Espagnols apporterent de l'Amerique au Royaume de Naples certaine maladie, qui faisoit tomber la barbe & les cheveux, & qu'à cause de cela on appelloit *la Pelade*. Quelques grands Seigneurs qui en avoient fait la triste épreuve, auroient été trop honteux en portant la marque de leur déreglement, leurs sujets se conformerent à eux, ou par adulation, ou peut-être un bon nombre par necessité. On fit main-basse sur les barbes, & quand le tems eut fait renaître les poils, on se contenta d'avoir une moustache. La mode vint ensuite d'avoir le visage nud, on trouva de belles raisons pour autoriser ce nouvel usage, & on ne porta plus ni barbe ni moustache. Seulement pour en conserver la memoire, on souffre la moustache aux Soldats Suisses comme Etrangers, aux Cavaliers dans quelques Regimens, & aux Cochers de grande taille, & on prétend que cela leur donne un bon air.

Les Orientaux dont les modes changeantes n'ont point gâté l'esprit ni les ages, ont conservé les barbes, & s'en font encore honneur. On ne voit point chez eux ces visages efféminés, qui semblent avoir honte de paroître apartenir à des hommes, tant on a de soin de racler les plus petits poils. Ils portent la barbe, ou du moins la moustache, comme nous venons de le dire, & un homme chez eux sans barbe & sans moustache, est un monstre ou un Eunuque.

Les jeunes gens n'ont garde de toucher à leur moustache pendant qu'ils ne nourrissent pas leur barbe; mais quand la barbe leur est cruë à une certaine longueur, pour lors ils coupent les poils de la moustache qui leur pendent sur la lévre, de crainte que l'eau ou les viandes qui entrent dans leur bouche n'en eussent contracté quelque impureté, en touchant les poils de la moustache, Mahomet ayant déclaré qu'il n'en falloit pas davantage pour soüiller la conscience de ses Sectateurs.

Les vieillards, les Imans, les Muf-

1665.

tis, & les gens qui font une profession plus ouverte de régularité, coupent la mouſtache, c'eſt à-dire, le poil qui vient entre le nez & la bouche à la pointe des ciſeaux, & le plus près qu'ils peuvent de la peau, & ceux qui veulent encherir ſur la régularité de l'obſervance y employent le raſoir, quoique cela paroiſſe une difformité dans le viſage; mais en cela ils prétendent imiter de plus près leur Prophete. Voici la raiſon qui l'obligea à ſe défigurer de la ſorte.

Tout le monde ſçait, ou doit ſçavoir que les Turcs portent de l'eau quand ils vont à la garderobe, & qu'ils ſe lavent avec leurs doigts. Il y a des commoditez dans les parvis des Moſquées, où les Muſulmans vont ſe décharger de ce qu'ils ont de trop, & après s'être bien lavez, ils entrent dans la Moſquée, & offrent à Dieu des prieres bien propres. Mahomet voulant faire ſes prieres alla aux commoditez, & ſe lava bien: car quoique Legiſlateur, il avoit la conſcience trop délicate pour s'exempter de la Loi. Par malheur pour lui une petite démangeaiſon l'obligea de porter la main à ſon viſage, & de toucher ſa mouſtache, un moment après il ſentit la mauvaiſe odeur que ſes doigts y avoient laissé, que faire ? Il étoit fort embarassé, il se lava avec de l'eau froide qui ne fit rien, il employa l'eau tiede qui lui parut n'avoir pas operé davantage, il y en mit de chaude & presque boüillante qui fut encore inutile. Il étoit désolé, & je ne sçai ce qui seroit arrivé : car le tems de la priere pressoit. Un des Anges gardiens de sa barbe lui inspira d'y faire passer le rasoir, il le fit sur le champ avec tant de dévotion & de mal-adresse, qu'il s'enleva l'épiderme, le derme, & même la peau, après quoi la mauvaise odeur étant dissipée, il prit une bonne & forte ablution, & fit sa priere, après laquelle il passa la main sur la longue barbe qui lui restoit, afin de lui communiquer quelqu'une des graces qu'il venoit de recevoir, & dont il chargea ses Anges Barbiers d'avoir soin. C'est à son exemple que les Musulmans rasent leur moustache. Il ne fut pas besoin de recommencer cette operation : car il avoit si bien arraché toutes les racines de sa moustache, qu'il ne lui revint plus de poil en cet endroit. Ce fut cet accident qui l'obligea de déclarer les moustaches immondes & méprisables; & cela est si vrai, qu'on peut jetter toutes sortes d'ordures sur celles des

Turcs, sans craindre la sévérité de la justice, pourvû qu'on prenne bien garde qu'il n'en rejaillisse rien sur la barbe.

Une inadvertance sur cela pensa coûter la vie à un Cuisinier François, qui passant dans une ruë à Seïde, & crachant d'assez loin, cracha malheureusement sur la barbe d'un Païsan qui dormoit par terre. Le Païsan se réveilla, & se contenta des excuses que le Cuisinier lui fit, & d'une piastre qu'il lui mit dans la main ; mais les Turcs qui avoient été témoins de cette impieté, obligerent le Païsan d'aller se plaindre au Gouverneur. Cette affaire fit grand bruit. On ne parloit pas moins que de faire brûler tout vif le Cuisinier, ou de l'empaler. Il avoit eu l'esprit de se sauver ; & comme on ne le tenoit pas, & qu'on ne sçavoit où le prendre, on accommoda son affaire, moyennant cinq cens écus qu'on donna au Gouverneur. Ce sont les parties casuelles de ces Officiers, qu'ils ont un grand soin de faire valoir.

Il en coûta bien davantage à la Nation Françoise, pour accommoder une affaire qui paroissoit être de moindre conséquence : Voici le fait.

Le Consul se promenoit sur la terrasse du Khan des François avec le Lieutenant du Gouverneur, qui parloient d'affaires de conséquence. M. Faure un des principaux Négocians de la Nation, étoit de l'autre côté de la même terrasse ; mais séparé de ces deux Messieurs par un dôme qui les empêchoit de le voir. Il prenoit le frais en chemise & en caleçon, comme on fait d'ordinaire dans le Païs. Il lâcha innocemment une tirade de vents qui furent entendus de l'autre côté. Pour surcroît de malheur, il arriva que dans ce moment le Lieutenant peignoit sa barbe avec ses doigts ( c'est la contenance ordinaire des Turcs ) il retira d'abord sa main aussi vîte que si on y avoit appliqué du feu, il pâlit, & demeura aussi interdit que s'il avoit vû tomber le tonnerre à ses pieds. Il quitta brusquement le Consul, & se retira chez lui sans avoir la force que de dire ces mots : *Est-ce ainsi que les Infidéles font leurs ordures sur la benîte barbe des Musulmans.* Il porta sa plainte au Gouverneur, qui étoit un méchant homme, cruel & avare au dernier point, qui menaça d'exterminer toute la Nation, & de piller ses biens. On fut obligé de conjurer la tempête au plus vîte, & à force de prieres & d'intri-

1665.

Histoire d'un pet fait à Seïde.

gues on se tira de ce mauvais pas pour deux mille piastres qu'on donna au Gouverneur. On les prit sur des Vaisseaux qui étoient dans le port chargez pour le compte des Négocians de Lyon, ce qui fit dire qu'on avoit senti à Lyon un pet que M. Faure avoit fait à Seïde.

Ce seroit en ce Païs-là une plus grande marque d'infamie de couper la barbe à un homme, que de lui donner le foüet & la fleur de lys en France. Il y a des gens qui préféreroient la mort à ce genre d'infamie.

J'en ai connu un qui avoit reçû un coup de mousquet dans la mâchoire, qui aimoit mieux se laisser mourir que de souffrir que le Chirurgien lui coupât sa barbe pour le panser. Il fallut que le Muphti, les Imans & les plus respectables Derviches l'allassent assurer que dans pareil cas le Prophete se seroit laissé couper la barbe avec les précautions requises, pour en faire déloger sans scandale les Anges Barbiers. Malgré ces assurances, il fut si longtems à se résoudre, que les vers y fourmilloient, & que la gangrene s'y alloit mettre, quand il voulut bien souffrir cette triste operation. Il fut guer mais il n'osoit plus se montrer, & m me dans sa maison il eut toûjours le menton enveloppé d'un voile noir jusqu'à ce que sa barbe fût revenuë en l'état où elle étoit avant ce funeste accident.

Quand les Arabes, aussi bien que les Turcs, ont une fois fait raser leur tête sans toucher à leur barbe, tous leurs amis leur en font compliment, & leur souhaitent mille bénédictions. Mais aussi après cela, il ne leur est plus permis de la faire raser sans offenser la Religion, & sans faire bréche à leur honneur ; ils seroient même châtiez en justice, si quelque zelé les alloit dénoncer.

Les femmes & les enfans baisent les barbes de leurs maris & de leurs peres quand ils viennent les saluer. Les hommes se la baisent réciproquement des deux côtez quand ils se saluënt dans les ruës, ou qu'ils arrivent de quelque voyage, & qu'ils en ont tous deux ; quand il n'y en a qu'un qui en a, celui qui n'en a point ne laisse pas de baiser celle de son ami, qui le laisse faire gravement, en attendant qu'il puisse lui rendre la pareille. Ces baisers sont réïterez plusieurs fois pendant leurs complimens, qui consistent à se dire l'un à l'autre : Comment vous portez-vous ? J'avois grande envie de vous voir. Dieu vous garde. Dieu soit loüé. Dieu soit content de vous. Vous vous portez bien, je souhaite que Dieu vous continuë une santé parfaite. Ils repetent ces paroles une douzaine de fois en se tenant par les mains, & puis se quittent. Telle est la coûtume du Païs.

- Dès que les Arabes voyent un homme un peu âgé avec la barbe rasée, ils ne manquent jamais de lui faire cette imprécation ; *Que la malediction de Dieu soit sur le pere qui a engendré ce visage imparfait.* Aussi, disent-ils, que la barbe est la perfection de la face humaine. Plus elle est longue & fournie, plus elle est vénérable. Ils méprisent ces barbes de chat, qui n'ont que quelques poils plantez à la ligne. Ils regardent la barbe comme une partie essentielle, qui constituë l'Estre de l'homme. Ils aiment les Capucins, parce qu'on leur a dit qu'ils la cultivent au milieu d'un Peuple infini qui n'en fait point de cas, & qui la rase. Quand ils en voyent avec des barbes *in folio*, épaisses comme des forêts de bois taillis : Quel bonheur, disent-ils, pour les peres qui ont engendré de si belles barbes, que les bénédictions de Dieu tombent

bent sur eux comme une grosse pluye. Après cela les Francs ne devroient-ils pas nourrir leurs barbes, & employer toute leur industrie pour la faire croître & épaissir.

Quand ils voyent des vieillards nouvellement arrivez avec la barbe & la moustache rasées, on ne peut croire combien ils en sont scandalisez ; ils se disent les uns aux autres : C'est assurément un Forçat qui s'est échappé des Galeres. N'est-ce point qu'on l'a diffamé dans son Païs, & qu'il est venu ici pour n'être point connu ? Quel visage, il faudroit le couvrir d'ordures ? C'est une face de vieux singe, c'est un vieux pecheur, que le peché ne peut quitter. Au lieu que quand ils voyent un homme paré d'une barbe ample & bien rangée, ils disent aussi-tôt : Il ne faut que voir cette barbe pour être assuré que celui qui la porte est un homme de bien, que Dieu a favorisé de ses graces.

Mais si un homme avec une belle barbe fait une mauvaise action, ou qu'il dise quelque parole messéante, ils ne manquent pas de dire aussi-tôt : Quel dommage pour une telle barbe ! Est-il possible qu'il fasse un tel affront à sa barbe ? Quelle honte, quelle confufion pour fa barbe; & s'ils fe rouvent en droit de lui faire la correction, ils lui difent gravement : Regardez votre barbe, foyez honteux de votre barbe, refpectez votre barbe. S'ils demandent quelque chofe à un homme, ils l'en prient par fa barbe, en lui difant: Par votre barbe, par la vie de votre barbe, faites-moi cette grace; & quand ils le remercient, ils fe fervent de ces termes: Dieu vous allonge la barbe, Dieu verfe fes bénédictions fur votre barbe.

— Une de leurs comparaifons & de leurs proverbes, c'eft de dire: Cela vaut mieux que la barbe; ou à telle barbe, tels cifeaux. Ce qui revient à ce que nous prétendons exprimer, quand nous difons, à bon chat bon rat; en un mot, la barbe entre dans tous leurs difcours. Ils la peignent avec les doigts par contenance, ils la baifent par cérémonie, ils jurent par elle, ils prient par elle, ils avertiffent par elle. Un homme qui auroit la barbe d'un pied de large, & qui lui defcendroit jufqu'à la ceinture, feroit regardé comme le plus honnête homme de tout le Païs, fon témoignage feul feroit mieux reçû en Juftice que celui de trente Normands.

Quoique les Arabes soient fort simples dans leurs paroles & dans les manieres de s'exprimer, qu'ils nomment toutes choses par leur nom, cependant quand ils parlent de quelque chose dont l'idée porte avec elle quelque indécence, ils ne manquent jamais de dire ces mots : *Destour y amuschaik*, qui signifient à peu près : sauf votre respect ; & ceux qui écoutent, ôtent aussi-tôt leurs mains de leurs barbes, & celui qui parle s'arrête jusqu'à ce que les auditeurs lui disent, *L'faddal*, c'est-à-dire, continuez quand il vous plaira. Il reprend alors son discours, & dit le mot pour lequel il s'étoit arrêté, & il repete la même cérémonie autant de fois qu'il doit dire quelque chose, qui pourroit souiller les barbes, & choquer les oreilles chastes des Anges qui y sont nichez.

Une des principales cérémonies qui accompagnent les visites sérieuses est de répandre des eaux de senteur sur les barbes, & de les parfumer ensuite avec la fumée du bois d'aloës qui s'attache à cette humidité, & donne une odeur douce & fort agréable. J'ai dit dans un autre endroit de quelle maniere se fait cette cérémonie.

La figure d'un Barbier est quelque
K ij

chose de si extraordinaire qu'il faut la décrire ici, puisque nous sommes sur le chapitre de la barbe. Les nôtres sont pour l'ordinaire propres, civils & honnêtes. Ceux des Arabes sont bouffons, amoureux, plaisans. Ils ont toûjours un turban fort blanc, garni de fleurs & de curoreilles. Les manches de leurs chemises sont troussées jusqu'aux coudes pour faire voir leurs bras piquez & marquez de fleurs, de cicatrices, ou de brûlures qu'ils se sont faites pour quelque douleur, ou des coups de coûteau qu'ils se sont donnez pour marquer la violence de leur passion à leurs Maîtresses. Ils ont un tablier de toile de lin rayée de plusieurs couleurs, & une large ceinture de cuir avec de petits crochets tout autour, où leur boutique est attachée, le coquemar est d'un côté, le bassin de l'autre, une longue gibeciere regne sur le devant. Elle contient dans ses compartimens, les rasoirs, la pierre, les ciseaux, une piece de savon, ou bien de savonette, un miroir rond à queuë, comme ceux dont on se sert en Espagne, ou comme on nous represente les Sirennes, il occupe le derriere de la ceinture dans laquelle il est fiché. Ils ont deux longues serviettes sur les épaules; une pour essuyer les mains, & l'autre le visage. Ils ont encore une longue couroye, large de quatre doigts sur le devant de leur tablier, qui pend jusqu'aux genoux, sur laquelle ils adoucissent le fil de leurs rasoirs.

Le Barbier fait asseoir sur une pierre ceux qui veulent se faire raser, leur ôte leur turban avec respect, & avec des reverences étudiées & les plus bouffones, met le turban sur un mouchoir propre & brodé, s'il est assez riche pour en avoir, leur passe la main droite sur le dos, comme s'il vouloit caresser un chat, & puis leur lave la tête à deux mains, & la gratte de tems en tems avec ses ongles, & ensuite il la rase. Ils sont habiles ; en quatre coups de rasoir ils emportent tous les cheveux ; mais ils ne touchent jamais au toupet que les Mahometans laissent toûjours au sommet de la tête, parce que c'est par cet endroit que Mahomet les doit prendre pour les presenter à Dieu. Il met ensuite le coquemar sur la tête, ouvre le robinet, & fait tomber de tous côtez de l'eau sur la tête & sur le visage qu'il lave ensuite vivement avec les deux mains. Il faudroit avoir la tête bien sale, pour qu'elle ne fût pas entierement décrassée après une telle savonade. Il l'essuye ensuite, puis il met les deux doigts du milieu de chaque main dans les oreilles, pendant qu'avec les pouces il frotte doucement les yeux. Quand on est ainsi essuyé bien proprement, le Barbier rase les poils sous le nez, & on ôte les superfluitez de la barbe, c'est-à-dire, les poils qui sont plus longs les uns que les autres, afin qu'étant égaux, le volume de la barbe presente une figure plus réguliere & plus agréable. Il coupe ensuite avec ses ciseaux les poils du nez & des oreilles, remet le turban avec respect & deux ou trois révérences, puis il prend les mains l'une après l'autre, & fait craquer toutes les jointures. Ensuite il fait étendre les bras en croix, & se mettant derriere, il appuye sa poitrine & son genoüil contre les vertebres, & les fait craquer les unes après les autres, afin de les rendre plus souples. Enfin il presente le miroir, & quand on s'y est regardé, on met sur la glace l'honoraire du Barbier, & on se retire.

Il y a des Arabes si simples, que rien n'est si plaisant que de les voir se regarder dans un miroir. Ils s'y voyent sans se reconnoître, parce qu'ils ne se mirent jamais chez eux.

Ils trouvent leur figure ridicule, ils en rient, ils se fâchent, & voyant que leur image fait les mêmes grimaces qu'eux, ils croyent qu'il y a quelqu'un derriere le miroir qui les contrefait. J'ai eu souvent ce plaisir à Seïde, où j'avois un miroir assez grand. Ils mettoient la main derriere pour l'attraper, & demeuroient honteux, & se fâchoient de n'y trouver personne ; mais cela n'arrive qu'aux Païsans dont les Barbiers n'ont pas de miroirs ; car ceux qui demeurent dans les Camps des Emirs voyent assez de miroirs chez les Barbiers qui les rasent tous les quinze jours, pour y être accoûtumez, & ne pas donner de pareilles comedies.

## CHAPITRE XIII.

*Sentimens des Arabes sur les chiens & les chats.*

LEs Arabes aussi-bien que les Turcs n'aiment pas beaucoup les chiens ; ils ne les nourrissent qu'afin qu'ils gardent leurs Camps pendant la nuit. En effet ils leur tiennent lieu de Sentinelles. Ils ont pourtant beaucoup de charité pour les chiennes qui ont fait leurs petits, & même pour les chiens qui sont vieux ou estropiez. J'ai parlé dans le premier Volume de mes Memoires de la charité de quelques Turcs pour ces animaux. Les Arabes les nourrissent & les caressent, mais sans les toucher, sur-tout quand ils sont moüillez. Ils ne les laissent pas approcher d'eux, de crainte que venant à se secoüer, ils ne fassent rejaillir quelques gouttes d'eau sur leurs habits, parce qu'il n'en faudroit pas davantage pour les rendre impurs, & que dans cet état ils ne pourroient pas faire leur Oraison sans s'être bien purifiez auparavant. La Loy ne leur permet pas de les toucher, même quand ils sont secs, & ces animaux sont si bien instruits sur ce point, qu'ils ne viennent jamais les caresser ni mettre leurs pattes sur eux.

Il n'en est pas tout-à-fait de même des chiens de chasse, comme sont les lévriers, les chiens couchans, les épagneuls, les chiens courans. Le besoin qu'ils ont de ces animaux leur fait interpreter la Loy à leur avantage. Ils les tiennent à l'attache, & les nourrissent de maniere, qu'ils n'ont pas besoin de chercher des ordures pour vivre, & par cet endroit ils sont tirez de la maſſe des autres chiens libres qui ſont reputez immondes. Cependant ſi quelqu'un tuoit un de ces animaux de propos déliberé, il ſeroit châtié par la juſtice. Il y a apparence qu'ils n'ont point chez eux ce proverbe ſi commun chez nous, qui dit que quand on veut tuer ſon chien, on dit qu'il eſt enragé.

Quoique les Arabes eſtiment les chats, ils n'en nourriſſent pourtant pas un grand nombre, ils n'en ont que ce qu'il leur en faut pour ſe délivrer des rats qui ſuivent leurs Camps, comme les Marchands de Damas. A l'exemple des Turcs, & pour ſe conformer à la Loy, ils les regardent comme des ſaints. Ils diſent que Mahomet les aimoit à cauſe de leur propreté. Cela l'obligea de leur obtenir de Dieu pluſieurs graces ſignalées dont nous avons parlé dans un autre endroit, ce qui me diſpenſe de les repeter ici. Je dirai ſeulement qu'un Arabe vénérable m'ayant entendu parler des chats d'une maniere qui lui fit connoître que je ne les aimois pas, m'en reprit, & me dit que j'avois tort de ne pas aimer, & de ne pas reſpecter de ſaints animaux, qui ont le Paradis en partage, & que Dieu a comblez de ſes plus rares bénédictions. Mais qu'y feront-ils, lui dis-je? Ils y seront oisifs : car je ne vois pas que Mahomet ait placé des rats en Paradis pour leur donner de l'occupation. Ils en ont une, me répondit-il, & des plus honorables, & d'une plus grande conséquence. Ils méditent continuellement la Loy, & se servent de la sublimité de leurs connoissances, pour en penetrer les sens les plus cachés, & en tirer des connoissances, dont la méditation les rend heureux. Mais qui leur donne à manger, repliquai-je? Belle demande, me dit-il, ils sont nourris des restes de la table des Fidéles, & par conséquent ils font bien meilleure chere qu'ils ne faisoient en ce monde. Cela étant, lui dis-je, ils ne sont pas à plaindre. J'étois en peine de leur nourriture, je suis en repos de ce côté-là : mais il me reste encore un doute. Tous les chats seront-ils en Paradis ? Tous les hommes y seront-ils, me dit-il ? Non, lui dis-je, il n'y aura que les justes. Il en sera de même des chats, me repliqua-t'il : mais vos préjugez vous empêchent de concevoir ces véritez. Il faut vous apprendre quelque chose qui soit plus à votre portée. Sçavez-vous pourquoi les chats tombent toûjours sur leurs

pattes quand ils tombent, ou qu'on les
jette en l'air ? N'allez pas vous imaginer que ce soit une chose qui leur
soit naturelle; point du tout. C'est une
grace que le Prophete leur a obtenuë
de Dieu, & qu'il leur a communiquée
par l'attouchement de ses mains benîtes. En voici l'histoire.

Le chat du Prophete s'étoit endormi sur la manche pendante de sa veste,
ou plûtôt il étoit ravi en extase en méditant sur un passage de la Loy. Midi
sonna, il falloit aller à la priere, &
le Prophete ne vouloit pas interrompre les sublimes contemplations de son
chat; il se fit donner des ciseaux,
coupa sa manche, & s'en alla où son
devoir l'appelloit. Il trouva à son retour son chat qui revenoit de son assoupissement extatique, qui voyant sous
lui la manche de la robbe de son Maître, & connoissant par là la tendre
amitié du Prophete, se leva debout
pour lui faire la révérence, il leva la
queuë, & plia son dos comme un arc,
pour lui témoigner plus de respect,
& le Prophete qui entendoit ce langage muet bien mieux qu'on n'entend
celui des muets dans le Serail, lui
passa trois fois la main sur le dos, &
par cet attouchement lui imprima la

grace de ne tomber jamais sur cette partie. Voilà la raison, & non pas une suite physique de ce qu'on admire dans ces animaux. Après cela apprenez à les respecter, aimez-les tendrement, & ne leur faites jamais de mal ; ne souffrez pas qu'on leur en fasse, & ils vous obtiendront de Dieu des graces que vous n'oseriez pas attendre sans leur intercession. Telle fut la leçon que me donna ce sçavant Arabe. On n'en trouve pas beaucoup parmi les gens de cette Nation qui en sçachent autant, & il falloit qu'il fût autant de mes amis qu'il l'étoit, pour me découvrir des secrets de cette importance.

## CHAPITRE XIV.

*De la Justice des Mahometans, & en particulier de celle des Arabes.*

J'Ai dit quelque chose de la maniere dont les Turcs rendent la Justice, le Lecteur prendra la peine de s'en souvenir. Je n'ajoûterai rien que ce qui m'a échappé.

Les Villes & les Bourgs un peu considerables ont un Cadi, qui est le Chef de la Juſtice, tant pour le civil que pour le criminel. Il n'a pour Officiers qu'un Greffier, & deux ou trois Sergens, pour avertir les parties.

Le peché originel n'a produit chez eux ni Avocats, ni Procureurs qui rongent les plaideurs, qui ſe livrent à leur avarice; qui rendent les procès éternels, & qui envoyent à l'Hôpital ceux dont ils ont dévoré la ſubſtance avant d'avoir fait terminer les procès, quand même ils les auroient gagnez.

Chacun eſt ſon propre Avocat, chacun plaide ſa cauſe ſoi-même, le Cadi les écoûte ſans ſe laiſſer étourdir par une éloquence ennuyeuſe. Il faut expoſer le fait nuëment, le prouver par des pieces en bonne forme, ou par des témoins, ou quelquefois par ſon ſerment quand le Juge le trouve à propos. Ces Juges ſont ſi habiles, que l'air des gens, leurs geſtes, le ton de la voix, le mouvement des yeux, la couleur du viſage; en un mot, tout l'exterieur des parties eſt conſideré, examiné, & leur ſert à développer la verité que les Plaideurs ont ſouvent interêt de cacher par toutes ſortes de voyes.

Quand les Juges prennent le ſerment de quelqu'un, si c'est un Mahometan, ils le font jurer sur l'Alcoran; si c'est un Chrétien, sur l'Evangile; si c'est un Juif, sur le Pentateuque de Moïse. Ils ont toûjours ces Livres dans leur Tribunal; mais avant de les leur laisser toucher, ils leur font laver les mains, ils leur font mettre la main gauche sous le Livre, & la droite dessus, & dans cet état ils font leur serment sur la verité que ces Livres renferment, & ils prennent Dieu à témoin qu'ils ne font pas un faux serment.

Le serment prêté, le Greffier écrit dans son Registre en deux lignes la substance du procès, les interrogations que le Cadi a faites aux parties, les dépositions des témoins, ou le vû des pieces, & le jugement.

Celui qui a gagné son procès doit payer sur le champ les épices & les frais des Officiers, qui montent ordinairement à la dixiéme partie de la chose contestée. Celui qui est condamné doit payer sur le champ, & s'il n'a pas le moyen, & que sa partie ne veüille pas lui accorder du tems pour satisfaire, on le met en prison. Mais j'ai déja parlé des suites de ces sortes de jugemens.

Les Arabes ne font pas tant de cérémonies. Ils sont bien plus simples 1665. dans leurs manieres, ils n'ont ni Juges ni Greffiers dans leurs Camps. Les Cheiks des Villages font seuls ces deux Offices. L'Emir se donne souvent la peine de juger les differends qui naissent entre ses sujets sur les pieces, ou sur la déposition des témoins; il juge souverainement & en dernier ressort. On ne peut pas appeller d'un Emir au grand Emir. Tout se passe verbalement & sans écritures. Le jugement est executé sur le champ sans délai. On ne replique point, on ne differe pas un moment.

Les Cheiks jugent de la même maniere dans les Villages où ils commandent; mais ceux qui se croyent grevez peuvent appeller à l'Emir. Ceux qui ont des differends ne vont que le moins qu'ils peuvent plaider devant les Emirs ou les Cheiks. Ils aiment mieux s'en rapporter à des arbitres. J'ai fait assez souvent cette fonction, sur-tout pendant que je faisois celle de Secretaire de l'Emir, & ils s'en tiennent au jugement qui est prononcé, ils plaident doucement & civilement, & témoignent par là le respect qu'ils ont pour leurs Juges, ou pour leurs arbitres. On ne les entend point criailler, s'interrompre, en venir aux injures, aux invectives, & après le jugement prononcé, ils sont aussi bons amis qu'ils étoient avant leur contestation. Je ne connois que les Normans qui soient capables de cette politesse; mais selon le droit de la Nation, tancune toûjours tenante. Ce droit ne me paroît pas encore établi chez les Arabes.

Comme ils n'ont aucunes terres en propre, leurs procès ne peuvent avoir d'autres causes que leur commerce, en vendant, achetant ou troquant leurs bestiaux & leurs denrées. Ils observent une formalité dans leurs ventes ou dans leurs échanges; c'est de mettre une poignée de terre sur ce qu'ils échangent en presence des témoins qu'ils appellent, en disant: Nous donnons terre pour terre; après quoi ils ne peuvent plus revenir contre leur marché. Ils en mettent sur les chevaux, sur les bœufs, les moutons & sur l'argent, & ne sont point tenus à la garantie.

J'ai dit que quand ils ont quelque chose à demander à l'Emir, ils en vont faire expedier l'Ordonnance à son Secretaire, & qu'ils la presentent au Prince en baisant la main, & lui disant leurs raisons.

Mais quand l'Emir ne donne pas audiance, & que la chose presse, celui qui porte le billet du Secretaire marche à reculons jusqu'à la porte de la tente où est le Prince, devant laquelle il y a toûjours des fagots de broussailles. Il s'arrête là, & passant sa main droite avec le billet sur son épaule, il attend qu'on le vienne prendre. Un Eunuque, ou quelque jeune garçon de service, le prend aussi-tôt, & le porte à l'Emir, qui fait sur le champ la réponse qu'il juge à propos, & rapporte à celui qui attend, sa réponse. Si la réponse n'est pas favorable, ce qu'il connoît, parce que le billet est déchiré, il se contente de dire en s'en allant: *Dieu vous donne une longue vie.* Si la demande est accordée, il commence une Kirielle de remercîmens & de bénédictions, en s'en allant, sans regarder derriere lui, & élevant sa voix à mesure qu'il s'éloigne, afin qu'on le puisse entendre des tentes de l'Emir. Ces ordres sont payables à vûë & sur le champ.

Il leur arrive rarement des affaires criminelles. Elles sont de droit reservées aux Emirs dont ils dépendent, qui selon le crime font punir le coupable d'un certain bon nombre de coups de bâton sur la plante des pieds ; ou quand le crime est énorme, ils font pendre, brûler, empaler ou couper la tête, ou la barbe. Ce dernier châtiment porte avec lui une infamie éternelle, non-seulement pour le coupable ; mais encore pour sa famille. Il n'y a point d'Arabes qui n'aime mieux perdre sa tête que sa barbe.

Pour les affaires civiles ou pour des injures, & autres fautes de cette nature, l'Emir Turabeye étoit accoûtumé de faire mettre aux pieds des coupables des entraves de cordes, comme on en met aux chevaux, afin qu'ils eussent honte de se voir réduits à la condition des bêtes ; & dans cet état d'ignominie, on les obligeoit de demeurer un certain tems à quelque distance de la tente de l'Emir, & d'y demeurer jour & nuit, afin que tout le monde les vît & fût sage à leurs dépens.

J'ai parlé ci-devant des biens & des revenus de l'Emir Turabeye, & de ceux des autres Emirs de sa famille, & il a été facile de voir par ce que j'en ai dit, que ces Princes ne sont pas riches ; mais comme leurs dépenses sont fort modestes, & qu'ils tirent de chez eux presque tout ce qui se consomme pour leur nourriture, & celle de leurs gens, Ils ne laissent pas de vivre avec une certaine splendeur pour le Païs. Leurs chevaux & leurs troupeaux leur donnent de quoi acheter ce qui ne se trouve pas chez eux, & sans sortir de leurs Camps ils trouvent chez les Marchands de Damas qui les suivent, les toiles, les draps de laine & de soye, les botines, les équipages de chevaux, les souliers, le ris & les légumes dont ils ont besoin ; & quand ils en ont pris pour une certaine somme, ils leur donnent en payement des chevaux, des bestiaux & du bled, & même quelquefois de l'argent ; mais cela est rare : car ces Princes aiment l'argent, le changent en or tant qu'ils peuvent, parce qu'il est plus aisé à transporter ou à cacher, selon que leurs affaires le demandent.

Suivant cela, il est aisé de voir que les Arabes leurs sujets ne doivent pas être bien riches. Il n'y en a guéres qui ayent des terres en propre. Ceux qui en ont les font valoir par les Chrétiens ou par les Maures, & retirent en especes une portion du produit de la terre. Les courses sur leurs ennemis &

sur les passans font leurs revenus les plus assurez: car les Arabes regardent beaucoup au-dessous d'eux la culture de la terre. Mais ils ont tous des bestiaux, chevaux, bœufs, chameaux, moutons, chévres. Ils en ont soin, & y sont fort experts. Ils les vendent pour acheter ce dont ils ont besoin, & quand ils ont de l'argent de reste, ils le gardent, le changent en or, & le cachent si soigneusement qu'il s'en perd beaucoup, quand ils meurent sans avoir déclaré à leurs heritiers le lieu où ils ont mis leur trésor.

Le bled est à fort bon marché chez eux. Les récoltes en sont abondantes & manquent rarement. Ils ont de la viande chez eux, leurs troupeaux leur en fournissent. Quand un Arabe tuë un bœuf, & que sa famille n'est pas suffisante pour le consommer, il en fait part à ses voisins, qui en rendent la même quantité à celui qui leur en a prêté, quand ils viennent à en tuer. Ils font paître leurs bestiaux dans des prairies naturelles, qui sont dans les gorges des montagnes, ou dans les plaines que l'on n'ensemence point. Chacun connoît ses bestiaux aux marques qu'on y a faites.

Les chameaux vivent de peu. Ils

broutent les épines, les chardons, les extrêmitez des branches, & quand ils travaillent, on les nourrit avec des pelottes de farine, & des noyaux de dattes concassez.

Leurs maisons ne consistent qu'en des tentes de poil de chévres, que leurs femmes filent à leurs heures perduës. Ils n'ont de meubles que ceux dont ils ne peuvent pas se passer absolument, quelques nattes, des couvertures de grosses étoffes, des pots de terre, des jattes de bois, des tasses à caffé les plus communes, & chez les plus accommodez des bassins de cuivre étamé. Ils ont encore quelques canestres ou sacs de cuir. Voilà l'inventaire de leurs meubles.

Leurs richesses les plus solides après leurs bestiaux sont leurs filles. Plus ils en ont, & plus ils sont riches. Il en coûte dans presque tout le reste du monde pour se débarasser de cette mauvaise marchandise, dont la garde est si difficile. Ceux qui les veulent avoir sont obligez de les acheter de leurs parens, & de leur donner en échange de l'argent, des bestiaux, des effets, des meubles. En un mot, les peres tirent de la vente de leurs filles, tout autant qu'ils découvrent que ceux qui les recherchent font paſſionnez pour elles, pourvû qu'ils ſoient garants de leur virginité. Choſe difficile, & par conſéquent appréciable.

Les Arabes n'ont point de moulins à vent, ils ne ſont en uſage dans l'Orient que dans les lieux qui manquent abſolument de ruiſſeaux, & dans la plûpart des lieux on ſe ſert de moulins à bras. Quand on a des Eſclaves on ne manque pas de les occuper à ce travail dur. L'Ecriture Sainte nous apprend que cela étoit en uſage chez les Juifs.

Ceux que j'ai vû au Mont-Liban & au Carmel, approchoient beaucoup de ceux que l'on voit en quelques endroits d'Italie. Ils ſont fort ſimples, & coûtent très-peu. La meule & la roüe ſont enchaſſées dans le même eſſieu. La roüe, ſi on peut l'appeller ainſi, conſiſte en huit palettes creuſées, comme des cuillieres, & plantées de biais dans l'axe : l'eau tombant avec rapidité ſur ces palettes, les fait tourner, & en tournant elles font agir la meule, au-deſſus de laquelle eſt la trémie. Voilà tout l'équipage, qui ne laiſſe pas de moudre auſſi bien & autant que les moulins les plus compoſez.

## CHAPITRE XV.

*Des chevaux des Arabes.*

IL faut qu'un Arabe soit bien miserable quand il n'a pas un cheval ou une cavalle. Ils n'aiment pas à aller à pied. C'est un affront pour eux; & d'ailleurs comment exerceroient-ils leur métier ordinaire, qui est de faire des courses, & de se sauver quand ils ne sont pas les plus forts?

Les cavalles sont plus propres à ce métier que les chevaux. Ils sçavent par une longue experience qu'elles resistent mieux à la fatigue, & qu'elles souffrent mieux la faim & la soif. Elles sont plus douces, moins vicieuses, & leur rapportent tous les ans un poulain, qu'ils vendent, ou qu'ils nourrissent quand ils sont beaux & de bonne race. Les cavalles ne hannissent point, ce qui leur est d'une grande commodité pour n'être pas découverts quand ils sont en embuscade, & s'accoûtument si aisément les unes avec les autres, qu'elles demeureront aisément tout un jour entassées, pour ainsi dire, les unes sur les autres, sans remuer, ni se faire du mal.

Les Turcs au contraire n'aiment point les cavalles. Auſſi les Arabes ne leur vendent que les chevaux, à moins que leur taille & leur beauté ne les obligent de les garder pour en faire des étalons. Ce ſeroit une incommodité pour eux d'avoir des cavalles parmi tant de chevaux entiers, il leur ſeroit impoſſible d'en être maîtres.

Les Arabes appellent les cavalles *Forras.* C'eſt le nom generique des chevaux. Ils le donnent par honneur aux cavalles, pour faire voir le cas qu'ils en font, & ils appellent un cheval *Hbuſſan*, c'eſt-à-dire, animal étrillé, ou étrillable, parce que toute la nobleſſe de l'eſpece appartient à la femelle. Les femmes voudroient bien qu'on en dît autant d'elles ; mais on penſe bien differemment dans tout le monde. La nobleſſe vient du mâle, la femelle n'y apporte rien. La raiſon qui oblige les Turcs à mépriſer les cavalles, c'eſt qu'étant des gens de guerre, qui ne doivent point avoir de Païs particulier où ils ſoient attachez, il ne leur convient pas d'avoir de ces ſortes de ménages qui les embaraſſeroient.

Il eſt certain que les Arabes ſont plus indifferens ſur la connoiſſance de la généalogie de leurs femmes, que de celle

celle de leurs chevaux. Ils se contentent de sçavoir les noms de leur pere & de leur grand-pere : mais ils ont soin de connoître les ancêtres de leurs chevaux jusqu'à la vingtiéme génération, & ils en fournissent les titres, à remonter jusqu'à quatre ou cinq cens ans.

Ils appellent *Kahhilan*, c'est-à-dire, nobles, les chevaux qui sont d'une bonne & ancienne race ; *Aatiq* ceux dont la race est ancienne, mais qui sont mésalliez ; & *Guidich*, ceux qui ne sont bons que pour la charge, & que nous ne regarderions que comme des rosses. On a ces derniers à fort bon marché, les seconds sont plus chers, on les vend au hazard & sans prouver leur race. Ceux qui s'y connoissent bien ne laissent pas de faire quelquefois des marchez avantageux, & de trouver de très-bons chevaux, sur-tout quand ils les achetent bien jeunes & qu'ils en ont un grand soin. Mais cela est rare : car les Arabes sont d'habiles gens en fait de chevaux, & donneroient des leçons à nos plus habiles Maquignons.

Ils ne font jamais couvrir les cavalles du premier rang, que par un étalon de la même qualité. Ils connoissent par une longue habitude toutes

1665.

les races de leurs chevaux & de leurs voisins, & sur-tout de toutes les cavalles. Ils en sçavent les noms, les surnoms, le poil & les marques. Quand ils n'ont point de chevaux de la premiere noblesse pour couvrir leurs cavalles, ils en empruntent de leurs voisins, moyennant une certaine récompense. Ils les font couvrir en présence de témoins, qui en font une attestation signée ou scellée en présence du Secretaire de l'Emir, ou de quelque personne publique, dans laquelle toute la génération, le poil & les marques des deux animaux sont exprimées dans toutes les formes, qui sont necessaires pour l'autenticité de l'Acte. On appelle encore des témoins quand la cavalle a mis bas, & on fait encore un nouveau procès verbal où le sexe, la figure, le poil & les marques de l'animal nouveau né, sont marquées exactement avec l'époque de sa naissance.

Ce sont ces certificats qui reglent le prix des chevaux. Les moindres valent cinq cens écus, à payer comptant en argent ou en bestiaux, selon les conventions que l'on fait.

— L'Emir Turabeye avoit une cavalle dont on lui avoit offert plusieurs fois

cinq mille écus, fans qu'il l'eût voulu
donner, parce qu'elle avoit marché
trois jours & trois nuits fans fe repofer,
& fans boire ni manger, & l'avoit fauvé par cette courfe extraordinaire des mains de fes ennemis qui le pourfuivoient. Cette cavalle étoit d'une taille avantageufe, bien faite, d'un beau poil, de belles marques, d'une douceur, d'une force & d'une vîteffe inconcevable. On ne l'attachoit jamais. Quand elle n'étoit ni bridée ni fellée, elle alloit par tout avec fa pouline, & alloit rendre vifite à ceux qui avoient coûtume de la careffer, de la baifer, ou de lui donner quelque chofe. Quand elle trouvoit des petits enfans couchez dans des tentes, elle regardoit avant de pofer fes pieds, comme fi elle eût eu peur les bleffer.

Il y a peu de cavalles d'un fi grand prix; mais on en trouve communément de douze & quinze cens piaftres, & de deux mille. Comme elles rendent plus de profit que les chevaux, à caufe des poulins qu'elles font tous les ans, & qui font d'un bon revenu pour leurs maîtres, il eft affez ordinaire que trois ou quatre Arabes ou Chrétiens en achetent une en focieté, & partagent entre eux le profit qui en revient, comme j'ai dit ci devant de la cavalle que M. Souribe avoit en societé avec trois Arabes.

Comme les Arabes du commun n'ont qu'une tente, elle leur fert auſſi d'écurie. La cavalle, le poulain, l'homme, la femme, les enfans couchent tous enſemble. On voit de petits enfans endormis ſur le ventre & ſur le col de la cavalle & du poulain, ſans que ces animaux les incommodent. Elles n'oſent même ſe remuer. Il ſemble qu'elles craignent de les éveiller, & elles ſont ſi accoûtumées à ces manieres douces, qu'elles ne font jamais de mal.

Les Arabes ne les battent jamais. Ils les traitent doucement, les careſſent, les baiſent, leur parlent & raiſonnent avec elles, comme ſi elles avoient beaucoup de raiſon. Ils ne les font aller que le pas ; mais dès qu'elles ſe ſentent chatoüiller le ventre avec le coin de l'étriller, elles partent de la main, & vont avec une telle vîteſſe, qu'il faut avoir la tête bonne pour n'être pas étourdi du mouvement violent qu'elles ſe donnent, & du vent que l'on ſent ſiffler dans les oreilles, elles ſautent les ruiſſeaux & les foſſez auſſi legerement que des biches. Si le Cavalier vient à tomber, elles s'arrêtent tout court, pour lui donner le tems de se relever & de remonter.

Tous les chevaux Arabes sont pour l'ordinaire d'une taille mediocre fort dégagée, & plûtôt maigres que gras. On les panse soir & matin fort soigneusement. Ils tiennent leurs étrilles à deux mains, puis ils les frottent avec un bouchon de paille, & ensuite avec une époussette de laine, jusqu'à ce qu'il ne reste pas la moindre crasse sur la peau, ils lavent les jambes, le crin, la queuë qu'ils laissent dans toute sa longueur, & les peignent rarement, de crainte d'arracher les poils.

Leurs chevaux ne mangent de tout le jour; mais on les abreuve deux ou trois fois, & tous les soirs au coucher du Soleil, on leur donne un demi boisseau d'orge bien nette, qu'on met dans un sac qu'on leur attache à la tête comme un licol, jusqu'au lendemain, qu'ils achevent de manger ce qui leur peut être resté.

On leur fait tous les jours de la litiere avec leur fiente, après qu'elle a été sechée au Soleil, & brisée entre les mains, pour attirer la malignité des humeurs qui sortent par les pores de la peau, & pour éviter qu'ils n'ayent le farcin. Le matin on met cette litiere

L iij

en monceau, on l'arrose d'eau fraîche en été quand il fait bien chaud.

Ils les mettent au verd au mois de Mars quand l'herbe est cruë. C'est alors qu'ils font couvrir leurs cavalles. Le verd étant fini, ils ne mangent plus d'herbe de toute l'année, & jamais de foin, aussi n'en font-ils point provision. Ils ne leur donnent jamais de paille que pour les désalterer, quand ils ont été quelque tems sans avoir envie de boire. L'orge est toute leur nourriture. Ils tondent la queüe & les crins de leurs poulains, quand ils ont dix-huit mois, afin qu'ils deviennent plus beaux, & commencent à les monter à deux ans ou deux ans & demi, jusqu'alors ils les laissent libres & ne les attachent point. Mais quand ils ont été une fois sellez & bridez, depuis le matin jusqu'au soir à la porte de la tente, ils les accoûtument si bien à voir la lance, que quand elle est fichée en terre, & qu'on les a mis auprès sans être attachez, ils tournent autour d'elle sans s'en éloigner.

Ces chevaux sont rarement malades. Les Arabes sont bons Ecuyers ; ils connoissent aussi bien leurs maladies que les remedes qu'il y faut appliquer ; de sorte qu'ils n'ont besoin de Maréchaux, que pour leur forger des fers & des cloux. Ils les font d'un fer doux & souple, battus à froid, & toûjours plus courts que les pieds du cheval; mais ils ont soin de rogner toute la corne qui excede sur le devant, afin de leur rendre le pied plus leger, & que rien ne les embarrasse en courant. Cela pourroit incommoder nos chevaux d'Europe, qui ont la corne plus tendre, au lieu que les chevaux Arabes l'ont noire & fort dure.

1664.

Les Arabes aussi bien que les Turcs ajoûtent beaucoup de foi aux Talismans & aux Amulettes. Les Negres les appellent des Grisgris. Ces derniers sont des passages de l'Alcoran écrits en petit caractere sur du papier ou du parchemin: ces derniers sont les meilleurs; car le parchemin est plus fort que le papier. Quelquefois au lieu de ces Passages, ils portent certaines pierres, auxquelles ils attachent de grandes vertus. C'est entre autres choses en cela que leurs Derviches, qui sont de vrais Charlatans, leur attrapent leur argent, & ces bonnes gens sont assez simples pour croire que tout ce qu'ils leur promettent arrivera infailliblement; & quoique l'expérience leur apprenne souvent la fausseté de ces promesses, ils s'imaginent toûjours que ce n'eſt pas la vertu qui a manquée, mais qu'ils ont manqué eux-mêmes à quelque circonſtance qui a empêché l'effet des Amulettes. Ils ne ſe contentent pas d'en porter ſur eux, ils en attachent encore au col de leurs chevaux, après les avoir enfermées dans de petites bourſes de cuir. Ils prétendent que cela les garantit de l'effet des yeux malins & envieux. Les Provençaux appellent cela *Cervelami*, & par là on voit qu'ils ſont dans la même erreur, ſoit qu'ils ayent apportée cette ſuperſtition de l'Orient où ils trafiquent, ſoit qu'ils l'ayent tirée des Eſpagnols, qui peuvent eux-mêmes l'avoir héritée des Maures, qui ont été maîtres de leur Païs pendant quelques ſiécles. Les chevaux dont les Emirs m'ont fait préſent, avoient au col de ces Amulettes, & ceux qui me les donnoient ne manquoient pas de m'avertir de les conſerver avec ſoin, parce que ſi je les ôtois, je verrois mes chevaux mourir dans peu de tems. Quand j'ai retourné chez ces Princes, & que j'y ai ramené ces mêmes chevaux, j'avois bien ſoin qu'ils euſſent ces Amulettes au col. D'ailleurs mes Palfreniers étoient Arabes, & n'avoient garde de les priver de ce préservatif. Les femmes Espagnolles mettent à leurs enfans de petites mains de jayet, ou d'autre matiere, pour les garantir des yeux malins. Elles sont si entêtées de ces superstitions, que si un enfant est noüé, ou qu'il devienne maigre ou malade, elles ne manquent pas de dire qu'il a été regardé avec des yeux malins : car on tient en ce Païs comme une verité constante qu'il y a des gens qui ont dans les yeux un certain venin si actif & si mauvais, qu'en regardant fixement une personne ou un animal, ils lui dardent leur venin, à peu près comme on dit que le Basilic darde le sien, qui les fait mourir ou tomber dans une langueur qui devient à la fin mortelle. Ces femmes Espagnolles sont fort attentives à ne pas laisser regarder leurs enfans à toutes sortes de personnes. Elles prétendent avoir là-dessus des connoissances que tout le monde n'a pas ; & quand elles voyent des gens dont les yeux paroissent avoir de la malignité, comme sont les yeux verons, ceux dont les prunelles sont de couleurs différentes, ou d'inégales grandeurs, elles leur disent : *Toca-la-man*, en leur présentant la petite main qui pend au col de l'enfant. S'ils font difficulté de la toucher, elles se persuadent qu'ils ont les yeux malins, elles crient au secours, & le peuple aussi superstitieux qu'on le peut être dans tout le reste du monde, ne manque pas de s'assembler, & de contraindre par toutes sortes de violences cet homme aux yeux malins de toucher la main qu'on lui présente, parce qu'après cet attouchement toute la malignité de ses yeux n'a plus de force.

Outre ces Amulettes les Arabes pendent au col de leurs chevaux des défenses de sanglier, jointes par la racine à un petit cercle d'argent qui forme un croissant : ils croyent que cela les préserve du farcin.

Les Turcs aussi-bien que les Arabes, & beaucoup de Peuples Chrétiens font coucher dans leurs écuries des marcassins ou des boucs. Ils sont persuadez que ces animaux attirent tout le mauvais air qui peut y être. Que cela soit suffisant ou non ; que ce soit une superstition ou une précaution digne de gens sages, c'est sur quoi je ne veux pas faire une dissertation. La pratique semble l'autoriser.

Les chevaux Arabes vivent long-tems, & conservent leur vigueur dans un âge où les autres ne sont plus bons qu'à mener à l'écorcherie. Je crois qu'on doit attribuer cela au régime de vie qu'on leur fait observer, & au soin qu'on a de les panser. Nous voyons que les chevaux Arabes qu'on a portés en France n'y ont pas tant vécu, parce qu'on a voulu les traiter comme ceux du Païs, & cela a gâté leur tempérament.

J'ai vû des chevaux Arabes qui aimoient si fort la fumée du tabac, qu'ils couroient après ceux qu'ils voyoient allumer leur pipe, & prenoient plaisir qu'on leur en soufflât la fumée au nez. Ils levoient alors la tête, montroient leurs dents comme ils font quand ils ont senti l'urine d'une cavalle. On voyoit en même tems l'eau distiler de leurs yeux & de leurs narines. Il y a apparence que cette fumée leur fait du bien, & que c'étoit pour cela que la nature leur a appris à la rechercher.

Il y a de ces chevaux qui hochent continuellement la tête quand ils sont attachez pendant le jour. Tout le monde ignorant croit que c'est un mouvement naturel ; mais les Arabes en jugent bien autrement. Ils disent que les chevaux étant des animaux nobles,

L. vj

généreux & courageux, ils participent aux exercices de la Religion à leur maniere. Ils lisent intellectuellement la Loi, dont le Prophete leur a obtenu de Dieu l'intelligence, avec bien d'autres graces & bénédictions ; de sorte qu'il ne se passe point de jour qu'ils ne lisent quelque chapitre de l'Alcoran. Et pourquoi les chevaux ne joüiroient-ils pas de ce privilege, puisque les chats qui ne valent pas les chevaux ni pour la taille, ni pour le service, joüissent de la même faveur, comme je l'ai dit ci-devant ? C'est ainsi que les Docteurs de la Loi Mahometane en font une selle à tous chevaux.

Il y a d'autres chevaux qui tournent souvent la tête à droite & à gauche, comme s'ils vouloient saluer ceux qui sont des deux côtez de leur chemin. Les Turcs les estiment beaucoup, parce qu'ils rendent le salut de la même maniere qu'ils le rendent eux-mêmes. Ils croyent que ceux qui voyent la politesse de ces chevaux, les comblent de bénédictions, & font des souhaits pour leur conservation, & pour la prosperité de leurs maîtres.

Dès qu'un cheval a couvert une cavalle, ils jettent promptement de l'eau fraîche sur la croupe de la cavalle, &

en même-tems un homme tire l'étalon par le licol, & lui fait faire en sautant quelques paffades autour de la cavalle, afin de lui imprimer l'idée du cheval, & qu'elle faffe un poulain qui lui reffemble.

Les felles des chevaux ne font que de bois, couvertes d'un maroquin. Elles n'ont point de panneaux rembourez comme les nôtres; mais feulement un feutre piqué, qu'ils mettent entre la felle & le dos du cheval, qui avance d'environ un demi pied fur la croupe. Leurs étriers comme ceux des Turcs font fort courts; de forte qu'un homme eft affis à cheval comme fur une chaife. Ils fe levent fur les étriers en courant, pour porter un coup avec plus de force. Le bas des étriers eft large, plat & quarré, leurs coins font pointus & tranchans, ils s'en fervent pour picquer leurs chevaux, au lieu des éperons que nous avons, de maniere que leur peau eft déchiquetée en cet endroit, comme le font les parties du corps où les Chirurgiens ont travaillé dans l'application des ventoufes. Ces playes rendent les chevaux extrêmement fenfibles en ces endroits, & pour peu qu'ils s'y fentent chatoüiller, ils donnent d'abord tout ce qu'on leur demande.

## CHAPITRE XVI.

*Des logemens des Arabes, & de leur maniere de camper & de décamper.*

LEs Arabes n'ont point d'autres logemens que leurs tentes. Le nom qu'ils leur donnent signifie maison en Arabe. C'est de toutes les manieres de se loger la plus ancienne. Nos anciens Patriarches n'en avoient point d'autres. Elles sont toutes de poil de chévre noir. C'est l'ouvrage des femmes. Ce sont elles qui les filent & qui en sont les Tisserans. Elles sont fortes, si serrées & tenduës d'une maniere que les eaux des pluyes les plus longues, & les plus fortes ne les percent jamais. Toutes leurs familles, hommes, femmes, enfans & chevaux logent sous la même couverture, & sur-tout en hyver.

Celles de l'Emir sont de la même étoffe, & ne different des autres que par leur grandeur & leur hauteur. Ces Princes en ont plusieurs pour leurs femmes, leurs enfans, leurs domestiques, & une plus grande que les autres où ils donnent audience, qui a une couverture de toile cirée verte. Ils en ont pour leurs cuisines, pour leurs magasins, & pour leurs écuries.

La disposition des Camps est toûjours ronde, à moins que le terrein ne le puisse pas permettre absolument. La tente d'audience du Prince est toûjours au centre du Camp, & les autres tentes autour & fort proche, & celles de ses sujets les environnent, & laissent entre elles un espace d'environ trente pas, tant par respect que pour n'être pas en vûë des femmes.

Ils campent sur le sommet des collines, qu'ils appellent *Rouhha*, c'est-à-dire, bel air, & ils preferent les lieux où il n'y a point d'arbres qui puissent les empêcher de découvrir de loin tous ceux qui vont & viennent ; car ils craignent toûjours d'être surpris. Ils preferent les lieux où il y a des sources d'eau, & qui sont voisins des vallons & des prairies, pour la subsistance de leurs bestiaux. Le besoin qu'ils en ont les oblige de décamper souvent, & quelquefois tous les quinze jours ou tous les mois, mais on n'a pas de peine à trouver leurs camps, & quand on en a découvert un, & sur-tout celui du grand Emir, les autres sont aisez à trouver ; car ils ne sont pas éloignez de celui-là que d'une lieuë ou deux tout au plus. Quand ils changent de Camp en Eté, ils avancent toûjours vers le Septentrion, & à mesure que l'Hyver s'approche, ils reviennent vers le Midi jusqu'auprès de Cesarée de Palestine, & hors de l'enceinte des Montagnes du Carmel. Ils se placent alors dans les vallons & sur les bords de la mer, où il y a quelques arbrisseaux qui les mettent à l'abri du vent & du sable, pour n'être pas incommodez des bouës. Les hommes & les chevaux logent sous le même toît, afin d'être plus chaudement.

Les Païsans des Montagnes de Provence, de Dauphiné, & de Savoye sont à peu près dans le même usage; ils logent au-dessus de leurs étables, & afin mieux de profiter de la chaleur des animaux qui sont sous eux, ils ne mettent que des clayes sur les soliveaux qui composent leurs planchers, & ne perdent rien de la chaleur qui passe au travers.

Les Marchands qui suivent les Camps ont pour l'ordinaire des tentes de grosse toile blanche, cela sert à les reconnoître aisément. Toutes leurs marchandises sont étalées autour de leurs tentes, ou dans des coffres de cuir. Les Princes & leurs Sujets y trouvent tout ce dont ils peuvent avoir besoin, & les uns & les autres payent regulierement ce qu'ils prennent. On s'en rapporte à la bonne foi de ces Marchands, & on leur donne en payement des bestiaux & des grains, sur quoi il y a toûjours un profit considerable à faire.

1665.

C'est quelque chose de fort singulier, que les Arabes dont le métier ordinaire est de voler sur les grands chemins, soient si honnêtes gens dans leurs Camps. Leur fidelité est si grande, qu'un Marchand, ou tout autre Etranger qui est dans leur Camp, peut laisser dans la tente ses hardes & ses marchandises, sans crainte qu'on lui fasse le moindre tort.

J'ai déja parlé des meubles des Arabes; mais j'ai oublié de dire qu'ils n'ont qu'une pierre ou un morceau de bois pour chevet. Ils couchent souvent hors de leurs tentes en été, sans être couverts d'autre chose que de leur chemise; de sorte que le matin ils se trouvent tout moüillez du serein & de la rosée, sans qu'ils s'en embarassent, ou qu'ils en soient incommodez. D'autres se couchent tout habillez & couverts de leur Aba.

On ne se couche jamais sans un caleçon de toile, de crainte de faire voir quelque nudité aux gens qui seroient dans le même endroit. Si par hazard en se remuant pendant le sommeil on venoit à se découvrir, ceux qui le verroient, non-seulement en seroient scandalisez, mais ils le prendroient pour un affront si signalé, qu'ils se croiroient excommuniez, & obligez par conséquent à faire une nouvelle profession de Foi. C'est par cette même raison que les enfans même n'ôtent jamais leurs caleçons quand ils se baignent, & qu'on ne leur donne pas le foüet à l'école sur les fesses ; mais qu'on les châtie avec de petites verges sous la plante des pieds. On a la même attention en Italie ; quoiqu'on les châtie sur les fesses, on leur laisse toûjours un caleçon de toile.

C'est une indécence d'être devant d'honnêtes gens les bras derriere le dos, & même en se promenant seul. On doit avoir les mains croisées ou jointes sur le nombril, & si on étoit dans une autre posture devant un Juge, on seroit condamné à une amande. On ne pardonne pas cela aux gens du Païs, ce n'est que par indulgence qu'on le souffre aux Francs, parce qu'on suppose qu'ils ne sçavent pas les coûtumes, quoiqu'on ne laisse pas de leur en témoigner du dépit.

Leurs meubles, comme je l'ai dit ci-devant, sont en si petite quantité, qu'en moins de deux heures ils ont tout emballé, détendu & plié quand il faut décamper. Ils chargent tous leurs bagages sur des chameaux & des bœufs, qui sont accoûtumez à la charge. Les hommes montent à cheval. Les Princesses bien voilées montent sur des cavalles, ou sur des chameaux, que leurs servantes conduisent par le licol. Les femmes du commun vont à pied, & portent les enfans qui ne peuvent marcher, & conduisent le bétail & tout l'attirail de la maison. Les hommes ne s'embarassent point de cela, ils accompagnent le Prince, & sont toûjours en état de combattre, si la necessité se presentoit.

Comme les Arabes sont toûjours en campagne, & les plus éloignez qu'ils peuvent de toute sorte de voisinage, on est assez embarassé pour trouver ceux à qui on a affaire. Quand on le leur demande, ils répondent comme on fait sur mer, en marquant le rumb du vent vers lequel ils demeurent. Par exemple, ils disent : Il a tiré au Midi ou au Septentrion, à l'Orient ou à l'Occident. Il n'y a que la demeure du Prince qui se trouve facilement, parce que ses tentes sont toûjours au centre du Camp, & qu'elles sont faciles à distinguer par leur grandeur & la couleur de celle où il donne audience. Celles de ses sujets sont toûjours dans la même situation, à l'égard de celles du Prince; de maniere que quand on a une fois connu la demeure d'un particulier, on est sûr de la trouver dans tous les Camps dans le même endroit.

Dès que l'Emir est couché, il n'y a plus de lumieres dans tout le Camp, afin de n'être pas découverts de loin par leurs ennemis. Ils ne craignent que les surprises pendant la nuit; mais pour les prévenir, ils ont une grande quantité de chiens, qui rôdent dans le Camp & aux environs, que le moindre bruit qu'ils entendent fait aboyer & se répondre les uns aux autres, ils ont bien-tôt éveillé tout le monde. Ces gens ne sont point du tout paresseux, ils connoissent aux abois des chiens s'il y a quelque chose d'extraordinaire, & voyant ces animaux courir du côté d'où le premier bruit est venu, ils s'arment au plus vîte, & marchent de ce côté-là ; & s'ils reconnoissent qu'il y a du danger, ils font certains cris qui avertissent les autres, & dans un moment on les voit tous à cheval, & en état de repousser l'ennemi ou de prendre la fuite, s'ils ne se croyent pas en état de lui pouvoir resister. Je leur ai dit plusieurs fois qu'ils seroient bien plus en sûreté, s'ils fortifioient leurs Camps par des fossez & des palissades, qu'ils pouroient laisser en état quand ils décamperoient, & les trouveroient quand ils reviendroient. Mais ils m'ont toûjours répondu que cette maniere ne leur convenoit pas, parce que n'ayant pas l'usage des armes à feu, & ne se défendant qu'avec la lance & les armes blanches, si leurs ennemis les tenoient enfermez dans une enceinte, ils les tuëroient les uns après les autres à coups de mousquet, sans qu'ils pussent aller à eux pour les combattre ; & tout bien consideré, je crois qu'ils ont raison. Il n'est pas sûr d'approcher de leurs Camps pendant la nuit, on s'exposeroit à être dévoré par leurs chiens, qui dans ce tems sont furieux, & en trop grand nombre pour s'en débarasser.

## CHAPITRE XVII.

*Des occupations des Arabes.*

LEs Arabes, comme je l'ai dit en d'autres endroits, ne se mêlent que du soin de leurs bestiaux, de suivre leurs Princes, d'aller à la guerre quand ils sont commandez, & d'être sur les grands chemins pour dépoüiller les passans.

Ils ne leur font point de mal quand ils se dépoüillent volontairement & de bonne grace, & qu'ils ne leur donnent pas la peine de mettre pied à terre pour leur servir de Valets de Chambre.

C'est une précaution necessaire à ceux qui voyagent dans ces Païs-là, d'être toûjours munis d'armes à feu. Les Arabes les craignent sur toutes choses. Quand on est plusieurs ensemble, & qu'on se voit environnez, il faut se poster de maniere qu'on fasse face de tous côtez, & avoir ses armes en état & presentées. Il est rare qu'on soit attaqué quand on est dans cette situation : car les Arabes ne se pressent pas de se faire tuer ; & à moins qu'ils ne soient en état de vaincre en vous environnant de tous côtez. Il faut leur crier ou leur faire signe de se retirer, & ne tirer sur eux que quand ils s'obstinent à venir sur vous. Alors on peut tirer, & tirer bien juste, & en abattre quelqu'un. Mais après cela, il faut vaincre ou mourir : car ils ne pardonnent jamais le sang, & font main basse sur tous ceux qui tombent entre leurs mains. Si on se trouve sans armes ou hors d'état de se défendre, il vaut mieux les contenter & en tirer le meilleur parti que l'on peut.

1665.

Dès qu'ils apperçoivent quelqu'un dans un chemin, ils mettent devant leur visage le bout de leur turban, qui pend sur leurs épaules, afin de se cacher & de n'être pas reconnus. Ils levent la lance, & viennent à toutes jambes fondre sur vous, en disant: Dépoüille toi, excommunié, ta tente est toute nuë ; quelle justice y a-t-il que tu sois mieux qu'elle ? Ils se servent du nom de tente, pour ne pas dire, Ma femme est toute nuë. Ils lui tiennent la lance devant la poitrine jusqu'à ce qu'ils ayent ce qu'ils veulent. Ils laissent assez souvent les caleçons ou la chemise, quand après s'être dépoüillé de bonne grace, on les prie de ne pas vous renvoyer tout nud. Ils vous rendent aussi vos papiers & les autres choses dont ils n'ont pas besoin, & presque toûjours votre monture, soit cheval, âne, mulet ou chameau, & cela pour deux raisons. La premiere, qui est la plus essentielle, est pour n'être pas reconnus en les vendant : car alors les Gouverneurs les feroient arrêter, & comme voleurs de grands chemins, ils les feroient empaller, ou tout au moins pendre. Et la seconde, qui est la plus conforme à l'humanité, est afin que le pauvre Voyageur dépoüillé ait la commodité de s'en retourner chez-lui chercher d'autres habits, & les leur rapporter s'il a encore le malheur de les rencontrer & de tomber entre leurs mains. Si le cheval du Voyageur a une bonne selle & de bons harnois, ils les changent contre les leurs s'ils ne sont pas aussi bons. Après quoi ils les congedient honnêtement, en leur disant, comme M. Loyal, Dieu vous tienne en joye.

Dès qu'ils voyent la mer grosse, un grand vent, une apparence de tempête, ils s'apprêtent à aller piller les bâtimens qu'ils esperent venir s'échoüer à la côte.

Les naufrages appartiennent à l'Emir ; mais les hardes des Matelots & des Passagers sont à ceux qui les peuvent

vent enlever. J'ai parlé du naufrage d'une Barque de Chypre, j'ai été témoin du naufrage d'une autre Barque de Tartoura qui alloit à Jaffa. Elle étoit chargée entre autres marchandises de plusieurs caisses de croix, de chapelets, & autres dévotions, qu'un Religieux Cordelier Espagnol, nommé Frere Alonso, devoit porter en Espagne, & presenter aux bienfaiteurs qui avoient envoyé une grosse somme d'argent pour les besoins des Peres de la Terre-Sainte. Il y avoit dans ce Bateau plusieurs Passagers, hommes & femmes qui venoient de Rama, qui furent dépoüillez tous nuds par les Arabes, qui s'étoient assemblez en grand nombre pour profiter de leurs dépoüilles, & qui se trouverent de si mauvaise humeur, qu'ils ne voulurent pas leur accorder le moindre chiffon pour couvrir leur nudité. Ils furent donc contraints de continuer leur route en cet état, se cachant le mieux qu'ils pouvoient avec leurs mains, & se jettoient dans des halliers quand ils voyoient quelqu'un. Le Frere Alonso demeura le dernier, s'imaginant qu'à force de prieres & de signes il obtiendroit un caleçon pour se couvrir ; mais ne pouvant rien gagner, il fut contraint de suivre les autres.

Les femmes qui faisoient l'arriere-garde de cette troupe dépoüillée, le voyant sec, hâlé, avec une grande barbe, le prirent pour un Arabe qui avoit quelque mauvais dessein, se jetterent dans un buisson, & crierent de toutes leurs forces. Les hommes qui étoient devant revinrent sur leurs pas pour les assister. On se reconnut de part & d'autre, & on se remit en marche, marchant un peu éloigné les uns des autres, & on arriva ainsi à la pointe du Carmel, les hommes & les femmes allerent à Caïffa chercher des habits, & le Frere Alonso monta au Couvent des Carmes. Il frappa à la porte, le chien aboya, & le Frere Jean Carlo du Mont-Carmel, qui étoit fort vieux ayant regardé par un trou & vû un homme tout nud, le prit pour quelque Santon ou quelque Derviche errant, & en eut une si grande peur, qu'il se retira dans sa chambre sans rien dire. Le pauvre Frere Alonso frappa & cria si long-tems, que le Pere Superieur vint lui parler, & après s'être bien assuré qui il étoit, il lui jetta un habit par dessus la muraille, & lui ouvrit la porte. Il s'en alla le lendemain à Acre chez les Religieux de son Ordre, où il attendit d'autres caisses de chapelets, pour continuer son voyage en Espagne.

1665.

Les Arabes paisibles possesseurs du butin qu'ils avoient fait, firent leurs partages, jetterent à la mer toutes les croix, & porterent à leurs femmes les chapelets. Tout fut distribué dès le même soir, & le lendemain il n'y avoit point de femmes & de filles dans le Camp, qui n'en eût quelque douzaine autour du col & des bras.

Pendant que la Nation Françoise demeura à Acre, il y avoit souvent des Marchands qui revenoient nuds à la maison, ceux sur-tout qui aimoient la promenade. Les Arabes se mettoient en embuscade derriere les monceaux de sable qui sont sur le bord de la mer, il y en avoit même d'assez hardis pour se cacher dans les masures, & les ruines dont cette Ville désolée est toute remplie, & ils ne manquoient pas d'attraper nos Marchands, & de les dépoüiller avec une diligence merveilleuse. A la fin ils prirent le parti de n'y plus aller qu'en bon nombre & avec leurs fusils, & quand les Arabes les voyoient ainsi en état de les repousser, ils ne leur disoient rien & se retiroient.

Voilà le métier favori des Arabes,

celui auquel ils s'exercent le plus ordinairement, qu'ils cultivent avec plus de soin, & qu'ils aiment sur toutes choses.

Quand ils reviennent au Camp, ils racontent avec complaisance leurs bonnes avantures. Ils disent : J'ai gagné un manteau, une chemise, un habit. Ils se gardent bien de dire ; J'ai volé ou j'ai dérobé : car cela sonneroit mal. Les Negres qui sont Esclaves dans les Colonies de l'Amerique, s'expliquent à peu près de la même maniere. Ils se disent fort poliment les uns aux autres. Dieu m'a donné un cochon, une poule, ou autre chose. Les Arabes prétendent ne point faire de mal & n'offenser point Dieu. La raison qu'ils en apportent leur paroît démonstrative. Ils descendent d'Ismaël qui n'a eu aucune part dans les biens d'Abraham, & qui par conséquent a transmis à ses descendans les droits qu'il a de repeter sa portion sur tous les descendans d'Isaac, qui a été le Maître de toute la succession. Ils disent encore que Dieu leur a laissé la campagne en partage, & que ce n'est pas leur faute, si d'autres qu'eux s'y viennent promener.

A l'égard des femmes, leur occupation, comme je l'ai déja dit, est de filer du poil de chévres dont elles font les toiles de leurs tentes. Elles filent aussi de la laine, & filent fort bien & fort uniment. Il n'y a guére de créatures au monde plus laborieuses que les femmes Arabes. On peut dire qu'elles sont veritablement les servantes de leurs maris. Elles font la cuisine, vont chercher l'eau, le bois ou la fiente de vaches dont on fait le feu quand le bois est rare, elles ont soin de traire les vaches & les brebis, de les tondre, de faire le beurre, le fromage, le pain, souvent de panser les chevaux, d'accommoder les selles, les brides, les harnois, de coudre les habits, sans compter le soin des enfans, & sans manquer d'étourdir leurs maris avec leur babil. Telles sont les femmes Arabes, dignes d'être regardées comme des Sara, des Agar, & autres femmes de l'Ancien Testament; à qui celles du Nouveau ne ressemblent point du tout.

1665.

La principale nourriture des Arabes est le laitage, le ris, le bœuf, les chévres, les moutons, & les poules, le miel, l'huile d'olive & les légumes.

Ils ont de trois sortes de pain. Ils n'en cuisent qu'à mesure qu'ils en ont beſoin. Ils pétriſſent leur farine ſans levain ; mais auſſi n'eſt-il bon que le jour qu'il eſt fait. Celui qui reſte du jour précedent, on le donne aux chiens. Ils ont dans leurs tentes des moulins à bras, dont ils ſe ſervent quand ils ſe trouvent éloignez des moulins à eau. Ce ſont encore les femmes qui ont cette fatigue qui n'eſt pas petite. Ils font du feu dans une grande cruche de grais, & lorſqu'elle eſt bien échauffée, ils détrempent leur farine avec de l'eau, comme quand on veut faire de la colle, & l'appliquent avec le creux de la main ſur le dehors de la cruche. Cette pâte quaſi coulante s'étend & ſe cuit dans un inſtant par la chaleur de la cruche, qui ayant deſſeché toute l'humidité de la pâte, elle s'en détache d'elle-même, elle eſt mince & déliée preſque comme nos oublies. Dans cet état, elle eſt très-bonne, délicate, de bon goût & d'une digeſtion très-aiſée.

La ſeconde eſpece de pain ſe cuit ſous la cendre, ou entre deux piles de fiente de vaches ſechée & allumée. Ce feu eſt lent & cuit la pâte tout à loiſir.

Ce pain eſt épais comme nos gâteaux, c'eſt-à-dire, qu'il a environ un demi pouce ou trois quarts de pouce d'épaisseur. La mie est meilleure que la croute, qui est toûjours noire & brûlée, avec une odeur de fumée qui tient toûjours de celle du feu qui l'a cuite. Il faut aussi manger ce pain le jour qu'il a été fait, & être accoûtumé à la maniere de vie des Bedoüins, pour s'en accommoder.

Ce n'est pas seulement chez les Arabes qu'on se sert de cette espece de pain, & de la fiente de vache pour le cuire. Les Païsans s'en servent dans les Villages où le bois est rare. Ils ne manquent pas d'en faire provision. Ce sont les petits enfans qui les amassent toutes fraîches, & quand ils les ont apportées à la maison, on les applique contre les murailles & sur les portes pour les faire sécher ; de sorte qu'on voit leurs maisons avec de ces tapisseries, dont l'odeur est à la verité un peu forte ; mais comme ils y sont accoûtumez, ils la supportent aisément.

Ils en détachent à mesure qu'ils en ont besoin pour cuire leur pain, ou se chauffer, elles font un feu lent, à la verité ; mais qui dure long-tems, & qui est assez semblable à celui des écorces qui ont servi aux Tanneurs, ou à celui des olives quand elles sortent du

M iiii

moulin où elles ont été preſſées, dont on fait des pains qu'on laiſſe ſécher au Soleil.

Ces Païſans ne laiſſent pas d'avoir du bois pour le four & pour ſe chauffer. Mais les Arabes n'ont pas la même commodité, & quand ils l'ont ils n'en font aucune proviſion, parce qu'ils décampent ſouvent, & que ce ſeroit un embarras pour eux s'il le falloit tranſporter.

D'ailleurs ils campent l'hyver ſur le ſable au bord de la mer, & l'été ſur des collines découvertes où il n'y a point de bois, & ce ſeroit une nouvelle fatigue pour les femmes, qui étant obligées par leur état de prendre le ſoin de tout le ménage, auroient encore celui-là de ſurcroît, & elles en ont déja aſſez; au lieu qu'étant toûjours au milieu de leurs beſtiaux, elles en amaſſent ſans peine la fiente, la font ſécher, & s'en ſervent à faire du feu.

La troiſiéme maniere de faire du pain, qui eſt la meilleure & la plus propre, ſe fait en chauffant les fours, qui ſont faits à peu près comme les nôtres, ou en empliſſant à demi une cruche, dont l'entrée eſt auſſi large que le ventre, de petits cailloux luiſans qu'ils font rougir, ſur leſquels ils étendent leur pâte en forme de galettes. Ce pain est blanc & de bonne odeur ; mais il a le défaut des autres, il n'est dans toute sa bonté que le jour qu'il est fait, à moins que la situation où ils se trouvent ne leur permette d'y mettre du levain : car alors il se conserve plus long-tems. Cette maniere de faire le pain & de le cuire est commune dans toutes les Villes & Villages de la Palestine où il y a des fours.

1665.

Dans le troisiéme & dernier voyage que je fis chez l'Emir Turabeye avant mon départ pour France, je fis porter un four de cuivre, comme il y en a dans nos Vaisseaux, à l'Emir. Il en fut charmé. Je fis instruire ses gens par un des miens à s'en servir, & à faire des pains comme les nôtres d'environ une livre. L'Emir & toute sa famille les trouverent excellens. Ce Prince vint à ma tente voir pétrir la pâte, la lever, la mettre au four & en retirer les pains, & ordonna à ses gens de lui en faire de cette maniere. Ce present lui fit plaisir, & il m'en remercia beaucoup.

Les Arabes ne boivent pour l'ordinaire que de l'eau, que leurs femmes vont chercher dans des cruches & des outres aux fontaines ou aux ruisseaux auprès desquels ils sont campez.

Boissons des Arabes.

M v

Ils ne laissent pas de boire du vin, quand ils en peuvent avoir, & même de s'enyvrer : car ces Peuples aussi bien que les Turcs, disent que le plaisir de boire du vin doit aller jusqu'à l'yvresse, & que sans cela le plaisir est imparfait.

Il est vrai qu'il y en a qui par délicatesse de conscience n'en boivent point ; mais il y a un plus grand nombre d'esprits forts, qui ont secoüé le joug importun de la Loi, & qui disent que Mahomet n'en a pas fait un précepte negatif, qui oblige toûjours & pour toûjours, & qui doit être inviolable comme la pratique de la circoncision ; mais que ce n'est qu'un conseil dont l'observation est arbitraire, & qui ne doit avoir son effet que dans ceux dont l'yvresse peut être préjudiciable à leur santé ou à la societé civile.

Ils boivent rarement pendant le repas. Mais quand ils se levent de table, ils boivent de l'eau tant qu'ils jugent en avoir besoin. S'ils sont plusieurs, ils boivent tous les uns après les autres sans se servir de verres ou de tasses, & sans avoir aucune repugnance ni dégoût.

Ils ont une boisson composée d'abricots, de raisins & d'autres fruits cruds ou secs, qu'ils mettent infuser dans de l'eau dès le jour précedent. Quand ils la veulent faire excellente, ils y mêlent un peu de miel. Ils la servent à table avec les viandes dans une grande jatte de bois, & la prennent avec des cuillieres de bois quand ils ont soif. Quand cette liqueur est bien faite, elle est assez agréable.

Ils se servent encore d'une espece de ptisanne composée d'eau, d'orge, & de reglisse qu'ils font boüillir. Mais ils s'en servent rarement.

Le Cherbet, ou comme nous disons, le sorbet, ne se trouve que chez les Princes, & quelquefois chez les Cheixs qui sont riches. On le sert par régal dans les visites & dans quelques autres occasions, comme nous servons en France la limonade, l'orgeat & autres liqueurs.

Le cahué ou caffé, comme nous prononçons, est la seule chose dont les Arabes ne peuvent se passer, particulierement ceux qui usent de l'*opium* ou du *bergé*. Il leur en faut tous les matins une tasse à leur déjeûné, & à l'issuë de leur repas, outre celui que l'on prend ou que l'on présente dans les visites que l'on reçoit ou que l'on rend : car c'est toûjours par là que l'on commence, après les premiers complimens & avant d'entrer en converfation. Cependant la dépenfe n'en eft pas grande, parce que le caffé eft à bon marché, & qu'ils le prennent fans fucre. Ils prétendent qu'il eft bien meilleur étant pris feul, & que fon amertume eft plus faine que quand le fucre en à émouffé la pointe. Il y a bien des gens en Europe qui penfent de même. Il ne me convient pas de porter là-deffus aucun jugement.

On convient qu'on le prend meilleur chez les Bedoüins que chez les Turcs. Ces derniers en font griller & piler une grande quantité qu'ils confervent dans des bourfes de cuir. Mais ils ne fçauroient l'enfermer fi bien, que les parties les plus fubtiles & les fels volatils ne s'exhalent, & que fa force ne fe perdent. Il a même quelquefois une odeur de relan quand on le garde trop long tems.

Les Arabes n'en accommodent jamais qu'autant qu'ils en veulent prendre ; & dans le moment qu'ils en veulent prendre, ils font rôtir ou griller la graine dans une poële, ou dans une terrine en la remuant fans ceffe, ils obfervent de la faire griller, & non brûler, comme bien des gens le font, faute de se souvenir qu'il ne faut simplement que détacher les parties les unes des autres, & les mettre en mouvement sans les détruire & les réduire en charbon, qui n'a plus, ni huile, ni sels, ni esprits.

Pendant qu'ils pilent les graines toutes chaudes dans un mortier de bois avec un bâton, ou dans un mortier de même matiere que les nôtres, ils font boüillir l'eau dans un coquemar ou autre vaisseau. Ils mettent les graines pilées dans cette eau boüillante, & lui donnent encore quelques boüillons, & quand elle est reposée, ils la servent dans de petites tasses de fayence, de porcelaines ou de bois, selon la richesse du maître.

Un des meilleurs déjeûnés qu'on puisse faire chez les Arabes, c'est de la crême, du beurre & du miel mêlez ensemble. Quoique cela paroisse ne s'accommoder pas trop bien, l'experience m'a appris que ce mêlange n'est pas mauvais, & n'a rien de désagréable quand on y est une fois accoûtumé.

Les Arabes du commun mangent rarement du rôti. Mais il y en a toûjours sur les tables des Emirs. On passe les poules & les poulets dans une broche de bois, que l'on tourne sur deux piquets en fourche plantez en terre : en les tournant on les arrose de beurre au lieu de lard, dont l'usage leur est défendu par la Loi.

On fait rôtir de la même maniere les agneaux & les chévreaux tous entiers.

Pour le bœuf & le mouton, on les coupe par petits morceaux gros comme des noix, on les poudre de poivre & de sel, puis on les passe dans des petites broches de fer longues d'un pied, & on les fait rôtir sur un petit feu de charbon que l'on met dans un réchaux, & on les sert à table avec un oignon haché.

Ils font des étuvées de bœuf & de mouton, qu'ils laissent cuire à petit feu, & dans leur jus dans une marmitte bien bouchée.

Quelquefois ils mettent un chévreau ou un agneau tout entier dans un chaudron couvert & bien lutté par dessus, qu'ils mettent sur un feu de sarmens, après les avoir farcies de mie de pain, de farine, de graisse de mouton, de raisins secs, de sel, de poivre, de saffran, de mente, & autres herbes odoriferentes. Ils les laissent sur le feu jusqu'à ce qu'ils soient extrêmement cuits.

Ces ragoûts ne se servent que dans des festins, ou sur les tables des Princes.

Les mets les plus ordinaires des Arabes du commun ne sont que du boüilli, du potage au ris, ou du ris en pilau.

Le pilau n'est autre chose que du ris qui a boüilli un peu de tems dans un boüillon de viande, ou dans de l'eau chaude avec du saffran, des raisins secs, des pois chiches & de l'oignon haché, jusqu'à ce qu'il soit à moitié cuit & sans être crevé. Alors on le retire du feu, & on le laisse auprès bien couvert pour le faire enfler, & on y ajoûte du beurre roussi dans une poêle avec du poivre, & quelquefois du sucre quand il est à l'eau. Le saffran lui donne une couleur dorée & un goût agréable. On prétend que ce simple est ami de la poitrine.

On sert le pilau dans une jatte ou dans un bassin de cuivre étamé, & on le met en pyramide, & quand les conviez sont assis & qu'ils n'ont point de cuilliers, ils le prennent avec la main, en font de petites pelottes qu'ils jettent adroitement dans leur bouche.

Ce qui m'a déplû chez eux, c'est-à-dire, chez les gens du commun, c'est que quand ils mangent la nuit & qu'ils manquent de chandeliers pour tenir leur chandelle, ils la plantent sur la pointe de la pyramide de leur pilau, sans que le suif qui en découle leur fasse mal au cœur.

Ils coupent par morceaux la viande dont ils veulent faire du potage. Ils en font quatre d'un poulet, six ou huit d'une poule. Ils y mêlent de la farine, du ris, & du pain, & quand le boüillon & la viande sont cuites, ils versent le tout ensemble dans une jatte de bois ou de cuivre étamé. Ils appellent ce potage *Chorba*.

Les Bedoüins, les Turcs & les Maures ont un autre mets qu'ils appellent *Conbeibi*. Ce sont des pelottes de viande hachée, pilées avec du sel, du poivre, du bled verd ou desseché. Ils les font cuire dans leur jus aidé d'un peu de boüillon. Ils y versent un peu de lait aigre en le servant, & c'est pour eux un mets des plus délicieux.

Ils ont toûjours leur provision de bled boüilli desseché au Soleil, qu'ils appellent *Bourgoul*, dont ils se servent pendant l'année, & cuit avec leur viande quand ils ne servent pas d'eris.

Ils ont encore provision de *Couscousou*, qui n'est autre chose que de la farine aspersée legerement d'eau, qui à force d'être remuée se forme en petits grains comme des têtes d'épingle. Ils l'apprêtent avec la viande & le beurre à peu près comme le ris.

Le *Couscousou* est bien plus en usage en Barbarie que chez les Arabes. La viande de pâte, que les Italiens appellent *Andarini*, est à peu près la même chose ; mais elle est faite avec plus de soin, & on n'y employe que la plus fine fleur de la meilleure farine.

Le beurre des Arabes n'est jamais fort bon, il sent toûjours un peu le suif. Ils le font à force de remuer leur lait dans une outre, & quand ils ont tiré le beurre, ils remettent du lait & font ainsi le fromage. Il est blanc, d'un mauvais goût. Ils aiment le lait doux, ils le boivent avec plaisir & en font du potage. Dès que le lait commence à se cailler, ils le font aigrir avec le suc d'une herbe dont j'ai oublié le nom. Ils en versent aussi sur le pilau ; mais il faut être accoûtumé à ces ragoûts pour les trouver bons.

Ils font cuire les féves, les lentilles, les pois avec de l'huile, & en versent encore dessus quand ils les servent.

Les fruits dont ils mangent le plus sont les figues, les raisins, les dattes, les pommes & les poires qui leur viennent de Damas, & les abricots frais ou secs selon la saison.

L'usage du tabac en fumée est si commun chez ces Peuples, qu'ils en font une consommation extraordinaire. Tout le monde s'en veut mêler, hommes, femmes & enfans. C'est dommage que cette plante n'ait pas été apportée du tems du Prophete, il en auroit dit quelque chose dans sa Loi, & auroit peut-être obtenu aux chats & aux chevaux la grace de pouvoir fumer. La pipe sert de contenance dans les compagnies, & d'entretien ou de méditation quand on est seul. La fumée les aide à bien penser à ce qu'ils ont à faire, elle les délasse de leurs fatigues. Elle les remplit de joye, elle leur fait passer le tems agréablement. C'est pour eux une medecine quand ils fument à jeun, un préservatif contre les indigestions après le repas ; en un mot, le tabac leur tient lieu d'une infinité de choses.

Les tables des Emirs, des Cheiks, & des autres personnes de consideration ne consistent qu'en une grande piece de cuir, qui se ferme avec des cordons comme une bourse. Les Turcs en ont de même façon, leur vaisselle est de cuivre étamé, les cuillers sont de bois, & les tasses dans lesquelles on leur sert à boire quand ils en demandent sont d'argent, de porcelaine, de fayence ou de cuivre jaune.

Quand les conviez sont d'une condition égale ou bons amis, ils se mettent à table les jambes croisées comme nos Tailleurs ; mais ceux qui doivent plus de respect au maître ou à quelqu'un des conviez sont à genoux, & se reposent sur leurs talons. Il n'y a point de nappes sur le rond de cuir, dont toute la circonference est bordée de galettes, qui servent d'assiettes & de pain. Ceux qui ont soin du service mettent quelques poignées de cuilliers sur la table, & en prend qui veut. On fait passer tout autour une longue piece de toile de lin rayée pour conserver les habits ; c'est son unique usage, car on ne s'en sert point pour essuyer les doigts, parce qu'on les tient toûjours levez, & qu'on prend toutes sortes de viandes avec la main au lieu de fourchettes, dont l'usage n'est point encore introduit chez ces Peuples. On ne touche jamais rien que de la main droite, la gauche est reservée pour des usages qu'on ne marque point ici. On ne se sert point aussi de coûteaux, les viandes font toutes coupées ou cuites à un point qu'on les peut dépecer aifément avec les doigts. On en prend dans le plat, on en met fur fon pain, ou même fur le cuir pour le manger à loifir.

Dès que ceux qui font à table ont mangé autant qu'ils le jugent à propos, ils fe levent en difant, *Elhem du lillah*, loüange foit à Dieu, & vont boire & fe laver les mains avec du favon, & les places de ceux qui fortent font d'abord occupées par ceux qui les attendoient debout au tour de la table. Ils s'y mettent les uns après les autres felon leur rang jufqu'à ce que tout le monde ait mangé.

Les Princes fe levent comme les autres quand ils ont achevé, & fe retirent dans quelque endroit où on leur apporte à laver, leur caffé & leur pipe, pendant qu'ils laiffent manger leurs domeftiques jufqu'au dernier, après quoi ils reportent à la cuifine ce qui refte, levent la nappe, & nettoyent le lieu où l'on a mangé. Des deux mouchoirs qu'ils portent à leur ceinture, l'un fert pour effuyer les mains, & l'autre pour un autre ufage : car ils ne fe mouchent jamais, ils y font accoûtumez. Ils ne crachent point non plus, plûtôt par une habitude qu'ils fe font faite que par un principe de civilité.

Les Arabes du commun n'ont ni tables ni serviettes, on leur sert trois ou quatre gamelles de bois grossierement travaillées, d'environ un pied & plus de profondeur, & d'un pied & demi de diametre pleines de potage avec la viande dedans du pilau & d'autres mets, quand ils en ont. Ils s'asseoient tout autour, de maniere que les épaules de l'un sont tournées vers la poitrine de l'autre. Toutes les mains droites sont vers les plats, & les gauches sont dehors, & ne servent qu'à s'appuyer, à peu près comme Boileau place les conviez à table,

*Où chacun malgré soi l'un sur l'autre porté,*
*Faisoit un tour à gauche, & mangeoit de côté.*

Ils mangent leur potage dans le creux de la main. Ils prennent le pilau à pleine main, & en le pressant ils en font une pelotte qui leur emplit toute la bouche. S'il leur est resté quelque chose dans la main ou sur leur barbe, ils le secoüent dans le plat sans cérémonie. Ils plongent leur main & une partie du bras dans le boüillon, pour pêcher à tâton un morceau de volaille, ou de viande qui se trouve au fond de la gamelle,

& après l'en avoir tiré & mis sur leur pain, ils secoüent dans le plat ce qui est resté à leur bras & à leur main. C'est ainsi qu'ils mangent, & il faut être né Bedoüin pour pouvoir s'accoûtumer à leur malpropreté. Ils s'en apperçoivent bien eux-mêmes, & disent pour excuse aux Francs que telle est leur éducation & leur maniere simple de vie toute champêtre. Ils pouroient bien avoir des culliers, & même des fourchettes ; mais ils prétendent que Mahomet a donné de grandes Indulgences a ceux qui mangent avec les deux premiers doigts & le pouce, parce que c'est la fourchette que Dieu a donné à notre premier pere.

## CHAPITRE XVIII.

*Des habits des Arabes.*

ON a vû par la description de l'habit que j'avois quand j'allai voir l'Emir Turabeye, ce que c'est que l'habillement des Arabes ; mais comme j'ai négligé d'en marquer quelques pieces, il faut en donner ici un détail complet.

Il y a peu de différence entre l'habillement des Turcs & celui des Arabes, ce qui se doit entendre des personnes de qualité.

Ces habits sont ordinairement de draps de laine ou de soye, & il n'y a que l'ouverture des manches qui les distinguent. Les Princes & les Cheiks de conséquence, outre le caleçon de toile & la chemise fine dont les manches sont taillées en pointe, ont un caftan de satin ou de moire, qui est comme une sotane qui descend jusqu'au milieu de la jambe, ceinte d'une ceinture de cuir de demi pied de large, ou d'une plus petite d'un tissu d'or, & de soye, garnie de plaques d'orfévrerie, avec des anneaux, des agrafes & des crochets, pour la serrer ou l'élargir autant que l'on veut, & pour y suspendre un coûteau dont la gaîne & le manche sont d'argent, & enrichis quelquefois de pierreries. Ils ont encore des poignards d'un pied & demi de longueur un peu courbez, dont le foureau est de chagrin, garni d'or ou d'argent, qu'ils passent entre la poitrine & la ceinture, & dont le manche est fait comme la moitié d'une croix pattée. Il est d'or ou d'argent massif, ou de quelque bois estimé, ou de corne précieufe, comme de Rinocerot, avec des ornemens d'or, ou d'argent, ou de pierreries.

Sous ce cafian & fur le caleçon de toile, ils portent un *Chakchir*, c'eſt-à dire, un Pantalon de drap rouge, dont le pied eſt de maroquin jaune. La couleur de ces Pantalons doit toûjours être rouge, ou pourprée, ou violette, & jamais verte, parce que Mahomet l'a priſe pour la marque diſtinctive de ſes deſcendans, qui portent auſſi le turban verd. Ce ſeroit profaner cette couleur ſainte de l'employer à des Pantalons. C'eſt pour cette raiſon que l'on regarde les Perſans comme des heretiques, parce qu'ils portent des Pantalons verds.

Leurs babouches ſont des eſpeces de pantoufles de maroquin, qui leur tiennent lieu de ſouliers, qu'ils quittent quand ils veulent s'aſſeoir, & marcher ſur des tapis.

Aulieu de manteau ils ont une longue veſte de drap, dont les manches, & quelquefois tout le corps ſont fourez de peaux de martres ou de renards, ou d'agneaux de Moſcovie, dont le poil eſt extrêmement doux, fin & friſé. Pour l'ordinaire ils ne mettent leurs fourures que quand il fait froid, ou pour

pour paroître en cérémonie.

Au lieu de vestes ils portent souvent des *Abas* de drap. La couleur est arbitraire, on n'inquiete personne sur cela. Ils sont ornez d'un galon d'or ou d'argent sur les coûtures, & de boutonnieres & autres ornemens sur le devant.

Ces *Abas* se font en cousant deux morceaux de drap ensemble, comme si l'on vouloit faire un sac, & en le fendant par le devant, avec une échancrure autour du col, & laissant aux côtez deux ouvertures pour passer les bras. Cet habit est destiné pour monter à cheval.

Leur Tulban ou Turban est une piece de mousseline roulée autour d'une calotte de velours rouge, piquée de cotton, dont les bouts tissus d'or ou d'argent pendent sur le dos, & font une espece de panache qui voltige au gré du vent.

Ils ne portent jamais de sabre que quand ils montent à cheval. Ils mettent alors de petites bottines de maroquin jaune fort legeres, cousuës en dedans, avec lesquelles ils peuvent marcher aisément quand ils veulent. Elles sont si bien cousuës, que l'eau & la bouë ne les penetrent point. Ils mettent quelquefois des vestes de toile legerement piquées de cotton.

Les grands Seigneurs s'en servent souvent pour affecter un air de modestie, mais en même tems ils font porter à leurs domestiques des habits des plus belles & des plus riches étoffes, afin de faire voir que ce n'est pas par avarice qu'ils s'habillent si simplement.

Les habillemens d'Eté sont aussi de drap, mais sans fourures; ils en portent aussi de camelot uni ou rayé. Leur robbe ou caftan de dessous est de toile blanche, ou de couleur toute unie. Ils ne mettent de pantalon que pour monter à cheval. Quand ils ne doivent point y monter, ils se contentent de leur caleçon de toile, avec de petites chaussettes de drap rouge, lorsqu'ils ne veulent pas paroître les pieds nuds, comme ils le font souvent pour leur commodité.

Les Dames ont des caleçons & des chemises de mousseline, brodées de soye sur les coutures, de petites camisolles de drap d'or ou de satin, ou d'autres étoffes de soye, qui ne joignent que par deux boutons au-dessus d'une petite ceinture d'or ou d'argent, ou d'un tissu d'or & de soye, avec des

agrafes d'or ou d'argent. Le haut de
la camisolle est ouvert tout le long de
la poitrine, avec des boutons & des
boutonnieres, dont elles ne se servent
jamais, pour ne point presser la gorge
& la faire paroître à découvert. Les
manches des camisolles sont courtes,
& ne passent pas le coude, afin que
les manches de la chemise puissent
en sortir aisément & pendre jusqu'à
terre.

Elles ont aussi des caftans en Hyver,
ils sont amples & vont jusqu'à terre.
Elles en troussent les pointes & les
passent dans leur ceinture, pour marcher plus librement dans la maison, &
faire voir la broderie de leurs caleçons & de leurs chemises. Leurs vestes de dessus sont des *Abas* de satin
ou de velours comme ceux des hommes, & quelquefois de brocard d'or.
Mais les hommes ne se servent jamais
d'étoffes d'or ou d'argent. Ils les regardent comme uniquement destinées
pour orner les femmes. Elles vont les
pieds nuds, quand elles sont dans
leurs maisons, parce qu'elles ne marchent que sur des tapis. Leurs babouches sont petites & fort enjolivées.
Quand elles sortent elles mettent de
petites bottines de maroquin.

Leur ornement de tête est un bonnet d'or ou d'argent, fait à peu près comme un gobelet, environné d'une écharpe de mousseline brodée d'or & de soye, avec un bandeau de gaze de couleur, qu'elles lient autour du front pour retenir toute leur coëffure. Lorsqu'elles sortent, elles mettent sur leur tête un grand voile de mousseline qui la couvre entierement; de sorte qu'il leur cache le visage, les épaules, le sein, & descend jusqu'au dessous de la ceinture.

Les Arabes du commun n'ont pour habillement qu'une grosse chemise à longues manches, des caleçons de toile par dessous, avec un caftan de grosse toile de cotton ceint d'une large sangle de cuir, où ils passent leur poignard, dont le foureau est de maroquin tout simple, & le manche de bois ou de corne, garni de quelques petites pieces de monnoye d'argent qui y sont cloüées. Leur Abas est presque toûjours de baracan rayé de blanc & de noir.

Ceux qui sont un peu mieux accommodés mettent en Hyver des fourrures que les Turcomans leur vendent. Ce sont des peaux d'agneaux dont le poil est frisé naturellement, ils sçavent les passer à merveilles ; ils mettent le poil en dedans quand il fait beau, & en dehors quand il pleut, parce que l'eau glisse sur ces poils sans les penetrer; & quand la pluye est passée, ils ôtent leur veste & la secoüent, & elle se trouve aussi seche que si la pluye ne l'avoit point touchée.

Ils ont aussi quelquefois de longues robbes de toile blanche, faites à peu près comme des chemises, qu'ils mettent dessus les autres habits en Eté dans les grandes chaleurs, & ils prétendent que le Soleil respecte la couleur blanche, & que ceux qui en sont habillez n'en reçoivent aucune incommodité, quand même ils seroient exposez au Soleil le plus ardent, depuis le matin jusqu'au soir.

Voilà une nouvelle découverte importante dont nous sommes redevables aux Arabes. Il ne s'agit que d'éprouver si l'experience se trouvera conforme à ce que leur imagination leur persuade ; car si cela étoit, les gens habillez de blanc seroient exempts des incommoditez de la chaleur, & on ne verroit plus d'autres habits que de blancs, & on n'auroit que faire de chercher les lieux frais, l'ombre, les parasols, & les autres moyens dont on se sert pour éviter la chaleur.

Les Arabes ont leurs pieds nuds dans leurs bottines quand ils sont à cheval. Il n'y a rien d'extraordinaire là dedans, puisque les Hussards sont bottez à crud dans toutes sortes de saisons. Ils sont de même dans leurs babouches, qui sont differentes de celles des gens de consideration, parce qu'elles ont des quartiers & des attaches comme nos souliers. Leurs semelles sont simples & n'ont point de talons.

Les Arabes se couvrent la tête d'un turban ordinairement fort négligé. Il est de toile blanche ou de mousseline roulée autour d'une calotte de drap rouge. Ils mettent quelquefois leur turban sur un *Bussami*, qui est un grand voile, dont les extrêmitez leur tombent sur le col, & le gardent du Soleil, & sert encore à empêcher la sueur de gâter leurs habits. Ils servent encore à leur cacher une partie du visage, & les empêcher d'être reconnus de ceux qu'ils dépoüillent sur les chemins. On peut voir ce que j'ai écrit de cet habillement dans la description de mon turban.

Les femmes du commun n'ont ordinairement qu'une chemise de toile bleuë sur leurs caleçons, avec une ceinture de corde, un *Abas* par dessus, & un voile sur la tête dont elles s'enveloppent le col, & le bas du visage jusqu'à la bouche. Les filles en ont un qui leur couvre tout le visage, excepté les yeux, dont elles ont besoin pour se conduire, de sorte qu'elles voyent sans être vûës. Elles vont nuds pieds en Eté, & en Hiver elles ont des habouches à peu près de la même façon que celles des hommes. Elles ont des camisolles piquées de cotton, quand elles ne sont pas assez riches pour avoir des vestes longues & toutes entieres.

Elles n'ont point de corps de juppes comme les femmes d'Europe, ce meuble leur seroit pourtant necessaire pour soûtenir leur gorge & conserver leur taille. Le défaut de corps la leur gâte extrêmement, & quand elles sont nourrices, leur sein descend si bas, que cela est tout à fait désagréable, & leur devient incommode à la suite du tems. Excepté les Princesses, toutes les femmes nourrissent leurs enfans. Cela est dans l'ordre, & ces anciennes femmes de nos Patriarches ne s'en rapportoient point à d'autres qu'à elles-mêmes pour la nourriture de leurs enfans. Elles leur donnoient le lait jusqu'à trois ans, comme on le voit dans la mere du Prophete Samuel. On succe avec le lait les inclinations de celles qui nous le donnent. On le voit dans les enfans des François & des autres Nations Européennes qui sont établies à l'Amerique; ils font nourrir leurs enfans par des Négresses, & ils ont le chagrin de voir que leurs enfans contractent les habitudes qui semblent être attachées à cette couleur, & que dans un âge fort tendre, ils s'abandonnent à des vices que leurs parens Européens ne connoissoient pas dans un âge bien plus avancé.

Les Princesses & les autres Dames Arabes que j'ai vûës par les fentes de la tente où j'étois logé, m'ont paru belles & fort bien faites. Comme elles ne s'exposent jamais au Soleil, & qu'elles ne sortent jamais que quand il fait beau, & seulement pour prendre le frais, elles ne sont point hâlées, & ont le teint aussi vermeil que les Françoises & les Angloises. Le blanc & le rouge qui gâtent si fort le visage des femmes, & sur-tout des

Espagnolles, n'ont pas encore pénétrés jusqu'aux tentes de ces femmes, & il faut esperer qu'il n'y arrivera pas si-tôt. Quoiqu'elles n'ayent point de corps, leur taille ne laisse pas d'être droite ; elles l'ont fine ; elles se presentent bien, mais elles ne marchent pas bien, parce qu'elles ne sont pas instruites à la danse. Elles se font faire de petits points noirs aux côtés de la bouche, du menton, & aux joues, qui leur tiennent lieu de mouches ; quand le nombre n'en est pas grand, cela leur est un agrément. Elles noircissent légérement les bords de leurs paupieres avec une poudre composée de tutie qu'on appelle *Kehel*, & tirent une ligne de la même couleur au coin de l'œil, pour les faire paroître plus grands & plus fendus ; car la grande beauté des Dames Arabes & de toutes les femmes de l'Orient, est d'avoir de grands yeux noirs, bien fendus, & à fleur de tête. Quand les Arabes veulent dire quelque chose de la beauté d'une femme, ils montrent la grandeur de ses yeux, par la longueur du premier doigt de leur main, & retirent le pouce le plus qu'ils peuvent vers le centre de la main, & disent : Elle a les yeux comme cela, ou comme ceux d'une gazelle. Toutes leurs chanfons ne roulent que fur la beauté des yeux, qu'ils comparent toûjours à ceux d'une gazelle : en effet cet animal a les yeux beaux, noirs, grands & bien fendus ; on peut dire encore que la gazelle a les yeux extrêmement modeftes, & tels qu'il convient à une femme, fur-tout à une fille à marier de les avoir. Les Dames & les filles à marier peignent leurs fourcils légérement avec de l'encre. Cette mode eft très-ancienne dans l'Orient.

Elles fe font piquer les bras & les mains, & y font deffiner des fleurs & des grotefques, c'eft une beauté, felon elles. Il ne faut pas difputer des goûts, mais celui-ci ne me paroît pas devoir être fort approuvé. Il me femble que des bras & des mains bien blanches, potelées, & d'un beau coloris font plus agréables que toutes ces peintures, à moins qu'on ne veüille dire qu'elles leur tiennent lieu de gands, dont je crois être le premier qui leur en ait montré l'ufage. Elles ont encore foin de peindre leurs ongles d'une couleur rougeâtre, compofée d'une certaine terre appellée *Khena*. Les Arabes s'en fervent auffi pour peindre la queuë & les crins de leurs chevaux blancs.

Toutes les femmes Arabes ont les oreilles percées d'autant de trous qu'on y en peut faire, & ces trous sont remplis d'anneaux d'or, d'argent ou de pierreries en pendeloques. Les Dames Européennes en ont porté, & en porteront peut-être encore, selon les modes que le caprice inventera. Mais leurs oreilles n'ont qu'un trou. Il me semble que c'est trop peu ; une douzaine de trous leur donneroit le moyen de porter plus de pendans, & de parer la partie de leur corps qui a plus besoin d'ajustemens.

Les femmes Arabes du commun remplissent les leurs de grains de verre de toutes sortes de couleurs. Elles ont aussi des bracelets & de gros anneaux d'yvoire, de corne, & de métal, dont elles ornent leurs bras & leurs jambes au dessus de la cheville du pied. Sont-ce des ornemens, ou des marques de leur servitude & de leur esclavage ? Je ne veux rien décider là-dessus, de crainte de fâcher un sexe, qui n'est gueres raisonnable sur ce qui lui peut faire de la peine, & qui ne pardonne pas aisément.

Quoiqu'il en soit, les Dames & les

Princesses en portent comme les autres, avec cette seule différence que ceux des Princesses sont d'or, & ceux des Dames sont d'argent. Mais si ces anneaux sont des marques de servitude, sont-elles moins esclaves pour les avoir d'or ou d'argent, que s'ils étoient de fer, comme ceux des Forçats de galere ? Elles les appellent *Khalkal*. Ceux des Dames sont creux, on y met de petites pierres, ou des noyaux, & des pendeloques mobiles ; afin que quand elles marchent elles fassent du bruit, qui avertisse leurs domestiques de se ranger à leur devoir.

Les femmes noires du Sénégal & de Guinée y mettent des grelots & de petites sonnettes d'argent ou de cuivre. On les entend de plus loin, & on prétend que cela donne de l'agrément à leurs danses, & en marque la cadence. Ne pourroit-on pas soupçonner que c'est une politique de leurs maris, afin d'être avertis des moindres mouvemens qu'elles se donnent, comme les Chinois ont inventé la mode des petits pieds à leurs femmes pour les empêcher de sortir de leurs maisons.

Les Princesses ont les doigts des mains remplis de bagues & d'anneaux d'or, & comme si cela ne suffisoit pas, elles en mettent encore aux gros doigts de leurs pieds. Ces dernieres bagues sont plattes dessus & rondes dessous, & fort legeres. Les femmes du commun en ont de cuivre, d'étain, & quelquefois d'argent.

Il y en a beaucoup qui ont une narine percée, avec un grand anneau d'argent ou de cuivre. Un des plaisirs des Arabes est de baiser la bouche de leurs femmes au travers de ces anneaux; peut-être prennent-ils cette précaution pour n'être pas mordus.

Les femmes de qualité qui ont des perles, ne s'en servent pas comme les Européennes à faire des colliers ou des bracelets. Elles les employent pour orner leurs bonnets & leurs coëffures. Quand elles ont des chaînes d'or, elles les mettent autour de leur col; elles les laissent tomber sur leur gorge, & même jusqu'à leur ceinture. Cela leur tient lieu de colliers. Elles y joignent des tours de gorge de gaze de couleur, comme de petites écharpes, dont elles retroussent les bouts, & les attachent au bonnet d'or ou d'argent qu'elles ont sur la tête. Les bouts de cette écharpe sont ordinairement chargez de sequins d'or de

Venise, ou autre monnoye d'or qui leur tombent sur le front & sur les joües. Les femmes du commun ne pouvant mieux faire, se contentent d'y attacher des monnoyes d'argent, grandes comme nos liards, dont elles couvrent aussi le bandeau qui leur couvre le front. Quand elles ont cet attirail de monnoye, elles se croyent parées très-avantageusement, & ressemblent assez à nos mulets.

On fait l'amour en ce Païs comme autre part, & si les coûtumes étoient observées à la rigueur, il seroit plus difficile de réüssir, mais on trouve des moyens de diminuer ce qu'elles ont d'incommode. Les filles, comme je l'ai remarqué, ont toûjours le visage couvert. On ne peut donc les connoître que par la taille, la démarche, le son de la voix. On ne leur peut parler que par occasion, & en peu de mots. Les jeunes gens qui en deviennent amoureux, seulement par cet extérieur, cherchent les moyens de les voir sans être vûs. Pour cet effet ils se cachent dans les maisons où ils sçavent qu'elles doivent venir; & les parentes & les amies les favorisent dans leur dessein, sur-tout quand la fille est assez belle pour n'avoir rien à craindre d'elle-même. Le sexe qui est naturellement compatissant, & qui prend interêt aux besoins de ses semblables, favorise ces entrevûës. Ils font venir la fille & sa mere sous quelque prétexte dans la maison où l'amant est caché. Comme il n'y paroît que des femmes, la fille leve son voile, le jeune homme la voit, l'examine, la considere, & s'il la trouve à son gré, il engage son pere à la demander pour lui.

Les peres se voyent & conviennent du prix de la fille. Quel heureux Païs, où les peres trouvent à se défaire avantageusement d'une si mauvaise marchandise ! Le pere de la fille demande tant de chevaux, de chameaux, de bœufs, de vaches, de chévres, de moutons. Ma fille est belle, dit le pere, elle est vierge, je vous la garentis telle ; son humeur est agréable, elle fera la joye de son mari. Elle vaut tant, c'est un marché donné ; vous êtes mon ami, je n'y regarde pas avec vous comme avec un autre. Croyez-moi, ne la laissez pas échaper. On dispute sur le plus & le moins, & enfin on convient du prix. On le livre, & on prend jour pour livrer la marchandise. On passe le contract devant le Cheick du Village, ou devant le Secretaire de l'Emir, quand les parties sont d'une certaine consideration. Les peres & les témoins signent l'acte, ou y apposent leurs cachets, & le pere de l'amant paye les frais du contract.

Dès que le mariage est declaré, les parens des deux côtez témoignent leur joye par des feux & des festins, & le jour du mariage étant marqué, les parentes de la fille la conduisent aux plus prochaines étuves, la décrassent, la lavent, la peignent, parfument ses cheveux avec du storax, du benjoin, de la civette & autres odeurs. Elles noircissent le bord de ses paupieres & les sourcils, la revêtent de ses beaux habits, & après lui avoir frotté le visage d'une huile de senteur, ils y jettent de la poudre dorée, comme celle que nous mettons sur le papier, lui rougissent les ongles avec du *Khena*, & lui font des figures de fleurs, d'arbres, de gazelles, & autres choses sur les bras & sur la gorge. Ils lui mettent toutes les bagues, anneaux, pieces d'or & d'argent qu'elle peut avoir gagnées, ou dont on lui a fait present, & dans ces atours ils la montent sur une cavalle, ou sur un chameau paré d'un tapis de fleurs & de verdure, &

la conduisent en cet équipage, en chantant ses loüanges, & lui souhaitant une grande famille, & toutes sortes de bonheur & de prosperité à la maison où elle doit être mariée.

Les hommes de leur côté conduisent le futur époux aux étuves, & après qu'il a été bien savonné, ils le revêtent de ses plus beaux habits, le font monter à cheval, & le menent à sa maison.

Dès qu'on y est arrivé on se met à table, les hommes dans une tente, les femmes dans une autre. Les hommes mangent sans boire, & se divertissent gravement, pendant que les femmes font les folles, dansent, chantent, battent le tambour de basque, & publient de toutes leurs forces la beauté & les avantages de la future épouse. Elles interrompent leurs chansons pour prier Dieu qu'il veüille benir cet heureux couple, & qu'il empêche les noüeurs d'aiguillettes & les autres mauvaises gens.

Quand la nuit est venuë, les femmes vont présenter l'épouse à l'époux, qui l'attend seul, & assis dans une tente séparée, la regardant fixement sans lui rien dire, & sans se remuer. La mariée ne dit mot de son côté. Mais les femmes qui la conduisent, font des complimens au mari, qu'il écoûte d'un air sérieux & sans y répondre, jusqu'à ce que la fille s'étant accroupie devant lui, il lui met une piece d'or sur le front avec la main droite. Elle sort avec sa compagnie, & vient un moment après avec d'autres habits. On fait les mêmes cérémonies & les mêmes complimens, on les repete jusqu'à trois fois, & même plus, c'est-à-dire, autant de fois que la fille change d'habits : car plus elle en change, plus la magnificence est grande.

Enfin on lui presente la fille pour la derniere fois. Il se leve alors, l'embrasse tendrement, & l'emporte dans la tente où ils doivent coucher. Les femmes l'abandonnent alors, & la laissent seule avec son époux. La tente où ils se retirent a deux lits sur des nattes qui couvrent le plancher. Ils y demeurent le tems necessaire pour la consommation du mariage, après quoi le marié sort avec un mouchoir ensanglanté à la main, qu'il montre à ses parens & amis assemblez. Il reçoit leurs complimens, & passe le reste de la nuit à se divertir avec eux. La mariée conduite par les femmes passe dans une autre tente où elle reçoit aussi des complimens. Elles se divertissent le reste de la nuit, & dansent autour de la chemise de la mariée. Dès que le jour est venu, on mene l'époux & l'épouse aux Etuves. On les ramene en cérémonie, & on passe la journée dans les festins, les danses, la joye & le plaisir; après quoi chacun se retire, & les nouveaux mariez commencent à vivre en ménage.

Tous les parens des époux assistent à la nôce, il n'y a que le pere de la fille qui ne s'y trouve point, c'est la coûtume, il se retire chez un de ses amis, pour n'être pas témoin que sa fille va coucher avec un homme ; c'est pour eux une affaire d'honneur ; mais d'exposer en public la chemise de la mariée, comme une preuve de sa virginité, ce qui seroit chez les autres Peuples une espece de honte & de confusion, est chez eux une gloire & une marque certaine qu'ils ont livrée la marchandise telle qu'ils l'ont promise.

Les Princes & les autres gens de consideration se marient à peu près de la même façon. Il n'y a que les habits, les festins, les présens qui sont plus magnifiques, les réjoüissances durent plusieurs jours. Les sujets viennent leur faire compliment, & leur apportent des présens, qui sont d'autant plus considerables, que la personne est d'une dignité plus relevée. A tous Seigneurs tous honneurs, en ce Païs-là comme autre part.

Il est ordinaire de voir de jeunes Arabes les bras & la poitrine cicatrisez des coups de couteau qu'ils se sont donnez pour marquer à leurs maîtresses la violence de leur amour. On se contente en d'autres Païs de chanter, de se plaindre, de soupirer, de languir. On va plus loin chez les Arabes, on répand du sang ; mais on ne se poignarde pas.

On a soin des Princesses quand elles accouchent. Il n'y a pourtant point chez-elles de Sages-Femmes en titre; toutes les femmes sçavent ce métier.

Les femmes du commun n'ont besoin du secours de personne pour cela. Elles accouchent par tout où elles se trouvent, à la campagne comme à la maison ; soit qu'elles ne ressentent pas tant de douleurs que celles qui ont été élevées délicatement, soit qu'elles ayent plus de courage & de patience, on ne les entend point crier. Quelques momens après qu'elles sont délivrées, elles lient le nombril de l'enfant, coupent ce qu'il y a de trop, & après vont se laver avec leur enfant à la fontaine ou riviere la plus prochaine. On n'emmaillotte point les enfans, on les met tous nuds sur une natte, ou tout au plus couverts de quelques linges. Les meres ne les portent point avec elles, elles leur donnent à tetter quand ils en ont besoin, & puis les remettent sur leurs nattes, où elles les laissent se remuer tant qu'ils veulent, & il arrive delà qu'ils marchent seuls dans l'année, qu'ils ne sont ni bossus ni crochus, & que la nature n'étant point gênée par tant de bandes & de langes dont on enveloppe les autres enfans, ils croissent plus aisément, & sont exempts de tous ces défauts qu'on remarque dans les Européens.

Les enfans des Arabes sont moins sujets que les nôtres aux maladies. La petite verolle qui en enleve tant chez nous, est plus rare chez eux, & quand leurs enfans en sont attaquez, ils se contentent de les tenir chaudement, & de leur donner du sucre quand ils en ont. Il est rare qu'ils en meurent, ni qu'ils en soient fort marquez.

Il y a des Arabes, qui ayant dégéneré de la vertu de leurs ancêtres, demeurent dans les Villes. J'en ai vû plusieurs familles à Alep, que les Arabes du défert regardoient comme tout à fait indignes du nom qu'ils portent. Ils se marient à peu près comme ceux dont nous venons de parler; mais ils y ajoûtent une cérémonie qui est trop bizare pour ne la pas rapporter ici.

Après que les cérémonies qui doivent préceder le dernier acte sont achevées, l'époux sort avec ses amis, va faire une promenade dans la Ville, & revient à la maison où est l'épouse, accompagné de tous ses amis armez de gros bâtons. Les femmes qui sont auprès de la future épouse armées de bons bâtons, se trouvent à la porte pour lui en défendre l'entrée. Elles chargent l'époux de coups de bâton sur la tête & sur le corps. Ceux qui l'accompagnent font tous leurs efforts pour les parer; mais il arrive presque toûjours qu'ils ne peuvent si bien faire, qu'il n'ait la tête cassée ou les épaules meurtries. Il entre enfin malgré les coups & la perte de son sang; on le panse, & puis on le laisse en repos avec son épouse; afin, comme ils disent, qu'il venge son sang par un autre sang. Telles sont les modes du Païs, on en jugera comme on voudra.

Les Turcomans qui marient leurs filles, ne répondent pas si absolument de leur virginité que les Arabes. Le pere de la fille dit au jeune homme qui la recherche : Ma fille est allée seule aux champs, au bois, à la riviere, elle a été seule garder les vaches & les moutons, je l'ai laissée sur sa bonne foi, je ne vous répons de rien. Si vous vous en contentez, je vous la donne telle qu'elle est avec ses vertus & ses vices.

Cette déclaration est sage & met les peres à couvert des contestations, qui arrivent quand la marchandise ne se trouve pas de bon aloi.

Les Arabes du commun n'ont pour l'ordinaire qu'une femme, & il me semble que c'est encore assez, pour ne pas dire trop. Ils sont naturellement fort réservez sur l'article de la galanterie, & sur bien d'autres vices qu'on reproche aux Turcs & aux autres Orientaux.

Les Emirs comme au dessus des Loix se sont donné la liberté d'avoir des concubines. Peut-être que leurs Sujets les imiteroient, s'ils avoient le moyen d'en entretenir ; mais ce seroit un embarras pour eux, car il faut les entretenir & les loger séparément de la femme légitime, qui ne les souffriroit pas dans sa maison : leur complaisance, quelque grande qu'on se la puisse figurer, ne va pas jusques-là.

Les Concubines ne sont ordinairement que pour les ménages des garçons. La Loi tolere cet abus, pour en éviter de plus considérables ; mais on déteste ceux qui donnent dans ce libertinage, & encore plus ceux qui en veulent aux femmes d'autrui. L'adultere est châtié par la mort des deux qui ont peché : on n'entend point de raison là-dessus.

La continence est extrêmement honorée parmi ces Peuples. Dans leurs entretiens même les plus familiers, ils ne parlent jamais de femmes. La débauche ni le libertinage n'y entrent jamais.

L'Emir a soin de faire venir de Damas des filles de débauche pour ceux qui n'ont pas assez de vertu pour garder le célibat, ni assez de bien pour acheter une femme. Il les tient à deux ou trois portées de fusil de son Camp, dans des tentes où elles sont servies & nourries à ses dépens, sans pourtant que cela les exempte de payer la taxe marquée par le Prince. On voit assez que c'est une politique de l'Emir, afin d'empêcher les jeunes gens & les incontinens de songer aux femmes d'autrui.

J'ai

J'ai dit dans un autre endroit que les Arabes ne nomment jamais leurs femmes. Je n'ai garde de repeter ici ce que j'en ai dit ; mais il faut ajoûter ici que quand les Arabes ont une jeune femme, ou une fort belle femme, ils disent : Ma laide ou ma vieille est en tel état. Ils n'aiment pas non plus qu'on leur fasse compliment sur leur bonne santé, craignant que cela n'y nuise. Les Grecs ont la même superstition ; & quand on leur dit : Loüé soit Dieu, vous vous portez bien, ils répondent aussi-tôt : *Scarda*, c'est de l'ail, croyant que ce mot est le contrepoison du mal que les envieux pouroient leur faire par leur compliment.

Les Arabes aussi-bien que les Orientaux aiment beaucoup leurs enfans, & quittent leur nom pour prendre celui de leur aîné, y ajoûtant seulement le nom de Pere : par exemple, si un homme s'appelloit Mahomet, & que son fils se nommât Achmet, il quittera le nom de Mahomet, & s'appellera Abou Achmet, & sa femme, la Mere d'Achmet. S'ils demandent une grace à quelqu'un, ils la demandent par la vie ou pour l'amour de leurs enfans.

Si les Arabes aiment leurs enfans si tendrement, & s'ils sont si passionnez

*Tome III.* O

pour leurs Maîtresses, ils font aussi également jaloux, & ne pardonnent jamais une injure de cette nature. Cependant ils ne se croyent pas Cocus, parce que leurs femmes seront dans la débauche; mais ils croyent l'être réellement si leur sœur est infidelle à son mari. La raison qu'ils en donnent est fort naturelle. Une femme, disent-ils, se fait tort à elle-même, elle déshonore sa famille, mais elle n'est point de mon sang, je n'ai qu'à la répudier, je l'ai châtiée, cela ne me regarde plus; mais ma sœur est de mon sang, elle ne sçauroit faire du mal qu'il ne rejaillisse sur toute sa race; ainsi on est Cocu en ce Païs-là en ligne collatéralle, & jamais en ligne directe. Qu'on dise après cela que les Arabes ne sont pas gens d'esprit, & que dans une affaire si délicate ils ne sçavent pas prendre le parti le plus convenable à leur repos.

Cependant ils ne laissent pas de regarder de bien près à leurs femmes, & ils se vengeroient cruellement sur la femme & sur le galant s'ils les surprenoient. Ils se rendent en cela des services d'ami, ils se servent de surveillans les uns aux autres, & toute une famille qui craint d'être notée de cocuage, a intérêt de veiller sur une femme coquette, & d'empêcher qu'elle n'en vienne à une mauvaise action.

1665.

Les Arabes ne sont pas les seuls qui se font un honneur de la jalousie. Les Drusses qui habitent les Montagnes de l'Anti-Liban s'en piquent aussi, & poussent les choses bien plus loin. Il suffiroit qu'un homme les trouvant éloignés de chez eux, leur dît : Ne soyez point en peine de votre famille, votre femme & votre fille se portent bien : ou qu'étant dans leur maison il leur demandât : Comment se porte votre femme & votre fille ? ils raisonneroient sur un pareil compliment. Comment, diroient-ils, cet homme peut-il s'informer ou mè dire des nouvelles de choses qu'il ne doit pas connoître ? Il faut qu'il ait vû ma femme & ma fille, me voilà déshonoré. Ils ont le remede tout prêt, ils égorgent ces deux pauvres créatures, & cherchent l'occasion d'en faire autant à l'homme trop curieux ou trop sçavant.

Les Arabes ne se vangeroient pas si cruellement, mais ils observeroient les démarches de la femme & de la fille, & pourvû que la chose n'eût pas éclaté, ils en demeureroient là. Leur prudence en cela seroit loüable. Pourquoi se déshonorer soi-même quand on peut ne l'être pas ? Ils en agissent avec leurs femmes & leurs filles d'une maniere plus raisonnable. Ils ne les enferment jamais, elles sont libres d'aller où elles veulent : on se persuade qu'elles ne sortent que pour les affaires du ménage, on s'en rapporte à leur sagesse & à leur bonne foi.

Mais tous les Arabes ne sont pas si sages. Il est vrai que je ne puis rapporter qu'un seul fait qui ne peut pas faire regarder tous les Arabes comme capables d'une semblable action. En voici l'histoire.

*Histoire tragique de la fille d'Abou Ragieh habitant d'Alep.*

UN Bedoüin appellé Abou Ragieh avoit un fils nommé Ragieh qui servoit les François, & une jeune fille aussi belle & aussi bien faite que peut être une Bedoüine. Cet homme qui étoit extrêmement jaloux de l'honneur de sa famille & de toute sa race, qu'il croyoit en dépendre, observoit sans cesse sa femme & sa fille. Après la mort de sa femme il redoubla son attention, afin d'empêcher que sa fille ne lui fît un affront. Pour cet effet il ne la lais-

soit jamais sortir, il la faisoit coucher
dans sa chambre, il avoit toûjours les
yeux attachez sur elle. Soit que cette
grande contrainte lui donnât envie de
joüir d'une plus grande liberté ; soit
qu'elle fût devenuë amoureuse de quelque jeune garçon, elle trouva le moyen
de tromper la vigilance de son pere :
elle devint grosse, son pere s'en apperçut, s'en assûra, & voulut sçavoir
celui avec qui elle avoit eu commerce.
La fille nia d'abord qu'elle fût grosse ;
mais étant arrivée à terme, son pere
qui sembloit lui avoir pardonné, prit
l'enfant, & feignant de l'avoir trouvé dans un chemin, il le donna à une
femme de Village pour le nourrir, &
questionna de nouveau sa fille, pour
sçavoir qui étoit le pere. Elle ne voulut jamais rien avoüer ; ce qui mit cet
homme dans une si étrange colere ;
qu'il alla trouver le Cady, & lui demanda la permission de tuer sa fille,
& lui en dit la raison. Le Cady qui
étoit un homme sage & moderé, tâcha
de lui faire comprendre que l'affaire
étant secrette il en devoit demeurer
là, sans faire éclater sa honte, & commettre un si grand crime. Cet homme
furieux ne se rendit point, & fit tant
d'instance, que le Cady, après l'avoir

1665.

traité de fol, d'extravagant & de cruel, le fit chasser de sa présence. Cet homme au désespoir s'en retourna chez lui, vendit tout ce qu'il avoit, sans se réserver autre chose que sa cavalle pour s'enfuir, mit l'argent dans un sac, & l'alla jetter aux pieds du Pacha, en lui disant : Seigneur, voilà tout ce que je possede au monde, je vous supplie de l'accepter : il ne me reste plus que l'honneur, ma fille a perdu le sien, & celui de sa Nation : permettez-moi de la tuer, afin de réparer le tort qu'elle nous fait, du moins autant qu'il le peut être, ou faites-moi mourir, car je ne puis survivre à mon malheur. Le Pacha fut surpris au dernier point d'une si étrange résolution : il tâcha de le consoler, d'adoucir son esprit irrité, & n'en pouvant venir à bout, il lui dit de reprendre son argent, & de bien prendre garde à ce qu'il feroit, l'avertissant que s'il faisoit du mal à sa fille, il le feroit perir par les tourmens les plus rigoureux.

Abou Ragieh reprit son argent & se retira, & craignant que le Pacha ne fit enlever sa fille, & ne lui ôtât par ce moyen l'occasion de se vanger, il alla promptement prier ses parens de venir le lendemain dîner chez lui. Il employa tout ce qu'il avoit d'argent à leur faire préparer un grand repas, & quand l'heure de l'assemblée approcha, il entra dans la chambre de sa fille, l'égorgea comme un mouton, lui coupa la tête, la mit dans une jatte profonde, la couvrit d'une autre jatte, & la mit au milieu de la table. On servit les autres plats, les conviez prirent place, on mangea à l'ordinaire, & Abou Ragleh comme les autres. Sur la fin du repas, il leur demanda ce qu'ils penſoient d'un enfant qui auroit déshonoré sa maiſon, ſa Nation, toute ſa race. Toute la compagnie convint qu'il meritoit la mort. Alors il leur dit: Je ne doute pas, Meſſieurs, que vous ne ſoyez aſſez honnêtes gens pour vous contenter du mauvais repas que je vous ai preſenté. Vous ſçavez que j'ai plus de bonne volonté que de bien. Mais voici un plat qui vous fera connoître que je ſuis homme d'honneur. Il découvrit la jatte, & dit: Voilà la tête de ma fille. Je l'ai élevée avec ſoin, elle n'a jamais manqué de rien; cependant elle m'a déshonoré, & là-deſſus il leur conta toute l'Hiſtoire, & ajoûta: Il ne me reſte plus qu'à vous prier de m'aider à lui rendre les devoirs de la ſepulture.

Il eſt plus aiſé de s'imaginer la ſurpriſe

des conviez, que de l'exprimer. La chose étoit sans remede. Ils mirent le corps & la tête dans un cercüeil, & le porterent au cimetiere, comme si elle fût morte de maladie, & après que les funerailles furent achevées, Abou Ragieh monta sur sa cavalle & se retira chez les Arabes du désert, & ne parut plus à Alep, craignant que le Pacha qui ne pouvoit manquer d'être averti de son crime ne l'en châtiât sévérement.

## CHAPITRE XIX.

### Des divertissemens des Arabes.

LEs Arabes sont naturellement sérieux, & leur demeure continuelle dans les déserts ou dans les montagnes ne leur offre pas les divertissemens qui se trouvent dans les Villes. Les hommes passent leur tems à monter à cheval, à se promener d'un Village ou d'un Camp à l'autre, à visiter leurs amis, à soigner leurs bestiaux, & à aller à la chasse. Quoiqu'ils ne mangent point de sangliers, ils ne laissent pas de les chasser. Ils les forcent avec leurs chiens, & les tuënt à coups de lances, & les abandonnent aux Chrétiens. Ils forcent de même les liévres & les gazelles. Ils ont de grands lévriers qu'ils nourrissent soigneusement pour ces chasses. Ils ont des oiseaux pour les perdrix & pour les pigeons sauvages. J'en ai vû quelques-uns qui avoient des fusils & qui s'en servoient fort bien ; mais le nombre de ces Chasseurs est fort petit, parce que les armes à feu ne sont pas de leur goût.

1665.

Leurs exercices les plus ordinaires sont le Gerid, ou le jet des cannes, qu'ils se jettent les uns aux autres avec beaucoup d'adresse. C'est un divertissement & un exercice tout ensemble, qui les rend bons hommes de cheval, & qui dresse en même-tems leurs chevaux.

Les cartes & les dez ne sont point en usage parmi eux, ni aucune autre sorte de jeux de hazard. D'ailleurs ils ne joüent jamais d'argent. Celui qui gagne se contente de l'honneur de la victoire. Ils joüent aux échets & aux dames à peu près comme nous, & au Mangala. Ce jeu est composé d'une table de bois où il y a douze creux, dans chacun desquels ils metrent six petites pierres ou féves, ou noyaux. Ils les

O v

ôtent les unes après les autres, & les remettent dans les trous, afin de tâcher d'en faire trouver un nombre pair dans deux trous, & alors celui qui a mis la derniere gagne la partie.

Les divertiſſemens des femmes ne conſiſtent qu'à ſe rendre viſite, à converſer, à prendre du caffé, fumer & ſe dire des nouvelles.

Sans avoir de principes de muſique, elles ne laiſſent pas de chanter methodiquement & d'une maniere aſſez agréable quand on y eſt fait : car leurs chants ſont languiſſans. Les inſtrumens ſont des violons, des tambours ordinaires, des tambours de baſques & des cliquettes.

Les cliquettes ſont compoſées de deux petites pieces de bois dur, comme d'ébene ou de boüis : elles ſont ovales. Elles en tiennent un entre le pouce & l'index, & l'autre entre les autres doigts, & les frappent l'un contre l'autre en ſerrant la main avec aſſez d'adreſſe pour imiter nos caſtagnettes. Cet inſtrument & le tambour de baſque ſervent à marquer la cadence.

Les tambours ordinaires ſont d'une ſeule piece de bois, creuſée, couverte d'un parchemin, à peu près comme ſont ceux des Negres, excep que ceux des Arabes ont un manche fort long, sur lequel il y a trois cordes de laiton, qu'ils frappent ou pincent pour exprimer les tons.

Leurs violons font quarrez comme une boëte couverte de parchemin. Il n'y a qu'une corde de crin. L'archet est long & gros avec une corde aussi de crin, frottée de raisine. C'est le plus mauvais de leurs instrumens, qui ne rend qu'un son sombre, pesant & désagréable.

Ils ont aussi des flûtes de bois & de roseaux. Les premieres approchent assez des nôtres. Celles des roseaux sont fort longues, on ne les embouche point, on se contente de souffler dedans, ce qui fait perdre une bonne partie du vent. Tous ces instrumens quoique grossiers ne laissent pas de s'accorder assez passablement; mais il faut être accoûtumé à cette musique pour ne la pas trouver détestable. Cependant elle leur plaît & les fait presque extasier.

Les hommes & les femmes Arabes ne dansent jamais en public. Cet exercice leur paroît indécent. Il y a pourtant parmi eux des danseurs & danseuses de profession, qui dansent pour de l'argent. Ils n'ont point de pas reglé, & danfent moins des pieds que des mains & du corps. Ils ont l'oreille jufte, & fuivent les mouvemens de leurs cliquettes en perfection.

Les Princeffes par grandeur & par habitude ne fe montrent jamais. Je n'ai pû voir que par furprife celles dont j'ai parlé. Elles fe promenent fur le foir pendant quelques momens, pour prendre l'air. Elles vont quelquefois rendre vifite aux autres Princeffes dans les autres Camps.

J'ai vû étant au Camp de l'Emir Mehmed des Princeffes qui venoient vifiter la Princeffe fon époufe. La derniere qui y vint, étoit venuë fur un chameau, couvert d'un tapis orné de fleurs. Une douzaine de femmes de cette Princeffe marchoient devant elle l'une après l'autre, tenant d'une main le licol du chameau qui étoit fort long. Elles chantoient en marchant, & fans difcontinuer les loüanges de leur Maîtreffe, qui fe laiffoit ainfi conduire fans rien dire. Elle étoit parée de tout ce qu'elle avoit de plus beau en habits & en bijoux, & étoit couverte d'un grand voile blanc depuis la tête jufqu'aux pieds.

Quand ces femmes avoient marché vingt ou vingt-cinq pas, celle qui étoit la plus éloignée venoit prendre la place d'honneur, c'est-à-dire, celle qui étoit la plus proche de la tête du chameau, & se succedoient ainsi les unes aux autres pour partager l'honneur.

1665.

Dès qu'on fut averti au Camp qu'elle approchoit, la Princesse envoya une partie de ses femmes au-devant d'elle. Ces femmes après l'avoir saluée, se joignirent aux autres, qui par honneur leur laisserent le licol du chameau tout entier, & se rangerent deux à deux derriere leur Maîtresse. Ce fut alors que la musique recommença de plus belle. Elles chantoient toutes ensemble & de leur mieux les loüanges de la Princesse, qui arriva enfin à la tente de la femme de l'Emir. La Princesse en sortit, & vint avec toute sa maison recevoir celle qui venoit lui rendre visite. Celle-ci mit le pied sur le genou d'une de ses femmes, & les autres s'empresserent de l'aider à descendre & à tenir le chameau, afin qu'il ne fît aucun mouvement.

Les Princesses en s'abordant se baiserent au front, au menton & aux deux joües. Elles se prirent ensuite par les mains, & les élevant à la hauteur de leurs bouches, elles baiserent plusieurs fois leurs propres mains, pendant que durerent les complimens réciproques qu'elles se firent.

Pendant tout ce tems, les hommes par respect étoient enfermez dans leurs tentes. J'étois dans la mienne ; mais j'y avois disposé des ouvertures par lesquelles sans être vû, j'observois tout ce qui se passoit au-dehors.

Les Princesses étant entrées se baiserent encore, & après les complimens ordinaires elles se mirent à table. La colation étoit toute préparée, elles y demeurerent long-tems. Leurs femmes se baiserent, se complimenterent, & passerent dans une autre tente où celles de la Princesse donnerent aussi la colation à celles qui venoient d'arriver. Je crois qu'elles se relayoient pour manger & pour chanter : car pendant tout le tems que les Princesses furent ensemble, leurs femmes ne cesserent pas de chanter. De tems en tems elles jettoient des cris de joye, en fredonnant d'une maniere qui n'est usitée qu'en ce Païs. Ces cris se forment par un battement très-vif de la langue contre le palais, qui dure autant qu'elles peuvent avoir de respiration, & ne produisent que ces syllabes *lu lu lu lu*. Ces cris sont destinez par l'usage à témoigner une joye publique dans une occasion considerable.

Tous les hommes, dont les tentes sont voisines de celle de la Princesse, se retirent pendant ces visites chez leurs amis. Pas un d'eux ne passe auprès de ces tentes. L'Emir même n'entre point chez sa femme pendant qu'il y en a d'étrangeres avec elle.

Après qu'elle a été regalée d'une ample colation accompagnée de caffé, de tabac, de sorbet, & qu'on lui a donné de l'eau de senteur sur les mains, sur le visage & sur les cheveux, on lui donne le parfum, c'est-à-dire, la fumée de bois d'aloës. On le brûle dans un encensoir fait comme un petit réchaux, que l'on met sous un voile de taffetas dont on enveloppe la tête. Elle se leve; la Princesse qui a reçû la visite passe comme pour quelque affaire derriere le rideau, qui partage sa tente, & l'étrangere prend ce tems pour se remettre sur son chameau, & s'en retourner dans le même ordre qu'elle étoit venuë.

La coûtume de ces Dames n'est pas de se dire adieu en se quittant. On veut s'épargner le chagrin de se quitter. Il y a pourtant des occasions où l'on suit un autre cérémonial; au lieu qu'on ne se dispense jamais des cérémonies de l'arrivée, parce qu'alors on doit mettre tout en ufage pour perfuader les perfonnes qui viennent rendre vifite qu'on les reçoit avec plaifir.

Les femmes des Cheiks, ou autres de quelque confideration, qui viennent rendre vifite à leur Princeffe, ne font pas reçûës avec tant de cérémonies. La Princeffe ne va pas au-devant d'elles. Elle ne les baife point ; mais elle leur donne fa main à baifer, elle les fait affeoir, leur donne la colation, les eaux de fenteur & le parfum.

Les femmes des vaffaux qui ont affaire à la Princeffe, lui baifent le bas de la robe. Ses femmes de fervice lui baifent les pieds quand elle le veut permettre. Elles vivent avec leurs femmes dans une grande familiarité, & quoique femmes on ne les entend jamais criailler, comme cela eft fi ordinaire au fexe babillard. Chacune fçait faire fon devoir, y eft appliquée, s'en fait un capital, un honneur.

J'ai remarqué la même chofe parmi les domeftiques des Emirs. On fçait leur volonté, on la prévient, tout eft prêt, un leger figne fait courir dix hommes où il n'en faudroit qu'un.

Parmi les égaux, on ne remarque que de l'honnêteté & de la moderation.

Il est rare qu'ils se querellent, & quand cela arrive, on les met d'accord aussitôt, & ils n'ont point de peine à se réconcilier, excepté l'article du sang, comme je l'ai remarqué ci-devant. Il faut voir de près ces Peuples, pour se persuader qu'il y ait chez-eux tant de modestie & de bon sens.

## CHAPITRE XX.

*De la Medecine des Arabes.*

Tout le monde sçait que la Medecine a pris naissance chez les Arabes, & je me suis convaincu par une longue experience, qu'il n'y a pas de gens qui s'en servent moins qu'eux, à quoi je dois ajoûter, & qui en ayent moins besoin. Ils sont redevables de ces avantages à leur vie sobre & uniforme.

La plûpart de nos maladies viennent de nos déreglemens dans le boire & dans le manger, dans la diversité de nos viandes, de nos ragoûts, de ces saulces si propres à augmenter l'appetit au-delà des bornes, que la sage nature prescrit à tous les hommes. Elles viennent encore de la diversité des liqueurs,

& de la quantité qu'on en prend.

1665. Ce que j'ai dit des Arabes dans plusieurs endroits de ces Memoires, marque assez que la temperance est une de leurs vertus. Ils ne mangent jamais sans necessité. Le nombre de leurs repas est reglé, aussi bien que les heures. Ils mangent avec appetit, cela est pardonnable à des gens qui font beaucoup d'exercice. Mais s'ils mangent bien quand le besoin les y oblige, ou que l'occasion s'en présente, ils sçavent jeûner à merveille quand ils se trouvent dans la necessité de le faire, ou parce qu'ils sont en course, ou parce qu'ils sont en embuscade pour attendre des passans. Leurs viandes sont toûjours les mêmes. Excepté certaines occasions où ils se trouvent à des festins, leur ordinaire n'est que de la soupe ou du pilau au ris, de la viande boüillie & du pain frais. Ils ne boivent qu'une fois, après qu'ils ont achevé le repas. Il est rare qu'ils boivent en mangeant. Ceux qui boivent plusieurs fois s'excitent par là à manger davantage, parce que l'eau ou le vin pesant sur les viandes les précipite davantage, & fait trouver de la place pour en ammonceler d'autres en plus grande quantité que la nature n'en demande. Je sens bien que cette regle trouvera bien des contradicteurs, & qu'on ne manquera pas de dire que je raisonne en Arabe, & non pas en Physicien. Ce n'est pas ici le tems de répondre à cette objection, nous sommes accoûtumez nous autres François à une pratique toute opposée. Il faut boire souvent, disent nos Medecins, & boire à petits coups. Ont-ils raison ? Nous en portons-nous mieux ? L'experience prouve le contraire. Nous mangeons davantage, & nous avons des indigestions, qui nous causent souvent des maladies mortelles, & nous bûvons du vin qui est de lui-même nourrissant & d'une digestion difficile, & la chaleur naturelle n'étant pas assez forte pour faire digerer les viandes & les boissons que le plaisir, la gourmandise, ou l'habitude nous fait prendre avec excès, il faut avoir recours aux Medecins. Si nous étions plus sobres, que feroient ces légions d'hommes inutiles, à qui notre santé cause la mort, & à qui notre intemperance fait rouler carosse ?

Les Arabes ne boivent pour l'ordinaire que de l'eau, ou dans les festins, de ces liqueurs ou infusions de fruits & de racines dont j'ai parlé. Ils boivent aussi du vin quand ils trouvent l'occasion, ils en boivent même avec excès; mais comme cela leur arrive rarement, il leur sert alors de medecine.

Les Arabes sont naturellement secs & robustes, d'une complexion froide & mélancolique, qui les empêche d'être violens & emportez. On les accoûtume dès leur plus tendre jeunesse à une vie dure, à souffrir le froid & le chaud, à coucher sur la dure, excepté aux injures de l'air. Leurs courses fréquentes, leurs exercices, leurs décampemens fréquens les rendent robustes; il n'y a presque rien qui leur puisse faire du mal, ni causer des maladies. Les plus pauvres sont ceux qui se portent mieux parmi eux, parce que leur maniere de vivre est plus uniforme & moins délicate que celle des riches.

Leur remede le plus ordinaire est d'appliquer le feu sur les parties où ils sentent de la douleur, soit sur la tête, sur les bras, les cuisses, les jambes & autres parties du corps.

Quand ils ont la fiévre, ils se mettent au Soleil pendant le frisson, & à l'ombre pendant le chaud. Ils se couchent où ils se trouvent, quand ils ne peuvent plus se tenir debout ou marcher, & quand ils font couchez, avec une cruche d'eau auprès d'eux, ils boivent tant qu'ils se sentent alterez.

Ils aimeroient mieux mourir que de recevoir un lavement, parce qu'il leur faudroit découvrir une partie qu'ils n'oseroient montrer à personne, étant persuadez que cela les deshonoreroit, & deshonoreroit en même tems la personne qui la verroit. Ils n'ont point aussi d'Apotiquaires pour préparer leurs medecines, ni de Medecins pour les ordonner. Il n'y a, disent-ils, de veritable Medecin que Dieu, aussi ne font-ils aucun remede dans leurs maladies. Ils se contentent de quelques recettes que certaines femmes habiles employent à tort & à travers, comme nos Medecins, pour toutes sortes de maladies, sans en rechercher les causes, & sans trop raisonner sur les accidens.

Mais ils ont une confiance entiere pour certaines écritures que leurs Ecrivains leur font avaler dans de l'eau. On dit qu'un Païsan Italien fut parfaitement bien guéri pour avoir avalé l'ordonnance de son Medecin. Si cela est arrivé dans un Païs où les Païsans les plus grossiers ont plus d'esprit que les Arabes les plus spirituels, pourquoi n'arrivera-t-il pas chez des Peuples que l'on regarde comme barbares. Il ne faut que remuer les ressorts de l'imagination, dans laquelle réside souvent une bonne partie de nos maux, sur-tout chez les femmes. Outre ces billets myfterieux, ils ont encore certaines Oraifons ou Paffages de l'Alcoran qu'ils attachent à leur col, ou certaines pierres, anneaux, ou autres femblables amulettes, qui font excellentes quand elles produifent leurs effets, c'eft-à-dire, quand l'imagination y a affez de confiance pour perfuader le malade qu'elles lui rendront la fanté.

Ils n'aiment point à être faignez, parce qu'ils difent que l'ame eft dans le fang. Dieu a dit la même chofe en parlant des bêtes. S'ils fe mettent dans leur catégorie, il n'y a rien à dire. Ils difent pour prouver leur opinion, qu'une poule ou un mouton meurent dès qu'ils n'ont plus de fang dans le corps. Il eft certain qu'il leur en arriveroit autant fi on leur tiroit tout leur fang ; mais il s'en faut bien qu'on en vienne à cette extrêmité. Pour l'empêcher, ils ne veulent point fouffrir qu'on leur en tire du tout. Ils fe foumettent pourtant, & même de bonne grace à tout ce qu'on veut d'eux quand ils sont blessez. Ils sont persuadez de l'utilité, & même de la necessité de la Chirurgie, & la mettent infiniment au-dessus de la Medecine. Autrefois on ne distinguoit pas ces trois professions. La même personne étoit Medecin, Chirurgien & Apotiquaire. Cela est changé à present ; mais les Arabes ne sont pas revenus de leur prévention contre les Medecins. Leur ignorance fait qu'ils méprisent les écrits du premier de tous les Medecins. Il n'y a que les Arabes bâtards, c'est-à-dire, ceux qui s'enferment dans des Villes. Ceux-ci conservent les écrits des premiers Medecins, & sur-tout ceux du *Cheikh Mohmed Ebensina*, & par corruption, Avicenne. Ils en ont beaucoup d'autres qui traitent de la qualité des plantes, de leurs vertus, de leurs usages. Mais les véritables Bedoüins ne s'en embarassent point du tout. Dieu, disent-ils, a écrit sur le front de chaque homme le nombre de ses années, toute la Medecine ne peut l'empêcher de mourir quand l'heure est arrivée ; c'est donc une folie de se livrer à ces sortes de gens.

Cela n'empêche pas qu'ils ne vivent

très-long-tems. J'en ai vû qui, selon l'époque de leur naissance, avoient plus de cent ans, qui n'avoient jamais été malades, & qui dans ce grand âge avoient toute la vigueur, la force & l'agilité de nos gens de trente-cinq ans.

Ils meurent pourtant à la fin comme les autres hommes, & dès qu'ils ont rendu le dernier soupir, on lave le corps avec décence, on le cout dans un morceau de toile, s'il s'en trouve dans la maison, ou dans quelques guenilles s'il est pauvre, & on le met sur un brancard composé de deux morceaux de bois, avec quelques traverses d'ozier, & quatre ou six hommes le portent où il doit être enterré. Comme ils changent souvent de Camp, ils n'ont point de Cimetieres fixes. Ils choisissent toûjours un lieu élevé & écarté du Camp. Ils y font une fosse profonde, y mettent le corps, la tête du côté de l'Orient, le couvrent de terre, & mettent dessus de grosses pierres, afin d'empêcher les bêtes sauvages de le venir déterrer & le dévorer. Ceux qui portent le corps à la Sépulture, & ceux qui l'accompagnent, chantent des prieres pour le défunt, & des loüanges à Dieu.

Les

Les hommes ne pleurent point, pour marquer leur courage & leur fermeté dans les differens évenemens de la vie, & pour témoigner leur soumission aux ordres de Dieu. Mais en échange les femmes font merveilles. Les parentes du défunt crient comme si elles vouloient vendre leurs larmes, s'égratignent le visage & les bras, s'arrachent les cheveux, ne sont couvertes dans ces occasions que d'un abas déchiré avec un voile bleu & sale, toutes marques de douleurs extraordinaires, vrayes ou de coûtume.

Au reste on ne peut les blâmer, supposé qu'elles pleurent tout de bon; elles ont raison; car si elles ont aimé véritablement le défunt qu'on porte à la sépulture, elles perdent pour toûjours l'espérance de le revoir, puisque Mahomet a eu la dureté de les exclure du Paradis, & de les envoyer par grace aux Faubourgs de ce lieu de délices, où mêlées avec les Chrétiens, qui n'y seront ni commodément, ni proprement, elles y demeureront pendant toute l'éternité sans espérance d'en sortir, au lieu que les Chrétiens en sortiront un jour, comme je l'ai dit en un autre endroit.

Les cérémonies des funerailles, qui

*Tome III.* P

ne sont pas longues, étant achevées; on revient au Camp. Tous ceux qui y ont assisté trouvent un repas préparé & mangent dans une tente; & les femmes dans une autre. Les hommes à leur ordinaire gardent la gravité. Les femmes essuyent leurs larmes, le caquet leur revient. Les uns & les autres se consolent, on fait compliment sur la perte que la famille a faite; ils sont courts, ils ne consistent qu'en ces deux mots *Khaterna aandek* qui signifient: Je prens part à votre affliction, & en ces deux autres *Selamet Erasek*, Dieu conserve votre tête. Après quoi les parens assemblez font les partages des biens du défunt entre ses enfans. S'il laisse des dettes on les paye, & le reste est partagé également entre sa veuve & ses enfans. Si les enfans sont en bas âge, ils demeurent avec leur mere qui a soin de leur éducation. S'ils sont en état de se passer de ce secours, ils vont s'établir où bon leur semble avec leur part d'heritage. Comme les Arabes n'ont point de terres en propre, les partages ne sont que de biens mobiliers, une tente, des meubles, des bestiaux. La tente demeure par préciput à la veuve & aux petits enfans, & le reste est partagé,

Voilà à peu près ce que j'ai remarqué des mœurs & des coûtumes des Arabes dans les voyages que j'ai faits chez eux, & dans tout le tems que j'ai demeuré dans leur voisinage.

1665.

L'état de mes affaires m'obligeant de repasser en France, je crus être obligé d'aller prendre congé de l'Emir Turabeye. Je n'y trouvai plus Haſſan. J'avois appris par un Marchand de Damas & par une lettre de l'Emir, qu'il s'étoit ſauvé avec ſon valet.

Je ſçûs que l'Emir l'ayant envoyé porter une lettre de conſequence au Pacha de Damas, il s'étoit ſervi de cette occaſion pour ſe ſauver. Il avoit porté la lettre, en avoit reçû la réponſe, & ayant payé un homme pour la porter à l'Emir, ils s'étoient retirez à Barut habillez comme des Chrétiens du Païs; que là ayant vendu leurs chevaux, ils s'étoient embarquez ſur un Vaiſſeau Venitien, qui partit deux jours après, & les porta à l'Iſle de Zante comme des Marchands Grecs, & que là s'étant ſeparez, ils étoient retournez dans leur Païs natal.

Etant arrivé au Camp de l'Emir, & en ayant été reçû avec les mêmes marques d'amitié que les autres fois,

P ij

nous reglâmes quelques comptes que nous avions enfemble, il me paya en argent comptant, & me fit encore un prefent. Il me parla de la fuite de Haſſan, & me fit connoître que quoiqu'il eût perdu un domeftique très-fidéle, il ne pouvoit cependant le blâmer d'avoir pris le parti d'aller mourir avec ceux de fa Religion, puiſqu'il n'étoit pas deftiné à fe fauver avec les Fidéles.

Je fçûs que la pauvre Hiché étoit morte de douleur de la perte de fon inutile époux. Elle s'abandonna aux larmes dès qu'elle l'eût appriſe, & quelque confolation que l'Emir & la Princeffe priſſent la peine de lui donner, elle ne voulut plus boire ni manger, ni dormir. Elle paſſa les jours & les nuits à pleurer & à foupirer jufqu'au dernier moment. Si toutes les femmes étoient auſſi attachées à leurs maris que l'étoit celle-ci, ce feroit bien à tort qu'on les accuferoit d'inconftance, & de peu de tendreſſe. Mais il eft bien rare de trouver des Hiché.

## CHAPITRE XXI.

*Voyages en France & en Barbarie. Etat du Commerce à Seïde, & en particulier de celui que l'Auteur y faisoit.*

LE Commerce que les François faisoient au Levant, étoit dans un état si florissant depuis l'année 1660. jusqu'en 1665. que plus de soixante Commissionnaires des Marchands de Marseille & de Lyon qui demeuroient à Seïde & aux environs, gagnoient des sommes considerables à faire valoir leurs fonds dans le Païs, outre ce que leurs Commissions leur produisoient.

Il ne venoit point de bâtiment qui n'apportât au moins cent mille écus en especes, outre les marchandises dont ils étoient chargez. Ce grand trafic mettoit les Commissionnaires en état de se retirer en France après quelques années de travail, avec assez de bien pour y faire des établissemens considerables.

Je n'eus pas le même avantage; mes parens & la plûpart de mes amis

P iiij

ne prenoient pas assez d'interêt dans le Négoce pour m'enrichir par leurs commissions. Quoique je n'eusse qu'un bien médiocre & peu de commissions, le penchant que j'avois pour les Langues Orientales emportoit presque tout mon tems ; de sorte que tout ce que je pouvois faire étoit de vivre sans toucher à mon fond, mais aussi sans l'augmenter beaucoup, parce que je m'étois mis sur le pied d'une assez belle dépense. Je donnois souvent à manger au Cadi, & aux principaux Officiers du Pacha. Je voyois ce Seigneur souvent, je lui faisois ma cour, & j'avois soin de lui faire des presens de certaines curiositez de France qui lui faisoient plus de plaisir qu'elles n'étoient considerables par leur valeur.

Le credit que j'avois acquis auprès du Pacha, & mes manieres honnêtes & généreuses, m'acquirent bien-tôt l'estime & la confiance de tous les Officiers. Ils m'apportoient leur argent à mesure qu'ils en recevoient, & me prioient de le leur garder, afin qu'en cas de quelque accident, il ne tombât pas entre les mains de leur Maîttre ; car la premiere peine qui suit les disgraces, c'est infailliblement la perte des biens, & ils étoient en sûreté entre mes mains : perſonne ne le ſçavoit qu'eux & moi. Ils me permettoient de m'en ſervir quand j'en trouvois l'occaſion. Tout ce qu'ils exigeoient de moi étoit de le leur rendre quand ils s'en alloient en Sequins de Veniſe, afin de le tranſporter avec plus de facilité & de ſecret. Voici l'uſage que j'en faiſois.

Je l'employois en ſoyes au commencement de la récolte, lorſque les Païſans ſont contraints de vendre à bas prix pour payer les contributions aux Gouverneurs ; de ſorte qu'après les avoir gardées quelques mois, j'étois aſſuré de les vendre aux Vaiſſeaux qui venoient en charger, & les leur vendant alors au prix de la place, j'y trouvois un profit de vingt, vingt-cinq & trente pour cent. Après la vente des ſoyes je ne perdois point de tems, mon argent ne moiſiſſoit pas dans ma caiſſe, je l'employois en cottons filez vers le commencement de l'Hyver. Je ſçavois les endroits où l'on trouvoit les plus beaux, je les faiſois emballer & les gardois juſques vers la récolte des ſoyes, & à meſure que les Marchands ou les Capitaines des bâtimens en avoient beſoin, ils étoient aſſurez d'en trouver

P iiij

dans mes magasins quelques centaines de balles toutes prêtes à embarquer.

Outre le profit considerable que je faisois sur ces marchandises par l'augmentation du prix, parce que je les avois toûjours de la premiere main, & que je pouvois les garder jusqu'à ce que l'occasion se presentât de m'en défaire avantageusement, parce que je ne payois point d'interêt de mon argent; j'en faisois encore un autre, qui quoique peu considerable en lui-même, ne laissoit pas de le devenir par la quantité.

J'avois établi des correspondances à Damas & en Egypte, d'où je faisois venir des toiles bleuës, des canevas, des toiles d'embalage, & jusqu'à des cordes, qui étoient toûjours à moitié meilleur marché qu'à Seïde, & j'avois toutes ces choses en troc de restes de marchandises qu'on ne pouvoit pas vendre à Seïde en argent comptant.

Quand quelque Marchand se trouvoit embarassé de quelque partie de drap, de satins, ou autres marchandises, parce qu'il avoit besoin d'argent comptant pour ses emplettes, il étoit assuré d'en trouver chez moi, & je trouvois à me défaire de ces marchandises avec avantage au Pacha, & à ses Officiers, dont j'étois assuré de recevoir des soyes des meilleures, & à un prix toûjours au-dessous de celui de la place.

Les Officiers de la Doüanne, ceux du poids & des autres Bureaux me favorisoient si fort en toutes choses, que j'étois payé au centuple des regales & des présens que je leur faisois dans les occasions.

J'avois un Muletier à qui je confiois souvent deux ou trois charges de marchandises pour Damas. Il me les vendoit avantageusement, & très-souvent par son adresse il me sauvoit les droits des Doüannes, qui sont plus considerables que dans d'autres Villes.

Ce Muletier nommé Chamssaddin étoit Druste de Nation; mais aussi droit & aussi fidéle qu'on en pût trouver au reste du monde. Il fut volé une fois, on lui enleva ses mulets dans un Village pendant qu'il dormoit. Je lui avois confié pour huit cens écus de cochenille & d'autres marchandises. Dès que j'en fus averti, je crus que la perte retomberoit entierement sur moi, & j'en étois consolé, quand deux mois après étant à travailler dans mon cabinet, j'entendis jetter un sac d'argent

P v

dans mon anti-chambre, comme cela arrivoit souvent, parce que bien des Turcs m'apportoient leur argent pour le garder; je ne me levai point, & je fus encore près de deux heures à travailler. A la fin je sortis de mon cabinet, & je fus extrêmement surpris de trouver mon Muletier Chamssaddin, qui m'attendoit en fumant appuyé contre une fenêtre.

Je l'abordai civilement, je lui demandai des nouvelles de sa santé, & je lui fis compliment sur la perte qu'il avoit faite, & enfin je m'enquis de ce que j'avois perdu. Vous n'avez rien perdu, me dit-il, tout votre argent est dans ce sac, j'avois vos marchandises sous mon chevet quand je m'endormis. A mon réveil, je trouvai qu'on avoit enlevé mes mulets. J'en loüai un pour faire votre commission, & j'en suis revenu assez heureusement. Je lui demandai combien il y avoit dans le sac, il me dit qu'il n'en sçavoit rien, que tout ce qu'il avoit reçû étoit dans le sac, & que le Billet qui y étoit m'instruiroit de tout. Je comptai ce qui étoit dans le sac, & je trouvai mil quatre vingt piastres pour les huit cens que je lui avois donnez, ce qui me faisoit un profit de deux cens quatre-vingt piaftres. Je voulus lui donner cinquante piaftres, il me remercia, & n'en voulut recevoir que onze pour le droit de fa commiffion. Je lui voulus prêter deux cens piaftres pour acheter d'autres Mulets, il les refufa encore, difant qu'il ne vouloit point fe charger du bien d'autrui, parce que fi on lui enlevoit encore fes Mulets, il n'auroit pas le moyen de les payer, & qu'il feroit contraint de s'enfuir, & qu'il étoit tout confolé de fa perte, puifqu'il avoit plû à Dieu d'en ordonner ainfi. Je ne fçai où l'on pourroit trouver plus de droiture & plus de fidelité.

1665.

J'avois tellement acquis l'eftime des Habitans de Seïde, qu'ils me confioient leurs biens fans prendre aucune précaution. Les Marchands Etrangers qui trafiquoient à Seïde, venoient mettre leur argent en dépôt dans ma chambre, fans prendre la peine de cacheter leurs facs. J'en ai trouvé quelquefois une vingtaine, fans fçavoir à qui i's appartenoient, que quand ils les venoient reprendre, & cela fe faifoit avec tant d'équité & de bonne foi, que l'un ne touchoit pas à ceux d'un autre. Chacun reprenoit le fien de bonne foi, jamais aucun d'eux ne s'eft plaint.

P vj

Les Bourgeois de Seïde étoient tellement allarmez de la guerre que le Pacha avoit avec les Druſſes, que je gardois ſouvent dans mes coffres les pierreries, & les dorures de leurs femmes & la plus grande partie de leur argent, parce qu'ils ſçavoient que quelque choſe qui pût arriver à la Ville, les maiſons des Francs feroient toûjours reſpectées, & que perſonne n'oſeroit y toucher. Ils avoient même l'honnêteté de me dire, que n'ayant affaire de leur argent que dans un certain tems, je leur ferois plaiſir de m'en ſervir dans mon négoce.

En moins de deux ans que je fis ce commerce, je trouvai avoir gagné une très-groſſe ſomme, quoique je fiſſe une dépenſe conſiderable : car j'avois quatre chevaux, ſix domeſtiques, une table de ſix couverts, & ſouvent de davantage, & bien ſervie, où mes amis de toute ſorte de Nations venoient boire & manger ſans cérémonie. J'avois une maiſon fort agréable, dont la plûpart des vûës donnoient ſur la mer, quatre belles chambres, un grand cabinet, une ſalle à manger, une cuiſine, un office, deux grands magaſins, une écurie, des logemens pour mes domeſtiques, des meubles propres, toûjours bonne provision de vin de plusieurs sortes, aussi bien que d'eau de vie & de liqueurs.

Le frere du Pacha & ses principaux Officiers venoient souvent se réjoüir avec moi, & le dîné duroit pour l'ordinaire jusqu'au soir, & quelquefois bien avant dans la nuit. Outre la bonne chere, je leur donnois la simphonie du Païs & d'Europe, quand il se trouvoit des Simphonistes dans nos Vaisseaux. Ces dépenses alloient loin à la verité; mais ils me les rendoient avec usure par les facilitez qu'ils me faisoient trouver dans mes affaires.

Pendant ce tems-là, M. Thevenot que j'avois vû à Smyrne & à Acre dans ses premiers voyages, & avec qui j'étois lié d'une étroite amitié, vint à Seïde pour passer à Damas & delà en Perse, où il mourut au regret de tous les honnêtes gens.

Je me fis un plaisir de le loger chez-moi, & de le regaler tout le tems qu'il demeura dans la Ville. Je lui donnai en partant une Lettre pour le Sieur Michel Cadales Grand-Maître de l'Artillerie à Bagdet, qui le servit très-utilement dans une affaire qui lui arriva, & lui donna les moyens de passer sûrement en Perse. Il avoit un jeune Valet fort bien fait, qui eut envie de se faire Turc à Damas. M. Thevenot s'en étant apperçû me l'envoya, sous prétexte de lui apporter de l'argent, que je ne devois donner qu'à lui seul. Mais il le fit préceder par un Arabe qui m'apporta une Lettre, par laquelle il me prioit de le faire embarquer, & de le renvoyer en France. Je convins avec le Capitaine d'un Vaisseau qui étoit prêt à mettre à la voile, à qui je l'envoyai avec un Billet pour recevoir cet argent prétendu, qui fut changé en une paire de fers qu'on lui mit aux pieds, & qu'on ne lui ôta que quand le Vaisseau fut à la voile. Par ce moyen nous sauvâmes l'ame de ce malheureux.

J'avois un Cuisinier, qui aussi bien que mes autres domestiques avoit sa part des profits des cartes, & des autres gratifications que mes amis leur faisoient. Ce malheureux s'amusa à voir des Juifves, qui le reçûrent bien pendant qu'il eut de l'argent; mais quand il n'en eut plus, elles le firent prendre chez-elles, & il auroit mal passé son tems, si des Turcs de mes amis ne l'avoient tiré des mains des Gardes, qui le menoient en prison, & ne me l'avoient ramené. Je le fis embarquer dans le moment sur un Bâtiment qui alloit en Afrique où il mourut, & je perdis cent écus que j'avois donné pour assoupir cette affaire.

## CHAPITRE XXII.

*Desordres dans le commerce de Seïde, & les suites.*

QUelque tems après que M. Croisset eût succedé à M. Bettandié, qui étoit Consul à Seïde, il arriva un Bâtiment de Marseille nommé le S. Augustin, commandé par le Capitaine André Bremond de Cassis, avec un fond d'environ soixante mille écus comptans, & des marchandises pour plus de quarante mille écus.

Les soyes & les cottons se trouverent cette année à un si haut prix, qu'il y auroit eu beaucoup à perdre à Marseille si on y en avoit envoyé.

Il faut encore se souvenir de ce que j'ai dit en un autre endroit, que la Nation étoit chargée de très-grosses dettes, à cause des avanies qu'elle avoit été forcée de payer aux Pachas. Elle en payoit des changes lunaires très-considerables, qui alloient jusqu'à trenle cinq pour cent, & quand on se trouvoit dans l'impuissance de les payer, les interêts se changeoient en principal, & les changes augmentoient si considerablement, qu'en moins de deux ou trois ans ils eussent triplé les capitaux. Pour payer ces changes, on levoit mil écus sur chaque Bâtiment qui venoient moüiller à Seïde. Les Bâtimens mediocres étoient à plaindre, les gros l'étoient moins, parce qu'ils avoient de plus gros fonds ; mais les uns & les autres prirent le parti d'abandonner l'Echelle de Seïde, & d'aller faire leurs charges dans celles qui ne dépendoient point de ce Consulat, afin de ne pas souffrir cette taxe.

Le commerce de Seïde tomboit de jour à autre, & se seroit perdu tout à fait, sans que la Nation eût été quitte de ses dettes, quand ce Vaisseau arriva.

M. Croiset Consul assembla chez-lui les plus habiles Négocians de la Nation, qu'il sçavoit mieux connoître que les autres ses veritables interêts, & après une mûre déliberation qui fut tenuë fort secrete, il fut résolu de se servir des fonds de ce Vaisseau pour liquider toutes les dettes, en laissant à la Chambre du Commerce de Marseille le soin d'en faire la répartition sur tous les particuliers à proportion du commerce qu'ils faisoient. Mais comme le Consul & ceux qui avoient donné leur avis, ne trouverent pas à propos de se charger seuls de l'enlevement de ces fonds, dont le Commerce de Marseille n'auroit pas manqué de les rendre responsables en leurs propres & privez noms, ils eurent recours à un des principaux Officiers du Pacha, qui porta son Maître à faire arrêter ces fonds entre les mains du Consul, & d'ordonner qu'on s'en serviroit à payer sur le champ toutes les dettes de la Nation, afin que l'Echelle étant dégagée, les Vaisseaux y vinssent sans craindre d'être sujets à une si grosse taxe qu'étoit celle de mil écus pour chacun.

Cela fut executé, & assurément rien ne pouvoit être plus avantageux au commerce. Toutes les dettes furent payées, tant celles qu'on avoit contractées avec les gens du Païs, qu'avec les François à qui on payoit douze pour cent d'interêt par année. On fit une gratification au Pacha selon la coûtume. On traita avec les Officiers de la Doüanne pour les indemniser, & on paya au Capitaine du Vaisseau son fret, tout le monde fut content.

1665. Mais le Commerce de Marseille prit la chose tout autrement, ils ne regarderent que la perte présente, sans envisager l'avantage qui leur en reviendroit en peu de tems. L'arrivée du Capitaine Bremond sans marchandise, les irrita à un point qu'ils obtinrent du Lieutenant de l'Amirauté, que les Lettres des particuliers seroient ouvertes, pour connoître ceux qui avoient été les auteurs de cet enlevement, & leur en faire payer le dédommagement. Ils obtinrent enfin que tout ce qui avoit été enlevé de ce Vaisseau seroit restitué aux particuliers qui l'avoient chargé. Cela causa un désordre épouvantable. Les affaires tomberent dans un état pire qu'elles n'étoient auparavant. La Nation fut absolument décreditée, il y eut nombre de banqueroutes, plus de commerce, & on a été long-tems sans pouvoir se relever du mal que la précipitation de ces Messieurs avoit fait au commerce.

Quelque tems après l'affaire du Capitaine Bremond, le nommé Jasup Bamolori Turc, qui gouvernoit la Ville de Barut sous Mustafa Beig frere de Mehmed Pacha, fut accusé de concussion par les Habitans de la Ville. Il fut pris & mis en prison. Ses parties le poursuivirent avec tant de vigueur, que le Pacha après l'avoir fait tourmenter plusieurs fois le condamna à avoir la tête tranchée.

1664.

Cet homme m'avoit fait tant de civilitez toutes les fois que j'avois passé à Barut, que son malheur me touchoit infiniment. Je reçûs en même-tems une Lettre du Sieur Loüis Quillet, qui résidoit à Barut avec d'autres Négocians François, qui me prioit d'avancer jusqu'à douze cens écus pour le tirer d'affaire si je pouvois, sçachant le credit que j'avois auprès du Pacha. J'allois à la prison pour prendre des mesures avec lui, lorsque passant devant le Serail du Pacha, je le trouvai au milieu de la place, les yeux bandez avec son mouchoir, & le Bourreau auprès de lui. Je connoissois cet Officier, il étoit de mes amis, & venoit quelquefois manger chez-moi. Je pouvois le recevoir à ma table, puisque le Pacha le recevoit à la sienne, parce que cet Office n'est pas infâme chez les Turcs. Je le priai de suspendre son execution jusqu'à ce que j'eusse parlé au Pacha, & je tâchai par toutes sortes de raisons de lui faire connoître l'innocence de Bamolory, j'y joignis un offre de mil écus. Cela ne fut point écouté. Je l'importunai tant qu'il me dit que pour l'amour de moi, il se contenteroit de quinze cens écus. Je les promis, & sur le champ il envoya un de ses Officiers avec moi, qui lui ôta le bandeau, & me le remit entre les mains. Je payai l'honoraire à l'Executeur, & pris par la main ce pauvre homme, qui étoit si hors de lui-même, qu'il ne sçavoit si ce qu'il voyoit étoit un songe ou une réalité. Je le menai chez moi, je lui fis prendre quelque liqueur, je lui donnai un habit : car il n'avoit qu'un seul caleçon sur le corps, & après l'avoir fait manger, je le conduisis par toute la Ville pour faire dépit à ses ennemis. Mais dès le soir même, je le fis monter à cheval avec un de mes gens, & je l'envoyai avec des Lettres de recommandation à l'Emir Turabeye, de crainte que ses ennemis ne fissent de nouvelles plaintes, & qu'avec une plus grosse somme d'argent ils ne lui fissent couper la tête.

L'Emir Turabeye le reçût fort bien à ma consideration. Il lui donna quelque tems après la Doüianne de Tartoura, où il demeura jusqu'à ce qu'il n'eût plus rien à craindre des ennemis qu'il avoit à Barut. Il m'envoya quelques bateaux chargez d'orge, pour me payer des trois cens écus que j'avois avancez au-delà des douze cens que le Sieur Quillet m'avoit chargé de payer, & les douze cens écus me devoient être payez en foyes à la prochaine récolte par le même Quillet.

1665.

La Nation Françoife s'avifa de faire une Compagnie après l'affaire du Vaiffeau le S. Auguftin. Ceux qui la compofoient prétendeient par là avoir la foye à meilleur marché, en fixant fon prix & empêchant les Commis de la porter à l'envie les uns des autres aux prix exceffifs où ils la portoient fouvent, afin d'expedier les Vaiffeaux qui leur étoient adreffez. Mais ces Meffieurs ne prenoient pas garde qu'ils n'étoient pas les feuls qui achetaffent les foyes. Les Marchands d'Alep, de Damas & d'Egypte en enlevoient des parties bien plus groffes que les François, & par confequent étoient plus en état qu'eux d'y mettre le prix. D'ailleurs la Compagnie avoit fixé le prix à fes Commis d'une maniere qu'ils ne pouvoient pas paffer, ce qui faifoit que leurs Vaiffeaux étoient prêts à partir avant qu'il y en eût une feule balle dans leurs magafins, & ils revenoient à vuide.

Les Affociez fe broüillerent là-deflus, & rompirent leur Compagnie. Chacun voulut retirer le fond qu'il y avoit mis, & pour avoir plûtôt les foyes dont ils avoient befoin, chacun donna ordre à fes Commis d'en acheter comme ils pourroient. Cette mauvaife manœuvre porta tout d'un coup les foyes à un prix fi exorbitant, que bien loin d'y trouver du profit en France, les commettans perdirent beaucoup de leurs capitaux.

La Compagnie Ephemere de Marfeille, le défordre qu'elle caufa dans le commerce qu'elle fit tomber abfolument, furent la pierre de touche qui fit connoître ce qu'étoient les Marchands & les Commis qui réfidoient à Seïde, & aux autres Echelles des environs. Le Commerce qui les faifoit fubfifter ayant ceffé, leurs gains cefferent en même tems, & ne pouvant plus fe foûtenir, ni faire les dépenfes auxquelles ils s'étoient accoutumez, ce qu'ils ne purent faire fans alterer leurs fonds & ceux qu'on leur avoit confiez.

Le premier qui fuccomba, & qui fit connoître le mauvais état de fes affaires, fut le nommé Loüis *** Il étoit fils d'un Matelot, qui étant devenu Capitaine d'un Vaiffeau Marchand, devint assez riche pour donner à son fils, qui est celui dont je parle, une éducation assez bonne pour l'envoyer dans les Echelles du Levant faire le commerce & les commissions que son credit lui pouvoit procurer.

Loüis *** étoit jeune, beau garçon, bien fait, d'un esprit vif, enjoüé, hardi jusqu'à la témérité, pour entreprendre toutes sortes d'affaires. Il faisoit grande dépense, étoit toûjours vêtu comme un Magistrat, & affectoit de paroître comme s'il eût été réellement le Chef de la Nation à Barut. Il faisoit des presens aux Turcs & aux gens du Païs ; tenoit bonne table, & y avoit toûjours grosse compagnie : ses plaisirs & ses amourettes secretes lui coûtoient beaucoup, & eurent bien-tôt consommé son fond, & ceux de ses Commettans, sans qu'on s'en apperçût, car il faisoit un trou pour en boucher un autre. Il prenoit des soyes à crédit, il empruntoit de l'argent à change lunaire ; mais il faisoit toutes ses manœuvres avec tant d'adresse & de secret, qu'il n'y avoit personne qui ne le crût puissamment riche, de sorte qu'il y avoit presse à lui confier son argent, préférablement à tous les autres Commissionnaires. Je donnai dans le panneau comme les autres, & je lui confiai de grosses sommes pour m'acheter des soyes.

Enfin il s'éclipsa un beau matin, & fit une banqueroute de plus de quarante mille piastres dans laquelle je me trouvai le plus interessé. Je ne sçai pourquoi il avoit affecté de conserver ses cheveux, contre la coûtume de presque tous les Européens; mais il les fit raser quand il eut conçû le dessein de faire banqueroute. Il se retira à Alep, où il prétendoit se tenir caché jusqu'à ce qu'il trouva un embarquement à Alexandrette.

Il s'étoit si bien déguisé, qu'encore qu'il eût été dans cette Ville, il y seroit demeuré inconnu, si un François qui passoit par hazard dans cette Ville ne l'eût reconnu, & n'en eût donné avis, & qu'il étoit prêt à partir pour chercher un endroit pour se sauver.

Les Marchands de Barut monterent à cheval pour le prendre, parce qu'ils étoient la plûpart interessez dans la banqueroute. Ils se partagérent en deux ou trois troupes, & prirent differentes routes, afin de ne le pas manquer. Ils le rencontrerent à la fin sur le chemin d'Alexandrette.

Après

Après quelques mauvais traitemens qu'ils lui firent en l'abordant, ils le prirent, le lierent & le conduisirent dans les prisons du château de Gebeïl, dépendant du Pacha de Tripoli, n'ayant osé le mener à Seïde, parce que le frere du Pacha étoit de ses amis, & prêt à s'en retourner à Constantinople, où il n'auroit pas manqué de le conduire, afin de le souftraire aux poursuites de ses creanciers.

Dès qu'on sçût à Seïde qu'il étoit arrêté à Gebeïl, je montai à cheval avec un seul valet, & je m'y rendis en deux jours. Je demandai à le voir ; on me fit entrer dans le château, & les gardes me conduisirent dans une chambre basse, où je le trouvai les fers aux pieds. Il eut une confusion extrême de ce que je le trouvois dans cet état, & se mit à pleurer. Je tâchai de le consoler en lui disant que je n'étois pas venu pour lui faire de la peine, mais pour chercher avec lui les moyens de remedier à ses malheurs, & le tirer de prison. J'allai prier le Capitaine du château de lui faire ôter les fers, il me l'accorda, & peu de tems aprsè un Chrétien Maronite qui avoit soin de lui, nous apporta à dîner. Je pas-

*Tome III.*

sai tout le reste de la journée à raisonner avec lui sur sa banqueroute, sans en pouvoir rien tirer qui pût me satisfaire. Je couchai dans la prison, afin d'avoir plus de commodité de découvrir quelque chose de l'état de ses affaires, & je n'avançai pas plus pendant la nuit, que j'avois fait pendant le jour. Je le quittai le lendemain matin, sans en avoir tiré autre chose qu'une promesse verballe de me payer préférablement à tous ses autres créanciers.

J'allai trouver le Pacha de Seïde, qui étoit campé auprès de la riviere de Barut, & je fis tous mes efforts pour l'engager à faire enlever le Banqueroutier des prisons de Gebeïl & le conduire à Constantinople, sous le prétexte spécieux qu'il y devoit de l'argent ; il rêva quelque tems à ce que je lui proposois, & me dit qu'il ne pouvoit pas se faire de gayeté de cœur une affaire avec le Pacha de Tripoli qui étoit son ami.

Quelques jours après Abou-Naufel le demanda, & obtint son élargissement sous sa caution, & le conduisit dans un de ses Villages à la Montagne de *Kesroüin*, après avoir promis aux interessez de Barut qu'il lui donneroit moyen de se relever,

& de les satisfaire. Cela étoit aisé, parce que les sommes qu'il devoit à Barut n'étoient pas considérables, & que je n'étois point compris dans le cautionnement qu'Abou-Naufel avoit fait pour lui, quoique je fusse le plus interessé dans la banqueroute.

Un autre Marchand m'emporta encore dans le même temps une somme très-considerable, & deux barques chargées de cotton filé & de soye, qui me venoient de Barut, furent enlevées par un Corsaire.

Ces trois pertes arrivées l'une sur l'autre, pour ainsi dire, mirent mes affaires en désordre, & m'obligerent de rompre les projets que j'avois formez pour l'établissement de mes deux freres. J'avois établi l'aîné à Rama, & j'étois prêt d'envoyer le cadet à Barut. Je résolus de me retirer en France, me doutant bien que la fortune qui m'avoit favorisé jusqu'alors, me devenant contraire, je me trouverois exposé à de plus grands malheurs. Mais je ne voulus pas les priver de la consolation de voir les Saints Lieux avant de quitter le Païs. J'envoyai l'aîné à Jerusalem, & le cadet à Nazareth, parce qu'il avoit déja fait le voyage de Jerusalem, & à son retour je le fis embarquer dans le Vaiſſeau du Capitaine Bremond, ne gardant que le cadet auprès de moi.

Outre l'argent qui m'appartenoit que j'avois confié à Loüis *** je lui avois encore remis des ſommes conſiderables, appartenantes aux Sieurs Guillaume S. Jacques, & Loüis Martin de Marſeille, qui ſe trouvoient ainſi intereſſez dans ſa banqueroute, pour léſquelles je prévoyois que j'aurois un gros procès à ſoutenir, & cela ne manqua pas d'arriver, comme je le dirai dans la ſuite.

Mais je me trouvai en revenant de Barut dans un danger qui penſa terminer toutes mes avantures. J'euſſe pû m'embarquer & faire mon voyage plus commodément, mais j'avois deux chevaux qu'il auroit fallu confier à un valet, qui auroit pû être volé, ou me les voler lui-même, je pris le parti de revenir par terre comme j'étois allé.

J'appris après avoir paſſé la riviere de Damour, qui eſt à moitié chemin de Barut à Seïde, qu'il y avoit cinq cens Druſſes en embuſcade, qui égorgeoient tous les Turcs qui tomboient entre leurs mains, & qui ne faiſoient pas un meilleur traitement aux autres Nations. Ils étoient postez dans un défilé, fermé par un chemin étroit coupé dans le rocher, ayant d'un côté un précipice affreux, au pied duquel la mer vient se rompre, & de l'autre des rochers entrecoupez d'un bois taillis fort épais. Les mulets ont creusé ce chemin de maniere que les chevaux qui y passent sont contraints de mettre leurs pieds dans les trous qui se trouvent creusez, de sorte qu'on ne peut avancer qu'à pas comptés. Des Païsans qui avoient escarmouché avec ces Drusses quelques heures auparavant m'avoient appris le nom de leur Chef. Dès que je fus à portée de lui parler, je le saluai par son nom en sa langue, comme si je l'avois déja vû & connu auparavant. Je mis pied à terre, lui touchai dans la main, & comme si je fusse étonné qu'il ne me remettroit pas: Quoi, lui dis-je, Cheikh Mender, vous ne connoissez plus un Franc qui vous a vû tant de fois à Seïde du tems des Emirs, & qui avez mangé chez moi avec tels & tels Cheikhs que je lui nommai. Mon assurance lui imposa, il me reconnut, quoiqu'il ne m'eût jamais vû, & me demanda en riant d'où je venois & où j'allois. Je répondis à ses questions,

& je lui demandai à mon tour, s'il ne vouloit pas m'aider à vuider une bouteille de vin, & manger un morceau avec moi. Il me dit que cela lui feroit plaisir. Mon valet étoit sur son cheval immobile comme une statuë, attendant le moment d'être égorgé, & jetté dans le précipice, comme bien d'autres, dont nous avions le sang encore fumant sous nos yeux. Je dis au Cheikh d'envoyer un de ses gens prendre mes provisions dans les besaces que mon valet avoit derriere la selle de son cheval. Il me dit que mon valet feroit cela mieux que ses gens. Il me fit plaisir, car il y avoit sous mes provisions un sac d'argent que j'avois reçû à Barut, dont la vûë auroit pû réveiller l'avarice de ses gens, que je voyois marmotter entre leurs dents, & murmurer de la patience de leur Chef. Mon valet me parut un peu rassuré. Je lui dis de nous apporter à manger. Par bonheur j'avois chargé le cheval de mon valet de quatre grosses bouteilles de cuir d'excellent vin, dont on m'avoit fait present, & d'une bouteille d'eau-de-vie. Mon valet en apporta deux avec la bouteille, un chapon rôti & du pain. Nous nous asîmes sur l'herbe à l'ombre des arbres. Quelques-uns des principaux de la troupe se joignirent à nous. Les deux premieres bouteilles furent bien-tôt vuides. On apporta les deux autres, qui mirent nos conviez de gaye humeur; nous nous embrassâmes tendrement. Ils me conterent leurs bonnes fortunes, & me firent voir les habits de ceux qu'ils avoient égorgez, & le butin qu'ils avoient fait, & voyant que l'heure commençoit à me faire songer au départ pour arriver à Seïde avant que les portes fussent fermées, il me dit que je pouvois partir quand il me plairoit; mais sur toutes choses, que je ne découvrisse à personne son embuscade. Je le lui promis, & je lui aurois promis bien davantage, s'il me l'avoit demandé, tant j'avois envie de m'éloigner d'un endroit si dangereux.

Après nous être donné reciproquement mille témoignages d'une amitié sincere, je montai à cheval, il m'offrit fort honnêtement quelques-uns de ses gens pour m'escorter, je le remerciai. Il me dit : Ils vous pourront être utiles ; car vous trouverez un autre parti de nos gens, qui pourroient vous insulter, ne sçachant pas que vous êtes de nos amis ; mais puisque vous ne jugez pas à propos de prendre de mes gens ; prenez ce Billet & le leur montrez, & vous ferez en sûreté, & le leur laissez, afin qu'ils me le rendent. Je l'acceptai, & il me servit très-bien : car je tombai en moins de deux heures dans l'autre embuscade. Je demandai d'abord le Chef. Il se présenta, je descendis de cheval, je lui presentai le Billet en baisant sa barbe. Il jetta les yeux dessus, & me presenta la main. Nous nous fîmes mille caresses, il me dit que je ne trouverois plus personne des leurs. Je lui fis present d'une livre de tabac, & après de nouvelles embrassades, je montai à cheval, & poursuivis ma route.

Alors je poussai mon cheval ; mais quelque diligence que je fisse, je vis bien que les portes seroient fermées quand j'arriverois à Seïde ; de sorte que je résolus de passer la nuit dans un Village nommé Romey, à une grande lieuë de Seïde. Heureusement j'étois connu de tous les Païsans, sans quoi ils ne m'auroient pas reçû, & me le dirent sans cérémonie, ajoûtant qu'ils nous avoient d'abord pris pour des Turcs, & que si nous en eussions été, ils nous eussent forcez de passer, de crainte d'être pillez & maltraitez des

Druffes, s'ils euffent appris qu'ils euffent donné retraite à leurs ennemis.

Avant d'arriver à ce Village, j'avois rencontré une Caravanne de Marchands que j'avertis charitablement, & malgré ma promeffe, du danger où elle étoit de tomber dans une de ces deux embufcades. Les Marchands me crurent, rebrouffèrent chemin, & vinrent fe retirer au même Village, fans quoi ils étoient perdus : car les Druffes avoient de bonnes armes à feu, & ils fçavent fort bien fe battre.

Cependant un François, nommé Simon Bourgeois, étoit arrivé à Seïde, & avoit dit que je ne tarderois pas à arriver étant parti en même-tems que lui. Cela obligea mes amis & mes gens à prier le Portier de la Ville de ne pas fermer la porte. Il y confentit, & demeura avec eux jufqu'à près de minuit, & voyant que je n'arrivois point, ils fe retirèrent, ne doutant point que je n'euffe eu le même fort que bien d'autres, qui étoient tombez entre les mains des Druffes, & qui avoient été égorgez.

Je partis le lendemain à la pointe du jour, & j'arrivai de très-grand matin à la Ville. Je trouvai mes gens qui avoient paffé la nuit fans fe coucher,

1665.

ils me pleuroient comme mort, & furent bien aises de me voir en vie. Mes amis furent avertis de mon arrivée, & vinrent en foule me faire leurs complimens. Je vis en cette occasion que j'étois aimé dans cette Ville, dont presque tous vinrent me congratuler d'être ainsi échappé des mains de ces Barbares.

## CHAPITRE XXIII.

*Départ de Seïde, & voyage jusqu'à Marseille.*

JE ne songeai plus qu'à executer le dessein que j'avois formé de quitter Seïde, & me retirer à Marseille. J'arrêtai mes comptes avec tous mes créanciers & mes débiteurs. Je liquidai toutes mes affaires, afin que quand il se présenteroit une occasion convenable je pûsse m'en servir.

Il y avoit une Barque commandée par le Patron Penon de la Cioutat, qui devoit partir dans un mois. Mon pressentiment m'obligea de la préferer à un Vaisseau de trente pieces de canons, commandé par le Capitaine Martineng, qui vint m'offrir sa chambre de fort bonne grace. Tous mes amis me conseilloient de préferer un bon Vaisseau à une Barque. J'écrivis au Pere Gardien de Jerusalem, & au Pere Procureur, qui étoient de mes amis, & les priai de recommander cette affaire à Dieu, afin qu'il me donnât ses lumieres sur ce que je devois faire. Ils le firent, me dirent adieu par leurs Lettres, qu'ils accompagnerent de quelques caisses de chapelets, de croix, & d'autres curiositez de Jerusalem. A la fin malgré tous les avis & toutes les remontrances du Consul & de mes amis, je me déterminai à prendre la Barque préferablement au Vaisseau, & ce fut un vrai bonheur pour moi : car j'arrivai à Marseille quatre-vingt jours après mon départ, & le Capitaine Martineng fut pris par les Corsaires de Tripoli, & le Pere Loüis de Pontoise Cordelier de la Terre-Sainte, demeura long tems esclave chez ces Barbares.

J'envoyai le reste de mes effets à Marseille à M. Bettandier par des Vaisseaux qui partirent avant moi, & à Messieurs S. Jacques & Martin ce que j'avois à eux au-delà de ce qu'ils avoient souffert dans la banqueroute de Loüis ***. Je contentai tout le monde, & malgré mes pertes, je me trouvai encore assez riche.

Il n'y eut que Juda Bolcaire Juif d'Alep & établi à Barut, qui ne fut pas content de mon départ. Ce Juif que les Sieurs S. Jacques & Martin avoient recommandé à M. Bettandier, & à moi, comme un homme de confiance, étoit un intriguant du premier ordre, adroit, fourbe, dissimulé; en un mot, Juif depuis les pieds jusqu'à la tête. Je lui donnois, selon les ordres que j'avois reçû, des sommes considerables, & même pour moi, afin de les employer quand la Caravanne de la Mecque arrivoit à Damas, & il faisoit si bien son compte, qu'il y avoit toûjours à gagner pour lui, quand même ses Commettans y trouvoient de la perte.

Le prix excessif des soyes & des autres marchandises, obligerent M. Bettandier à me donner ordre de faire acheter des panses, c'est-à-dire, des raisins secs de Damas. Je chargeai Bolcaire & Alicha son Associé de me faire cette commission, & selon leur coûtume, ils ne manquerent pas de me tromper. Ils acheterent à la verité toute la panse qu'ils trouverent, comme je leur avois ordonné; mais contre mes ordres exprès, ils en vendirent une partie à un Marchand de Tripoli, & remplirent ce qu'ils avoient vendu de panfe de Balbée, qui n'eſt pas ſi bonne ni ſi claire que celle de Damas. La friponnerie ne fut reconnuë qu'à Marſeille, où l'on eut de la peine à s'en défaire, & où il y eut conſiderablement à perdre, auſſi bien que ſur les marchandiſes que ces Juifs avoient traitées pour notre Compagnie.

Je trouvai pourtant moyen de lui faire payer la fraude qu'il avoit faite à notre Societé. Mais quelques mois après mon départ, il fit banqueroute, & j'y fus en pure perte pour une ſomme conſiderable d'argent, que je n'avois pû retirer de ſes mains.

La Barque étant prête à partir, & mes affaires en état, j'y fis embarquer deux bœufs, des moutons, des chévreaux, des poules, du biſcuit, du vin, & toutes ſortes de rafraîchiſſemens, qui ſervirent à nourir l'Equipage, auſſi bien que mon frere & moi, & deux Valets. Je pris congé de M. le Conſul Croiſet, de toute la Nation, du Pacha, de ſes Officiers, du Cadi, & de tous mes amis de toutes ſortes de Nations. J'avois écrit à l'Emir Turabeye, à l'Emir Dervick, & autres, qui m'envoyerent des exprès, avec des Lettres très-polies, & des préſens.

Le moment de mon embarquement étant arrivé, je fus conduit au bord de la mer par plus de cinq cens personnes, & il me fallut plus de deux heures pour les embraſſer les uns après les autres. J'entrai enfin dans la Chaloupe, & je fis voguer au large, & à meſure qu'elle s'éloignoit, mes amis me diſoient les derniers adieux par des ſignes de mains, & par leurs mouchoirs qu'ils faiſoient voltiger en l'air. Je trouvai la Barque preſque remplie des préſens que mes amis y avoient envoyez. Quelques-uns prirent des Bateaux du Païs pour me venir encore embraſſer. Nous dînâmes enſemble, & le vent commençant à rafraîchir, nous nous embraſſâmes, & l'on fit ſervir les voiles, & nous tirâmes au large le vingtiéme de Mai 1665.

Le vent nous fut favorable tout le reſte du jour & toute la nuit ſuivante. Mais le jour ſuivant il augmenta conſiderablement & devint contraire; de ſorte qu'il fallut amener les voiles latines, & en enverguer de quarrées. Un autre bord nous porta au Cap de Gatta, & delà nous côtoyâmes la Caramanie juſqu'à l'Iſle de Rhodes. Nous découvrîmes un Vaiſſeau Corſaire qui portoit ſur nous, & comme le vent étoit foible, nous fîmes servir nos avirons toute la nuit, & nous ne le vîmes plus le lendemain matin.

Un petit vent de terre s'étant levé, nous fit passer entre les Isles de Caso & de Scarpanto, & ayant trouvé les vents de Nord qui regnent ordinairement dans l'Archipel, nous côtoyâmes l'Isle de Crete. Nous vîmes la Ville de Candie la Neuve, que les Turcs ont bâtie près de l'ancienne, & qui étoit alors assiegée sur les Venitiens.

Ce fut en cet endroit que le Mousse de la chambre tomba à la mer. Par bonheur pour lui le vent étoit foible. Nous eûmes pourtant assez de peine à le repêcher, & sans une planche qu'on lui jetta dans le moment qu'il tomba, il étoit perdu.

Le vent s'étant rafraîchi, nous dépassâmes l'Isle de Cerigo pendant la nuit, & comme notre dessein étoit de côtoyer la Morée, nous passâmes le lendemain devant la Sapience, que l'on appelle la Vigie des Corsaires, parce que c'est l'endroit où ils se mettent en embuscade, pour découvrir les Vaisseaux Chrétiens qui viennent du Levant pour reconnoître le Cap, & qui y achevent souvent leur voyage.

Nous y trouvâmes le Capitaine Général de Venise, auquel il fallut aller rendre obéïffance.

Le Patron fit mettre la Chaloupe à la mer, & s'en alla lui faire la révérence avec un préfent de rafraîchiffemens que nous avions embarquez à Seïde. Ces Venitiens font en poffeffion de maltraiter les François. Auffi notre Patron n'eut que des injures pour remercîment de fon compliment & de fon préfent. Le Capitaine le menaça de le faire mettre à la chaîne, parce qu'il n'étoit pas venu à fon Vaiffeau dès qu'il l'avoit apperçû. Le Patron lui dit qu'il avoit eu peur de fa Banniere rouge; mais qu'ayant à la fin remarqué le Lion de S. Marc, il s'étoit auffi-tôt rangé à fon devoir. Le Capitaine lui dit alors en fon mauvais langage Venitien : *Andé via meffar beftiazza, mi venne la Voglia de farni dar la Calla gramo difgratiato, ande via in tanta malhora Canaglia di Franceſi, Sparchezza del-mondo, Razza Strapaffata, per non dir ni Vilania.*

Le pauvre Patron s'en revint à fa Barque le plus vîte qu'il pût, fort mécontent de fa vifite. Nous demeurâmes encore quelques momens dans l'armée Venitienne, après quoi le Patron fit tirer trois coups de pierriers

& regagna la côte. Nous vîmes Modon, Coron & Navarin. Le vent d'Oüest qui souffla toute la nuit suivante, nous fit porter au Nord, & le lendemain nous allâmes moüiller à l'Isle de Zante, pour y attendre le beau tems & faire de nouvelles provisions de pain, de vin & d'eau qui commençoient à nous manquer.

Nous demeurâmes moüillez au Port de Zante jusqu'au dixiéme Juin 1665. sans mettre pied à terre, parce que venant de Turquie on soupçonne toûjours qu'on vient des lieux infectez de peste. Le Sieur Taulignan Consul de France vint nous parler au bout du mole. Nous le priâmes de nous faire acheter les choses dont nous avions besoin. Il le fit dès le lendemain, nous aurions été en état de mettre à la voile, si le vent ne nous eût pas été entierement contraire. Cela me donna le loisir de considerer l'Isle & la Ville, autant que l'éloignement des lieux me le pût permettre.

Le Port de Zante n'est à proprement parler, qu'une Rade en forme de croissant. Une haute montagne forme la pointe du Midi, au haut de laquelle il y a un Monastere de Grecs, avec une Eglise appellée la *Madonna de Scarpo*,

Isle & Ville de Zante.

le bout de la Ville ferme la pointe du Nord.

L'entrée de la Rade eſt à l'Orient, & comme cette Iſle n'eſt éloignée de la côte de la Morée que de ſeize milles, ou cinq lieuës & un tiers vers Caſtel Torneze, la circonference de l'Iſle eſt d'environ ſoixante milles ou vingt lieuës. On prétend qu'elle a vingt milles Habitans, la plûpart Grecs ou Juifs. Ces derniers y ont trois Synaguogues. Les Grecs y ont un Evêque de leur Rit, pluſieurs Egliſes & Monaſteres. Il y a auſſi un Evêque Latin, dont la Juriſdiction ne s'étend que ſur la Garniſon & ſur cinquante ou ſoixante familles Latines qui y ſont établies. Il eſt ſuffragant de l'Archevêché de Corfou, auquel on a uni l'Evêché de Céphalonie, qui eſt au Midi de Zante, & ſéparée par un détroit de douze milles ou environ.

On diviſe ordinairement l'Iſle de Zante en trois parties, la montagne, le pied de la montagne & la plaine. Tous ces terreins differens ſont extrêmement fertiles en bleds, en fruits & en vins, qui ſont extraordinairement violens & preſque comme de l'eau de vie. On croit que cela vient de la chaux vive qu'on a coûtume d'y mêler, sous prétexte de les conserver davantage, & de les rendre plus propres à souffrir la mer.

1665.

On y fait encore un grand trafic de ces petits raisins secs, qu'on appelle raisins de Corinthe, parce que les premiers seps sont venus des environs de cette Ville, qui est dans l'Isthme qui joint la presqu'Isle de la Morée à la Terre-Ferme. J'en fis acheter quelques quintaux, les Italiens, les Espagnols, les Anglois & les Peuples du Nord en consomment beaucoup, & en mettent dans tous leurs ragoûts & leur pâtisserie.

La Ville est située au pied de la montagne, au sommet de laquelle il y a une Forteresse qui me parut bonne en elle-même; mais peu propre pour commander à la Ville, & pour défendre la Rade, à cause de sa situation trop élevée, qui empêche que les canons ne puissent plonger assez pour cela. La Ville est bien plus longue que large, sa figure suit celle de la côte, elle ne me parut avoir que trois ou quatre ruës longues, dont les maisons n'ont qu'un étage, à cause des fréquens tremblemens de terre qu'on y ressent.

Il y a au pied de la montagne, sur laquelle la Forteresse est bâtie, une grosse source d'eau douce, qui jette des morceaux de poix de la grosseur des noisettes & des noix. Cette poix qui est d'abord molle, s'endurcit promptement au Soleil. On en amasse environ cent barils tous les ans, ce qui est une marque certaine qu'il y a des feux soûterrains dans les entrailles de cette Isle, qui produisent les tremblemens dont elle est agitée, & qui la ruineront peut-être un jour quand toute la matiere bitumineuse sera consumée, & que ces vastes voûtes naturelles qu'elles remplissent viendront à se rompre, & à s'affaisser. Les Venitiens à qui elle appartient y entretiennent une bonne Garnison, & la regardent avec l'Isle de Corfou, comme deux clefs du Golfe Adriatique, dont ils prétendent être les Maîtres & les Seigneurs, à l'exclusion de tous autres, en vertu d'une prétenduë donation qu'un Pape leur en a faite. Il n'y auroit rien à redire là-dessus si la mer Adriatique avoit appartenuë au Pape ; mais comme il n'y a pas plus de droit que les autres Princes, qui sont en possession des terres qui l'environnent, aussi regarde-t'on comme une momerie, la cérémonie que fait le Doge de Venise le jour de l'Ascension, quand il va en pompe jetter un anneau d'or dans la mer, en disant : *Desponsamus te, mare, in signum perpetui Dominii.* Nous t'époufons, ô mer, en figne d'un domaine perpetuel. Voilà fans doute un beau mariage, & des époux bien proportionnez.

Pendant que nous étions moüillez à la rade de Zante, il y arriva dix Galeres Venitiennes : elles étoient fort bien armées. Outre les Chiourmes & les Soldats elles avoient un bon nombre de gens qu'on appelle *Bonavogles*, c'est ainsi qu'on nomme les malheureux qui ont vendu leur liberté, ou pour un tems, ou pour toute la vie, moyennant une modique somme qu'on leur a donnée, pour une chose qui n'a point de prix chez les hommes qui ont tant soit peu d'honneur, ou qui en connoissent le prix. Ces misérables ont un anneau de fer au pied, & très-souvent font à la chaîne comme les Forçats. Ils font obligez à ramer & à faire les autres services de la Galere où ils sont. Toute la différence qu'il y a entre eux & les autres Forçats, c'est qu'ils ont un sabre & un mousquet à côté d'eux dans le banc où ils rament, & que dans l'occasion ils quittent la rame & prennent les armes comme soldats. Ces Galeres ont des hautbois & des tymballes, & c'eſt quelquefois ſur le ſon de ces inſtrumens que les Forçats reglent leur vogue.

Les Capitaines de ces Galeres avoient une cour nombreuſe de Gentilhommes & d'autres jeunes gens bien vêtus qui apprenoient la Marine, afin d'être en état d'avoir des emplois dans l'Armée Navalle, après qu'ils avoient fait quelques campagnes.

L'onziéme de Juin un vent de Sud s'étant levé à la pointe du jour, nous levâmes l'ancre, & nous côtoyâmes la partie ſeptentrionale de l'Iſle, afin de nous élever & faire canal, c'eſt-à-dire traverſer le Golphe Adriatique, & garder la terre-ferme de la Calabre. Nous portâmes à l'Oüeſt, & en deux jours nous découvrîmes le Cap Sainte Marie en Calabre.

Le 14. nous portâmes ſur le Cap Spartivento que nous doublâmes heureuſement, & ſans rencontrer les Corſaires qui en font ordinairement leur croiſiere.

Le 16. nous vîmes le Mont Ethna en Sicile, qu'on appelle autrement le Mont Gibel. Le vulgaire ignorant croit que c'eſt une bouche ou un des ſoupiraux de l'Enfer, parce qu'il en ſort des tourbillons de flammes. On les voit pendant la nuit, & pendant le jour on ne voit que de la fumée qui s'éleve en gros tourbillons.

Après avoir doublé le Cap Spartivento, nous entrâmes dans le Fare de Meſſine, c'eſt ainſi qu'on appelle le détroit fameux qui eſt entre la Calabre & la Sicile. Ce paſſage étoit redoutable aux anciens Navigateurs, on eſt à préſent bien revenu de ces terreurs paniques.

Nous vîmes en paſſant la Ville de Rheggio, elle eſt décorée d'un Siege Archiepiſcopal. Elle me parut petite & aſſez jolie, ſes édifices forment une eſpece d'amphithéâtre qui leur donne la vûë de la mer. Sa ſituation ſur le bord de la mer en feroit une Ville de commerce; mais elle n'a qu'une rade où les vents & les courants du Détroit tourmentent les Bâtimens. Cela n'empêche pas qu'elle ne débite les marchandiſes de ſon crû. Les Pilotes de Rheggio vinrent au devant dans une Chalouppe, pour nous montrer la route que nous devions ſuivre.

Nous paſſâmes devant Meſſine ſans avoir le tems de la conſidérer : le courant qui nous étoit favorable, avec le vent qui étoit arriere, nous emportoient d'une vîteſſe extraordinaire.

Tout ce que je pus remarquer de cette Ville, c'est qu'elle est grande, située au bord de la mer & sur les pentes de cinq ou six côteaux ou montagnes qui l'environnent du côté du midi, sur les sommets desquels il me parut qu'il y avoit quelques forts.

Le Port est ovale & fort grand. Son côté droit est fermé par de grandes maisons de pierres de taille d'une égale simétrie. Autant que mes lunettes me purent les approcher, elles me parurent d'une architecture pesante & massive.

Nous passâmes enfin l'endroit qui est entre les deux dangereux écüeils appellez *Scilla* & *Caribde*, entre lesquels sont ces tourbillons ou tournoyemens d'eau, qui étoient autrefois si méchans, qu'ils emportoient les Bâtimens, & après les avoir bien fait piroüetter les abîmoient. Ils se sont corrigez, il n'y a plus que les bonnes gens qui les craignent. Nous y passâmes sans nous en appercevoir, & nous rangeâmes la côte d'Italie. Nous vîmes pendant la nuit les flammes du Volcan de Stamboli qui est une des Isles Liparotes. Nous passâmes devant Naples, c'est-à-dire à l'embouchure du Golphe, au fond duquel est cette Ville

*célebre*

célébre par sa grandeur & par le peuple nombreux qu'elle renferme.

1665.

Le 17. Juin, nous nous trouvâmes en calme dans le Canal entre Portolongone & Piombino. Le vent contraire succéda au calme, & nous fit louvoyer deux jours entre l'Isle d'Elbe, celle de Corse, la Capraya, Monte-Christo & les Formigues.

Les courans nous ayant poussez trop près de la Capraya, nous fûmes obligez de mettre notre Pavillon pour faire connoître que nous étions François; mais comme on me voyoit sur le pont habillé de long à la Turque, on nous prit pour un Bateau Corsaire, on prit les armes, & on nous envoya trois volées de canon qui passerent entre nos mâts sans les offenser.

Le même soir, le vent s'étant mis à la raison, nous doublâmes le Cap Corse; mais ayant apperçû deux Galeres que nous ne connoissions point, & qui pouvoient être de Biserte, nous changeâmes de route, & voguâmes toute la nuit, & le lendemain ne les ayant point apperçûës, nous portâmes à route, & nous côtoyâmes la riviere de Genes, c'est-à-dire la côte de cette République. On appelle celle qui est à l'Est de Genes la riviere du Levant,

*Tome III.* R

& celle qui est à l'Oüest la riviere du Ponant.

Le 20. Juin, nous dépassâmes les Isles d'Hyeres, nous vîmes la Cioutat, & nous pensâmes faire naufrage au Port. Un coup de vent imprévû nous surprit avec une telle violence, que celui qui tenoit l'escoute ne l'ayant pas larguée assez vîte, la Barque vint sur le côté; tout le monde mit la main à l'œuvre, on manœuvra, & la Barque s'étant remise nous allâmes moüiller au dehors de l'embouchure du Port de Marseille le 21. Juin 1665. qui étoit le jour de ma naissance, & après une absence de douze années que j'avois demeuré dans le Levant.

Le Patron alla porter les Lettres au Bureau de la Santé : les Intendans s'étant assemblez nous envoyerent aux Infirmeries, où l'on nous laissa en quarantaine, & où l'on déchargea toutes les marchandises, parce que nous venions d'un Païs toûjours suspect du mal contagieux.

Le 26. mes parens m'envoyerent des habits à la Françoise. On m'enferma dans une petite chambre sans fenêtre, où l'on alluma un feu de paille avec quelques herbes odoriferentes, & après que j'eûs été bien parfumé &

bien lavé, je mis les habits qu'on m'avoit envoyés. Mes parens & mes amis me vinrent embrasser, & me conduisirent à la Ville.

Je passai les huit premiers jours à recevoir les visites & les complimens d'une infinité de gens de ma connoissance, & d'autres qui vouloient sçavoir des nouvelles du Levant. Ces civilitez extraordinaires & peu attenduës me charmerent d'abord ; mais j'appris bientôt que ces politesses n'étoient que des coûtumes incommodes introduites & conservées avec soin dans cette Ville, qui n'ont point du tout pour fondement une amitié sincere, d'autant que l'interêt étant la seule regle de la conduite de tous ces gens-là, le sang, les alliances les plus anciennes, les services les plus importans & plus souvent réïterez ne les en font pas revenir, ils n'y font pas la moindre attention. L'intérêt est la seule regle de leur conduite, je m'en apperçûs bientôt.

A peine eûs-je rendu les visites que j'avois reçûës, que les Srs. S. Jacques & Martin, sans garder aucunes mesures de bienséance, me firent assigner devant le Lieutenant de l'Amirauté, prétendants me rendre responsable de tout ce qu'ils perdoient dans la banqueroute du Juif Bolcaire. On me conseilla d'aller à Aix consulter mon affaire aux plus habiles Avocats. J'y allai, je portai mes pieces justificatives avec moi. Ils trouverent mon affaire trèsbonne, & m'assûrerent que je la gagnerois infailliblement, pour peu que je l'évoquasse au Parlement, qui jugeroit bien plus équitablement que les Marchands qui composent le Siége de l'Amirauté. Je revins à Marseille, résolu d'attendre le Jugement de l'Amirauté, & de porter mon affaire au Parlement par appel; mais ayant considéré que je n'étois gueres propre à ces sortes d'affaires, qui dureroient peutêtre longues années, & qui me feroient perdre un tems que je pourrois employer plus utilement, je suivis le conseil de quelques amis préférablement à celui des Avocats, & je consentis à mettre mon affaire en arbitrage. Par malheur pour moi les Arbitres qui furent choisis de part & d'autre étoient des gens de commerce, qui prévenus des maximes qui sont en usage chez eux, & qui sont plus conformes à leurs intérêts qu'à la justice, me condamnerent à dédommager presque entierement les Srs. S. Jacques & Martih; de sorte qu'ils ne perdirent qu'un tiers dans la banqueroute de Bolcaire, & je fus obligé de leur tenir compte des deux autres tiers. Cette perte jointe à bien d'autres, mit mes affaires en assez mauvais état, & de tous ces prétendus amis qui m'avoient incommodé par leurs visites & leurs longs complimens, il n'y eut que mon cousin François d'Arvieux qui ne m'abandonna pas, & qui me secourut toûjours généreusement de ses conseils, de ses soins & de sa bourse.

Je passai ainsi dans les embarras de mes affaires tout le reste de l'année 1665. & une partie de 1666. Je mis ordre à tout. Je mis mes deux sœurs dans un Couvent, pour y être élevées selon leur état. Mes deux freres que j'avois élevés auprès de moi à Seïde se trouvant en état de faire quelque chose, je les mis en train de profiter des instructions que je leur avois données, & j'allai passer quelques jours en retraite chez les Peres de l'Oratoire à Notre-Dame des Anges, à moitié chemin de Marseille à Aix.

Au bout de huit ou dix jours je résolus de faire un voyage à Paris, espérant d'y trouver quelque moyen de réparer le désordre que les banqueroutes avoient apportées dans mes affaires. Je crus qu'il étoit à propos d'avoir des Lettres de recommandation de M. le Premier Président d'Oppede & de quelques autres personnes, afin d'abreger le tems qu'il m'auroit fallu, pour me faire connoître dans un Païs où je n'avois aucune habitude.

J'arrivai à Aix dans le tems que M. du Moulin Ecuyer de la Reine y arriva. Il étoit chargé de porter à Tunis la Ratification du Traité de Paix que M. le Duc de Beaufort avoit conclu avec la Régence de Tunis le 26. Novembre. 1665. & M. le Président d'Oppede, qui faisoit la fonction de Lieutenant de Roy en Provence, avoit ordre du Roy de choisir une personne en Provence qui fût capable d'aller sur les lieux, & de faire exécuter ce Traité de Paix de point en point.

M. le Président d'Oppede à qui j'avois été présenté dès que j'étois arrivé en Provence, jetta d'abord les yeux sur moi, & écrivit à M. de Vallebelle, afin de m'avertir d'aller à Aix recevoir les ordres qu'il me donneroit de la part du Roy.

Mon cousin François d'Arvieux monta à cheval aussi-tôt, & vint me trouver à Aix, où j'étois chez un de mes parens, il m'instruisit de ce qui se passoit, & me conseilla de prendre ce parti comme une occasion favorable de me faire connoître à la Cour. J'allai aussi-tôt faire la reverence à M. d'Oppede. Il me reçût avec beaucoup d'honnêteté, me retint à dîner, & après qu'on fût sorti de table, il me fit entrer dans son cabinet, & m'expliqua fort en détail ce qui regardoit la commission dont il me vouloit charger. Je lui dis ce que je pensois, il en fut content, & m'ordonna de retourner à Marseille, afin de prendre avec M. du Moulin les mesures necessaires pour notre Commission.

## CHAPITRE XXIV.

### Voyage du Chevalier d'Arvieux à Tunis.

JE ne manquai pas d'aller voir M. du Moulin dès que je fus arrivé à Marseille. Je lui fis mon compliment, & je lui donnai la Lettre dont M. d'Oppede m'avoit chargé pour lui. Il me reçût avec toute l'honnêteté imaginable: il me dit, qu'il étoit ravi qu'on eût choisi une personne de mon merite pour être son Associé, qu'il me connoissoit de réputation, & que mon experience seroit très-necessaire pour faire réüssir la négociation que nous allions entreprendre. Il m'assura ensuite qu'il n'oublieroit rien pour me donner pendant le voyage tout le contentement que je pouvois esperer.

Après un entretien fort long sur ce dont nous étions chargez, nous conclûmes que dès le lendemain il falloit exiger des Communautez de Provence les sommes qu'elles avoient promises pour le nombre des Esclaves qu'elles avoient à Tunis, sur quoi elles avoient reçû les ordres du Roi : & comme cela étoit de ma Commission, il me remit les papiers qui étoient necessaires pour l'executer.

Je reçûs peu à peu l'argent qui me fut apporté, & j'en donnai quittance. Je reçûs aussi cent mille livres, que le Roy eut la bonté de donner pour le rachapt des autres Esclaves de son Royaume, qui n'étoient pas de Provence.

Nous étions presqu'en état de partir, que nous n'avions point encore de Vaisseau pour nous embarquer. Ceux du Roi étoient tous employez à la guerre que nous avions contre les Anglois.

Il ne se trouvoit aucun Vaisseau Marchand qui nous fût propre ; de sorte que nous fûmes obligez d'aller à la Cioutat pour en trouver un. Il s'en trouva un qui n'étoit pas encore achevé. Il appartenoit au Capitaine Philippe Martin. Nous l'arrêtâmes, mais il fallut attendre qu'il fût prêt.

1665.

Je demeurai à la Cioutat pour presser l'ouvrage, & un mois après on le conduisit à Marseille. On l'arma de quatorze pieces de canons & de dix-huit pierriers. M. du Moulin le voulut commander, & que le Sieur Martin fût son Lieutenant. On y mit tous les Officiers qu'on met ordinairement sur les Vaisseaux de guerre ; avec trente Soldats, deux trompettes, deux tambours, & un pavillon blanc. Nos hardes furent embarquées & nos provisions, celles de Baba Ramadan Turc Envoyé de Tunis auprès du Roi, pour l'assurer de la bonne intelligence avec laquelle la République & la Régence de Tunis vouloit vivre avec les Sujets de Sa Majesté. On l'avoit regalé à la Cour, & dans toutes les Villes du Royaume où il avoit passé, il fut logé à Marseille chez le Sieur Tessel, où les Echevins & les Députez du Commerce le vinrent visiter, après lui

R v

avoir envoyé les préfens ordinaires.

Baba Ramadan avoit deux Valets ſi infolens, qu'ils donnerent des coups de foüet à des Bourgeois qui fe promenoient fur le Port, on lui en fit des plaintes, & on n'en eut d'autre raiſon, finon qu'on leur faifoit boire du vin, & que c'étoit ce qui leur faifoit faire des fottifes. On s'en tint là, parce qu'on crut avoir befoin de cet homme quand on feroit arrivé à Tunis.

Le Vaiſſeau alla moüiller aux Iſles, & nous demeurâmes à Marfeille en attendant que le vent devînt favorable.

Je me fervis de ce tems-là pour aller à Aix recevoir les derniers ordres de M. d'Oppede. Il me fit dîner avec lui, & me donna enfuite ma Commiſſion, dont voici la teneur.

HENRY DE MAYNIER, Baron d'Oppede, Chevalier Romain, Comte Palatin, Confeiller du Roi en fes Confeils, & fon premier Préfident au Parlement d'Aix.

En execution & conformément aux ordres de Sa Majefté, de choifir dans la Province une perfonne experimentée, pour envoyer au Royaume de Tunis. Et étant bien & dûëment informé de l'intelligence, capacité, affection &

fidélité de la personne du Sieur Laurent d'Arvieux, & de sa Religion Catholique, Apostolique & Romaine, Nous lui avons ordonné par ces Presentes de s'embarquer avec M. du Moulin Ecuyer de la Reine, Envoyé par Sa Majesté pour donner la ratification de la paix, que M. le Duc de Beaufort a traité avec le Royaume de Tunis, pour recevoir & employer les sommes destinées au rachat des Esclaves François, & mettre en execution de point en point tous les articles du Traité selon leur forme & teneur, & faire generalement tout ce qu'il y aura à faire sur les lieux pour le service du Roi, & pour la liberté & l'utilité de ses Sujets trafiquans audit Royaume, selon les instructions qui lui seront communiquées par ledit Sieur du Moulin, & du tout donner à son retour bon & fidéle compte. Fait à Aix le deuxiéme jour de Juin 1666. Signé Oppede, & plus bas Faucher, & scellé du cachet de ses armes.

Je pris congé de M. d'Oppede, & je revins à Marseille où je demeurai jusqu'au cinquiéme de Juin, que nous nous embarquâmes pour partir le lendemain à la pointe du jour.

Dès le même soir de notre embarquement, M. du Moulin me montra toutes ses instructions, & les ordres que nous avions à suivre. Il m'en remit une copie, avec une copie du Traité que M. le Duc de Beaufort avoit fait avec la Régence de Tunis. Il avoit été écrit en Italien, dont on donnera la Traduction en François à la fin de ce Traité.

Ce Traité secret & connu en même-tems de tout le monde, a été le motif d'une raillerie parmi les Turcs, qui disoient que les Chrétiens se payent de formalitez, & que les Turcs vont au solide, qu'ils consentent à la verité à tout ce qu'on veut écrire, pourvû que malgré les écritures, ils reçoivent de bon argent. Ils n'avoient pourtant pas raison de se mocquer de nous, puisque la somme stipulée pour la rançon de chaque Esclave, étoit bien au-dessous du prix le plus bas qu'ils les vendent ordinairement.

*Départ de Marseille.* Nous partîmes des Isles de Marseille le 6. Juin 1666. au point du jour. Le vent nous fut d'abord assez favorable, il changea ensuite, & devint si foible que nous fûmes six jours entiers avant de découvrir la côte de Barbarie.

Ce retardement me servit à conferer

avec M. du Moulin sur tout ce que nous avions à faire, & à prendre les mesures convenables pour réüssir dans notre négociation.

Comme ces entretiens me donnerent lieu de connoître à fond le caractere de son esprit, je prévis aisément qu'il me donneroit bien de l'exercice, & que malgré tout ce que je lui pouvois dire de l'humeur des Turcs & des Barbaresques que je connoissois mieux que lui, il auroit bien de la peine à se moderer, ce qui étoit pourtant absolument necessaire dans l'affaire délicate que nous allions traiter avec des gens la plûpart sans parole & sans honneur, & que l'interêt seul conduit & fait agir.

Ce que j'avois prévû ne manqua pas d'arriver, comme je le dirai dans la suite.

Nous arrivâmes enfin le 12. Juin aux côtes de Barbarie : le Vaisseau avec son pavillon blanc déployé, mit en panne devant Porto Farine. On jugea à propos que j'allasse à terre, afin d'avoir nouvelle de ce qui se passoit à Tunis.

On fit armer la Chalouppe, on y mit un pavillon blanc, un tapis & des carreaux, & quand elle déborda, on me salua de cinq coups de canon, &

d'autant de Vive le Roi.

1665.

J'avois eu soin de laisser croître ma moustache, j'avois pris un fort bel habit, j'avois mon épée au côté & ma canne à la main, & j'étois suivi de trois Valets de livrée.

Je fus à la Doüanne en mettant pied à terre, je fis civilité au Doüannier, qui fut ravi de m'entendre parler Arabe; mais quand je vis qu'il me répondoit en Turc, je lui parlai aussi dans la même Langue, il en fut surpris, & me demanda si j'étois Turc: je lui dis que j'étois François; mais que j'avois demeuré plusieurs années dans les Etats du Grand Seigneur, où j'avois appris les Langues Orientales. Il me fit servir du caffé, du tabac & du sorbet, & nous entrâmes dans une conversation, dans laquelle il m'apprit que le Pacha *Khamonda Beigalhgagli* étoit mort, que ses enfans *Muradbeig* & *Mehemet-Beig-Elhaffi*, avoient chassé le Day appellé Caragus, nom qu'on lui avoit donné, parce qu'il avoit les yeux noirs, qui est pourtant une beauté chez les Turcs, tant pour les hommes que pour les femmes; que ce Day étoit mort de poison quelques jours après, & que ces jeunes Princes qui aimoient la guerre, ne paroissoient pas disposez à exercuter le Traité de Paix que leur pere avoit signé.

Ces nouvelles me furent confirmées par des Esclaves François que je trouvai à Porto Farine. Notre arrivée leur fit grand plaisir ; mais ne voyant qu'un seul Vaisseau François, qui n'imposeroit pas beaucoup aux Turcs de Tunis, ils crurent leur liberté encore bien éloignée. Je les consolai le mieux qu'il me fut possible, & je leur promis que je n'oublierois rien pour les emmener avec moi. Je m'arrêtai quelque tems à considerer Porto Farine, & puis je rentrai dans la Chalouppe, & je regagnai le Vaisseau, afin qu'il pût arriver le même soir à la Goulette.

*Situation & nom de Porto Farine.*

Bien des gens croyent que Porto Farine est l'ancienne Ville d'Utique, célébre par la mort de S. Loüis, qui y déceda de peste en revenant d'Egypte. On se trompe ; ce S. Roi mourut devant Tunis qu'il assiegeoit. Les Arabes Bereberes qui sont les Naturels du Païs l'appellent *Garalmelha*, dont on a fait le nom de Biserte. Il n'est pas facile de sçavoir pourquoi on l'appelle Porto Farine. On croit que ce sont les Italiens qui lui ont donné ce nom, ils nous instruiront quand il leur plaira de la raison qu'ils en ont euë.

1665.

Elle est à dix-sept lieües de Tunis, & à l'embouchure de la riviere Bagrada. Les Afriquains l'appellent Benfar, c'est-à-dire, fils ou fille du lac, parce que la mer entre dans la terre par un canal étroit, & forme un lac d'où elle sort, & au travers duquel elle passe : car selon les apparences, elle a sa source dans les montagnes qui en sont plus éloignées. Les bords de ce lac sont habitez par des Pêcheurs, qui y prennent beaucoup de poissons qui y montent de la mer, & sur-tout de petits Dauphins ou Marsoüins de cinq ou six livres, qui sont excellens quand ils sont de ce poids ; au lieu qu'ils ne valent pas grand chose quand ils sont

*Description des Dauphins ou Marsoüins.*

parvenus à leur grandeur naturelle, qui est pour l'ordinaire de huit à dix pieds, parce qu'alors ils sont trop gros, leur chair est coriace & de mauvais goût, il faut être pressé de la faim pour s'en accommoder ; mais on en fait de l'huile pour brûler & pour d'autres usages. On y prend aussi quantité d'Aloses, & d'autres poissons.

La Ville, Bourg ou Village, est très-peu considerable, quoiqu'on prétende qu'il y a six mille maisons. J'aurois peine à m'inscrire en faux contre ce nombre, parce que celles que j'ai vûës sont fort petites & fort ferrées les unes contre les autres. Il y a des magasins assez grands, deux bagnes ou prisons pour les Esclaves, & une doüanne assez spacieuse & bien bâtie. Du reste elle n'est considerable que par son Port, qui est accompagné d'une Darce fermée d'une chaîne, où dix Vaisseaux peuvent moüiller commodément & en sûreté. L'embouchure est fortifiée de deux Tours sur lesquelles il y a quelques pieces de-canon. La rade qui est en forme de croissant est grande & assez bonne, elle est formée par un bas fond, qui part du Cap & s'étend fort avant dans la mer. Le courant de la riviere borne un autre bas fond, qui fait l'autre pointe du croissant.

1665.

Les Arabes Bereberes que je vis dans la Ville, me parurent fort miserables. Tout leur habillement consistoit en une piéce de baracan dont ils s'entortillent le corps, qu'ils lient avec une ceinture de cuir. Ils ont un caleçon sans souliers, & sur la tête un méchant morceau de toile dont ils font leur turban. Leur vie est si miserable, que leur plus grand régal n'est que des gâteaux pétris avec des œufs qu'ils font sécher au four, & qui se conservent les années entieres. Ils ne font

Arabes Bereberes.

point de feu dans leurs maisons ; ils ont de petits fours de terre cuite qu'ils mettent dans la ruë, dans lesquels ils font cuire leur pain, leur viande & leur poisson. Ils couchent sur des peaux de mouton. Il y en a peu qui ayent d'autres lits. Ils sont aussi superstitieux que leurs Confreres du Mont-Carmel, & sur-tout quand ils vont à la guerre. Eux & leurs chevaux sont chargez de gris gris, ou billets où sont écrits des passages de l'Alcoran, qu'ils croyent les rendre invulnerables & leur porter bonheur.

On mit le vent dans les voiles dès que je fus de retour au Vaisseau, afin d'aller mouiller à la Goulette.

Il y a un Marabout ou Hermitage Mahometan, qui est situé au milieu du penchant de la montagne, entre la rade & la pointe du Cap, il sert de guide pour entrer dans la rade.

*Arrivée à la Goulette.* Baba Ramadan demeura à bord avec les six Janissaires qu'on avoit tiré des Galeres, pour être échangez contre autant d'Esclaves Chrétiens François. On éluda de leur donner permission d'aller à terre, de crainte qu'ils ne donnassent des avis qui ne nous auroient pas été favorables.

Nous mouillâmes le même soir à la

Goulette, & nous demeurâmes tout le lendemain 13. Juin fans envoyer personne à terre.

Les Efclaves que j'avois vû à Porto-Farine, avoient donné avis de notre arrivée à ceux de Tunis. Mais les Turcs ne s'empreſſerent point d'envoyer ſçavoir qui nous étions, ni ce que nous demandions. Ils ne voulurent pas même permettre à M. le Vacher Prêtre de la Miſſion, Vicaire Apoſtolique & Conſul de nous venir voir. Il n'y eut que Mehemet Beig Ellaffy qui nous envoya ſon Tréſorier, avec M. de Leon Gentilhomme de Marſeille, qui s'y trouvoit pour quelques affaires, qui nous envoya faire compliment, & qui nous confirmerent tout ce qu'on m'avoit dit à Porto Farine. Ils nous firent trouver bon d'envoyer à terre Baba Ramadan avec ſes gens, afin qu'il pût dire au Day & au Divan la maniere dont il avoit été reçû en France, & les porter à executer le traité de paix. On y conſentit. Baba Ramadan fut remis à ces Envoyez avec ſes valets, mais on retint à bord les ſix Janiſſaires, auſſi bien que tout ce qu'il avoit chargé dans le Vaiſſeau. Baba Ramadan s'étant preſenté au Day, & enſuite au Divan, fut interrogé ſur tout ce qui s'étoit passé dans son voyage ; mais comme il n'y trouva plus de ses anciens amis, parce que presque tout le Divan avoit été changé après la mort du Pacha *Khamonda Beig Ogli*, il n'osa presque rien dire à notre avantage. Nous lui avions donné deux lettres, une pour le nouveau Pacha, & l'autre pour Mehmed Chelabi, que les Chrétiens appelloient Dom Philippe, il les rendit, mais ils ne nous firent aucune réponse.

Baba Ramadan étant revenu à bord nous assura que tout iroit bien & que nous serions contens ; mais qu'il falloit attendre que les fêtes du Ramadan fussent passées. Nous étions alors dans les Fêtes de la Pentecôte, elles nous servirent de prétexte pour ne lui pas laisser emporter ses hardes, & les planches de noyer qu'il avoit embarquées dans le Vaisseau, en lui disant que notre Loy nous défendoit de travailler ces jours-là ; de sorte que toutes nos affaires demeurerent suspenduës pendant ce tems-là.

Le lendemain quatorziéme Juin nous vîmes arriver des Seigneurs à la Goulette appartenant à Mehmed Beig Ellassy, qui venoient pour saluer le nouveau Day, & faire le Beïram dans le Port.

Mehmed Bey & Dom Philippe s'y rendirent pour les voir arriver. Dès qu'ils apprirent qu'ils paroissoient, ils y firent dresser leurs tentes à dessein d'y passer les trois jours de leur fête dans les divertissemens qui suivent leurs jeûnes ordinaires.

Regab Renegat Genois, accompagné de plusieurs autres Turcs vint à notre Vaisseau, on le reçût avec politesse, on lui présenta du caffé, des confitures & des liqueurs. Il nous apprit dans la conversation que les Beigs étoient sur le rivage.

J'observai par la maniere dont ils entrerent dans le Vaisseau qu'ils agissoient en amis. J'appris dans la conversation que j'eus avec eux, tout ce dont je voulois être informé. Je résolus donc d'aller à terre saluer ces Seigneurs, & tâcher de découvrir ce qu'ils pensoient sur notre affaire; car j'étois résolu de faire par moi-même tout ce qui regardoit ma commission, sans me fier aux négociations des Interpretes, dont je pouvois me passer, & que je connoissois ou ignorans, ou infidéles.

Je fis mettre un tapis, des carreaux & un pavillon blanc à la chalouppe, j'y fis embarquer un grand bassin de fruits cruds & secs, des confitures, du vin & des liqueurs. Ces Messieurs s'embarquerent dans leur chalouppe, & moi dans la mienne, & quand nous débordâmes on nous salua de sept coups de canon, & j'allai saluer les Beigs dans leurs tentes. Je leur fis mon compliment en Turc, cela leur fit plaisir ; car quoiqu'on doive ou puisse supposer qu'ils sçavent les Langues des Chrétiens, il est certain qu'ils n'aiment pas à s'en servir. Ils répondirent à mon compliment avec beaucoup de politesse, & parurent surpris que je parlois si aisément leur Langue.

Nous passâmes légérement sur les affaires qui m'avoient fait entreprendre le voyage. Ils me dirent qu'ils n'auroient pas de peine à les accommoder après que les fêtes du Beïram seroient passées ; que cependant on pouvoit aller à terre en toute liberté, nous réjoüir, y faire nos affaires, & être assurez que nous serions par tout les bien-venus.

Après avoir demeuré quelques heures avec ces Seigneurs, je retournai au Vaisseau, & je dis à M. du Moulin le succès de ma visite. Il en fut pour le moins aussi joyeux que nos Janissaires, qui craignoient fort d'avoir vû Tunis sans y pouvoir entrer. Tout ce jour, qui étoit le quinze, se passa à recevoir des visites de quantité de François & de Turcs qui vinrent à bord.

Le jour suivant nous apprîmes que la Milice ne vouloit point la paix, & que *Cuchuk-Murad* Renegat Portugais avoit representé que si on rendoit tous les Esclaves François, leurs Vaisseaux manqueroient absolument de Matelots; qu'étant déja en paix avec les Anglois & les Hollandois, il ne leur resteroit plus que les Espagnols & les Italiens sur qui ils pussent faire des prises & des Esclaves, & qu'il n'en falloit pas davantage pour faire périr la République; qu'on ne devoit pas craindre les François, qui se contentoient de menacer, ou tout au plus de faire de grandes levées de boucliers, qui se réduisoient à rien, comme on l'avoit vû à Gigery; & qu'enfin il ne falloit jamais compter sur notre amitié ; que nous servions également les Venitiens & les Maltois contre le Grand Seigneur, & que nos Vaisseaux portoient toutes sortes de Bannieres.

Ce discours fut applaudi de la Milice, & irrita tout le Divan contre nous. Mehmed Ellaffi, qui étoit jeune, & qui avoit quatre Vaisseaux, aimoit la guerre, & n'avoit garde d'avoir des sentimens contraires aux discours de ce Renegat, pour ne pas désobliger la Milice, & ne pas préjudicier à ses interêts. Le vieux Pacha qui avoit signé le Traité n'étoit plus au monde. Le nouveau Pacha ne se mêloit de rien. Le Day étoit encore trop neuf & trop peu accredité, & Dom Philippe n'osoit rien dire, parce qu'il avoit été Chrétien; de sorte qu'il fut conclu que la paix ne seroit point faite, & qu'on nous renvoyeroit après le Beïram.

Cette résolution mit les Esclaves & les Marchands presqu'au désespoir, & tous s'empressoient de nous venir donner ces mauvaises nouvelles.

Le 16. Juin dernier jour du Beïram, le Beig Mehmed voulut se réjoüir dans les Vaisseaux & y regaler ses Capitaines & ses Officiers. Il y fit porter une grande quantité de viande, de vin, de fruits & de liqueurs.

Les Chalouppes vinrent le prendre à la Goulette. Il en envoya une à notre bord avec Ragab son Tresorier me prier de le venir trouver, parce qu'il avoit quelque chose à me dire en particulier.

Cette Ambassade fit de la peine à M.
du

du Moulin & à tout notre Equipage, ils craignoient après ce qu'on nous avoit rapporté, qu'on ne voulût m'arrêter pour nous obliger à rendre les six Janissaires, sans nous remettre les six Esclaves François qu'on nous devoit donner en échange. Pour moi, j'en jugeai tout autrement, & je descendis aussi-tôt dans la chambre pour m'habiller. Ragab, qui s'apperçût du trouble que son message avoit causé dans le Vaisseau, fit dire à M. du Moulin qu'il n'y avoit rien à craindre, & que son Maître n'avoit rien autre chose à me dire, que de me faire passer la journée à me divertir avec lui. Je suivis Ragab dès que je fus habillé. J'entrai dans sa Chalouppe, & nous rejoignîmes celle du Beig, il me fit entrer dans la sienne & placer auprès de lui. Les quatre Chalouppes s'approcherent de notre Vaisseau. Ils le trouverent pavoisé de l'avant à l'arriere avec ses pavillons de pouppe & de beaupré, & ses flammes. On salua le Beig de toute notre artillerie & de dix-sept Vive le Roi. Nous passâmes ensuite au vent des quatre Vaisseaux de guerre, qui saluerent leur Maître de tout leur canon, & enfin après nous être un peu promenez, nous montâmes dans la Ca-

*Tome III.*        S

pitane, & aussi-tôt le Beig fut salué de toute l'artillerie des quatre Vaisseaux, ausquels le nôtre ne manqua pas de répondre. Cette politesse à laquelle le Beig ne s'attendoit pas lui fit plaisir.

Les Vaisseaux firent servir leurs voiles, & poussèrent environ deux lieuës au large, après quoi ils revinrent faire des bords dans le Golphe de la Goulette.

Mehemet Beig fit servir le déjeûné dans la chambre de pouppe, & on commença à boire. Il eut beaucoup d'honnêteté pour moi ; mais il gardoit son sérieux dans ces commencemens, & même jusqu'au dîné.

Pendant ce premier repas, & une assez longue conversation qui le suivit en fumant, je remarquai que ce Seigneur avoit beaucoup d'esprit, & que malgré le sérieux qu'il affectoit, il avoit de la vivacité & de l'enjoüement.

Pendant que nous étions dans la chambre de pouppe, on couvrit le tillac d'une belle tente. Le parquet fut couvert de nattes & de tapis. On mit des carreaux tout autour, & une grande nappe au milieu.

Je n'avois garde de paroître nouveau dans les cérémonies usitées dans ces repas, j'avois mangé tant de fois avec des Pachas & leurs Officiers, que je n'obmettois pas la moindre chose. Le Beig me fit mettre auprès de lui. Je m'assis les jambes croisées comme les autres, je refusai modestement un carreau qu'on me voulut donner. Je mis mon mouchoir sur mes genoux, je n'employai que ma main droite ; de sorte que le Beig & tous ses Officiers étoient surpris de me voir parler leur Langue, & aussi accoûtumé à leurs manieres que si je fusse né parmi eux. Est-il possible qu'il soit François, se disoient-ils les uns aux autres ? Ce fut toute autre chose quand ils m'entendirent parler Arabe & Persan, & que pour satisfaire leur curiosité, j'écrivis & je chantai dans ces Langues dans la suite du repas.

La nappe étoit couverte d'un grand nombre de plats, il y avoit du pilau de toutes sortes de couleurs, blanc, rouge, bleu, jaune, violet. Le rôti, le boüilli, les ragoûts, la pâtisserie, quoique accommodez à leur maniere, étoient bons. On mangea avec appetit, & on but encore mieux. Il n'y avoit point de scrupuleux dans toute la troupe, tout le monde bûvoit du vin. Le Beig montroit l'exemple & bûvoit sou-

S ij

vent & à grands coups, & quoique le vin qu'on nous servoit fût violent, & qu'en moins de deux heures la plûpart des conviez eussent plus d'envie de dormir que de boire, le Beig tint bon jusqu'au soir, sans avoir d'autre incommodité que d'être bien guai. Il railloit, il faisoit des contes les plus plaisans du monde, il chantoit, rioit, bûvoit. On fumoit de tems en tems, le caffé succedoit au vin. Le sorbet précedoit les liqueurs, puis on revenoit au vin. Toute la journée se passa ainsi dans la joye. Je priai le Beig de me permettre d'envoyer un Billet à mon Vaisseau; il y consentit, & on m'apporta une douzaine de boëtes de confitures seches au sucre candi & une cannette de liqueurs. Elles furent trouvées excellentes. Les coups de canon accompagnerent les santez; quoique ce ne fût pas trop la coûtume parmi ces gens, ils trouverent que notre maniere étoit raisonnable.

Quand je vis le Beig bien en train de dire, je crus que je lui pouvois parler de nos affaires sans rien risquer, & comme j'étois à côté de lui, je lui dis en riant, qu'il alloit se perdre de réputation en France, s'il ne se faisoit pas un point d'honneur de faire executer le Traité que son pere avoit fait, que l'Empereur mon Maître en seroit piqué au vif, & qu'il étoit trop puissant pour ne pas venir à bout d'une Ville telle que Tunis, qu'assurément il la ruineroit de fond en comble, & qu'après cela il les contraindroit de nous apporter nos Esclaves sans rançon jusqu'à Marseille. Il me répondoit quelquefois en riant : Nous verrons comment vous vous y prendrez. A la fin, il me serra la main, & me dit : Donnez-vous patience, j'ai la memoire de mon pere en trop grande vénération, pour ne pas faire les derniers efforts pour vous contenter. Nous en parlerons demain. Pour aujourd'hui ne songeons qu'à nous divertir.

La nuit s'approchant, Mehmed Beig voulut débarquer & aller passer la nuit dans une maison de campagne qu'il a sur le rivage de la mer appellée Marsa. Nous nous embarquâmes dans les Chalouppes. Les quatre Vaisseaux le saluerent de toute leur artillerie. Nous nous promenâmes un peu, & nous passâmes assez près de notre Vaisseau, qui salua le Beig de tous ses canons & pierriers, & m'envoya la Chalouppe pour me prendre si je voulois aller à bord. Le Beig me dit qu'il ne falloit pas nous quitter si-tôt. Je dis à l'Officier qui la commandoit, qu'on ne fût pas en peine de moi, & que j'étois en bonne compagnie.

Nous arrivâmes à la maison. Le Beig & tous ses gens se mirent à dormir de côté & d'autre. Pour moi, qui ne me sentois point incommodé de la fatigue de cette journée, je me promenai dans les appartemens en songeant à mes affaires, pendant qu'un grand nombre d'Esclaves travailloient à préparer le souper.

Le Beig s'étant éveillé au bout de trois heures, & ne me voyant point m'envoya chercher. Nous prîmes du caffé tête à tête, & nous parlâmes de nos affaires.

Il me dit tout ce qui s'étoit passé au Divan, avec des circonstances que je ne sçavois pas, ajoûtant qu'il seroit bien difficile de vaincre l'opposition d'une Milice mutinée. Je lui répondis qu'il ne connoissoit pas ses forces ni son pouvoir, & qu'il ne trouveroit peut-être jamais une occasion si favorable, pour se faire un honneur infini dans tout le monde, & pour acquerir à sa famille & à lui en particulier, la réputation d'être les plus honnêtes gens, & qui sçavent mieux tenir leur parole, qu'il se devoit cela à lui-même & au plus grand Monarque de la Chrétienté, que pour moi je ne prétendois dans cette négociation que l'honneur de servir mon Maître & d'être utile à ses sujets ; mais que je souhaitois n'en avoir obligation qu'à lui seul. Nous raisonnâmes beaucoup, & il conclud enfin que le lendemain je devois me rendre à Tunis, & que sans faire connoître que je lui avois parlé, il falloit que je visse son frere en particulier, & tâcher d'avoir sa parole, que je ne manquasse pas de lui dire les raisons que je lui venois de dire, & qu'il étoit sûr qu'il me la donneroit. Il m'assura que le Day n'hésiteroit pas un moment à me donner la sienne ; mais qu'il falloit pour cela l'aller trouver à quatre heures du matin avant que la Cour entrât, que c'étoit un bon homme qui aimoit la paix, & qu'infailliblement je ne pouvois pas manquer de réüssir. Il me dit que je vinsse ensuite dîner avec lui, afin de lui rendre compte de ce que j'aurois fait.

Il me dit encore de faire débarquer M. du Moulin & les six Janissaires & de les mener au Fondique, & me donna sa parole que tout iroit comme nous pouvions souhaiter.

On servit le souper, & nous continuâmes à boire & à nous divertir jusqu'à deux heures après minuit, après quoi chacun alla se coucher sur des matelas qu'on avoit mis autour de la salle.

Le dix-sept nous montâmes en carosse sur les sept heures du matin, & nous allâmes à Tunis. On me descendit à la porte du Fondique, où je fus reçû par M. le Vacher Prêtre & notre Consul, accompagné des François qui y étoient. On me conduisit à la Chapelle, & delà à la maison Consulaire. J'envoyai un Exprès à M. du Moulin, & lui marquai l'heure qu'il devoit débarquer avec ses gens & les six Janissaires. J'eus soin d'en donner avis au Beig, qui envoya à la Marine un cheval richement enharnaché pour M. du Moulin, & d'autres pour les Gentilshommes & les autres qui l'accompagnoient.

La politesse du Beig donna du courage à M. du Moulin, qui craignoit toûjours à cause des avis qu'on nous avoit donnez.

La Chalouppe de notre Vaisseau aborda dans le tems que les Officiers de la Doüanne arriverent au bord de la mer. Après les complimens reciproques, M. du Moulin monta à cheval. Les deux trompettes & les deux hautbois du Vaisseau étoient à la tête, M. du Moulin venoit ensuite ayant à ses côtez deux Boulacbachis ou Capitaines de Janissaires, & il étoit suivi de ses Gentilshommes & de tous les François, qui étoient allez au-devant de lui, ou qui étoient venus du Vaisseau. On le conduisit ainsi à la Maison Consulaire.

Pendant cela j'étois allé voir Murad Beig, je l'entretins en particulier, & il me donna parole de nous rendre service. J'allai ensuite dîner avec Mehmed Beig son frere, & après nous être entretenus de ce que j'avois negocié avec son frere, j'allai voir M. du Moulin que j'instruisis de l'état des affaires.

Nous fûmes ensemble voir un grand corps de logis qu'on nous avoit marqué pour notre logement; mais comme il n'y avoit aucuns meubles & que nous n'en avions point, nous resolûmes de nous établir dans la Maison Consulaire, le moins mal que nous pourrions.

Le reste du jour se passa à recevoir les visites des Consuls & des Marchands des autres Nations, & à recevoir les hardes & l'argent qu'on avoit envoyé chercher à bord.

Baba Ramadan nous vint voir, nous lui remîmes les six Janissaires, afin qu'il les rendît au Day, qui sur le champ nous renvoya six Esclaves François, & donna permission à tous les autres de nous venir voir quand ils voudroient. Ils n'y manquerent pas, & nous instruisirent de tout ce qui se passoit chez leurs Maîtres, ce qui nous importoit de sçavoir.

Le 19. Juin, j'allai dès quatre heures du matin voir le Day, il s'appelloit Hagi Mehemed. Il étoit né à Smyrne. C'étoit un fort bon homme, âgé d'environ 70. ans. Je le trouvai dans le vestibule du Château où il donne ordinairement ses audiances, qu'on appelle l'Esquiffe. Il étoit assis à leur maniere sur un banc de pierre, couvert d'une natte & d'un tapis. Je le saluai en entrant. Il me reçût avec ce compliment d'un Italien corrompu, qu'on appelle Langue Franque, dont on se sert ordinairement à Tunis : *Ben venuto, como estar, bono, forte, gramercy*. Je ne sçavois pas assez ce jargon pour m'en servir en lui parlant. Je lui parlai en Turc, & je lui exposai le sujet de ma visite & de notre voyage. Je lui repréfentai tout ce qui le devoit porter à nous faciliter l'execution du Traité de Paix. Le bon homme fut ravi de m'entendre parler fa Langue, & me demanda fi j'étois François, & comment j'avois fi bien appris leur Langue. Je lui dis que je l'avois apprife à Smyrne, où j'avois demeuré quelques années. J'ai bien de la joye, me dit-il, que vous foyez de mon Païs, vous y avez acquis droit de Bourgeoifie. Je vous en eftimerai davantage, & je ferai pour votre fatisfaction tout ce qui dépendra de moi. Il m'a tenu parole, & dans la fuite il ne m'appelloit plus que *Hennechei*, c'eft-à-dire, Compatriote. Il me fit connoître les difficultez qu'il auroit à réduire la Milice à fa volonté ; mais que dès le jour même il y travailleroit, qu'il envoyeroit dire à Murad & à Mehemed de le venir trouver, qu'il verroit avec eux quelles mefures il faudroit prendre, & que dans deux ou trois jours on executeroit ce dont ils feroient convenus enfemble. Je lui demandai s'il trouveroit bon que M. du Moulin le vînt faluer. Il me dit qu'il feroit le bien venu. Je m'en retournai au logis faire préparer tout ce qui étoit neceffaire pour commencer nos vifites.

S vj

Nous avions apportez de France des étoffes de laine & de soye, des toiles, des rubans, des montres à boëtes d'or & d'argent, du rossoli, des confitures & des lustres de cristal. Tout cela étoit destiné à faire des présens. Il y avoit encore une chaise à porteurs, dont le dedans étoit garni de brocard avec des franges d'or, & le dehors étoit peint d'azur avec des fleurs de lys d'or; une chaise roulante à deux roües, que M. le Duc de Beaufort envoyoit à Dom Philippe. Par malheur elle étoit toute semée de fleurs de lys, avec les armes de ce Prince devant, derriere & aux côtez, & beaucoup d'autres choses dont il est inutile d'entretenir le public.

C'est une coûtume invariable dans le Levant de ne point faire de visites, que les présens n'ayent ouvert les portes des maisons des Grands. Nous commençâmes donc dès le même jour à envoyer ces présens. Ce fut Mustafa Renegat Espagnol, qui servoit de Trucheman & de Jassakhelu au Consul, qui fut chargé de les présenter.

On envoya au Day du drap, du brocard, des toiles, des confitures, des rubans, deux montres à boëtes d'or & un lustre.

Autant à Murad Beig & à son frere Mehmed Beig, & comme celui-ci aime le vin & en boit beaucoup, on y ajoûta deux tonneaux de dix Millerolles chacun du meilleur vin de la Cioutat & d'Aubagne, quelques cannevettes de rossoli, des anchois, des olives & du sucre. Nous étions obligez de lui faire un présent plus considerable qu'aux autres, parce que dès le jour même que nous entrâmes dans la Ville, il ordonna par un état qu'il dressa lui-même, de nous donner à ses dépens chaque jour une quantité de pain, de viande, de beurre, de ris, de poules, de confitures du Païs; en un mot, tout ce qu'il falloit pour notre subsistance. Nous ne jugeâmes pas à propos de l'accepter, non plus que la grande maison qu'il nous avoit destinée.

Nous envoyâmes à Dom Philippe la caléche dont M. le Duc de Beaufort lui faisoit présent, avec les mêmes présens qu'aux autres.

La chaise à porteurs que M. du Moulin avoit fait faire à Marseille, étoit destinée pour le Day. Je lui avois dit plusieurs fois qu'elle seroit inutile, parce que ce n'est pas l'usage en ce Païs-là de se faire porter par des hommes, qu'on n'a garde de regarder comme des mulets de littiere. Il ne laiſſa pas de l'envoyer, & le Day la refuſa par cette raiſon, & parce qu'il la vit toute parſemée de fleurs de lys, croyant que s'il s'en ſervoit on pourroit lui reprocher de ſe ſoumettre à la France, puiſqu'il portoit ſes armes & ſes livrées.

On fit encore des préſens aux principaux du Païs, & des gratifications à leurs Officiers & à leurs domeſtiques en argent, & nous fîmes dire à tous ces Seigneurs que nous les irions voir le lendemain.

Le reſte du jour ſe paſſa à faire débarquer l'argent & les autres choſes qui étoient encore à bord.

Le vingtiéme Juin ſur les ſix heures du matin nous allâmes voir le Day. Malgré tout ce que je pus dire, M. du Moulin voulut ſe ſervir de la chaiſe que le Day avoit refuſé : il ſe fit porter par deux porteurs qu'il avoit amenez de Marſeille ; mais il ne fut pas à cinquante pas du logis, que les Turcs le voyant dans cet équipage qui leur paroiſſoit ridicule, commencerent à ſe mocquer de lui, & les enfans s'attrouperent au tour de ſa chaiſe en ſi grand nombre, & avec des huées ſi extraordinaires, que les Janiſſaires qui commençoient la marche, les Gentilhommes qui l'accompagnoient à pied, & tous les domestiques étoient dans une extrême confusion. Pour moi j'avois pris les devans avec M. le Vacher Consul: il ne nous convenoit pas d'être à sa suite, & mes instructions me donnoient un rang qui me rendoit son égal, & qui me chargeoit de l'execution des ordres du Roy.

Nous allâmes donc l'attendre à la porte de l'Esquiffe, & nous entrâmes avec lui.

Les Chaoux & les autres Officiers nous introduisirent dans l'Esquiffe, où le Day avec les autres membres du Divan étoient assemblez.

M. du Moulin étant entré avec sa suite, M. le Vacher & moi nous nous plaçâmes à ses côtez, & Mustafa le Trucheman se mit entre le Day & nous. M. du Moulin avoit étudié une longue harangue qu'il avoit préparée depuis long-tems, & qu'il avoit polie avec beaucoup de soin : il ôta son chapeau en entrant, & salua toute l'assemblée.

Le Day lui fit d'abord le compliment dont il m'avoit régalé : *Benvenuto, &c.* & lui fit dire de s'asseoir vis-à-vis de lui sur un banc de pierre couvert d'une natte de jonc.

Etant tous assis, M. du Moulin se leva, & ôtant son chapeau il commença sa harangue par ces mots : Très-illustres Seigneurs, l'Empereur de France mon Maître.... Il s'assît alors, & se couvrit, & continua pendant un bon quart d'heure un discours François auquel ceux à qui il l'adressoit ne comprenoient rien. Ils commencerent bientôt à s'ennuyer & à se regarder les uns les autres, mais ils ne l'interrompirent point. Il les salua après qu'il eût achevé, & ordonna au Trucheman d'expliquer son discours.

Ce Trucheman étoit un Renégat Espagnol qui n'entendant presque pas la Langue Françoise n'avoit garde de répeter une si longue oraison qu'il n'avoit pas comprise, & qu'il auroit été obligé d'étudier pour la retenir par cœur. Il ne sçavoit que dire, & le Day alloit se mettre en colere contre lui, quand je dis au Day que j'allois faire la fonction de Trucheman. Il me dit que cela feroit plaisir à tout le monde. Je leur fis un abregé de ce long discours, & je joignis les raisons que je leur avois dites à celles de M. du Moulin, & je conclus à la délivrance des Esclaves, & à la conservation de la bonne intelligence entre les deux

Nations. Le Day & le Divan me remercierent, & firent dire à M. du Moulin qu'il pouvoit aller se reposer des fatigues de son voyage, qu'ils avoient sçû par moi ce que nous souhaitions, & que ce seroit avec moi qu'ils traiteroient & termineroient les affaires pour lesquelles nous étions venus.

Nous sortîmes après cette réponse dont M. du Moulin ne fut point du tout content.

Nous allâmes du Château chez le Pacha; mais comme il ne se mêle de rien, on ne parla point d'affaires: tout se passa en complimens, on nous présenta le caffé, le sorbet, l'eau de senteur, & le parfum selon la coûtume. Le Pacha nous envoya reconduire par son Kiahia & par ses Chaoux. M. du Moulin eut la bonté de ne point se servir de sa chaise, ce qui nous épargna une partie des huées dont les enfans nous auroient accompagnés. Nous en eûmes pourtant encore, parce qu'on n'étoit pas accoûtumé de voir des François dans les ruës l'épée au côté & la canne à la main.

C'est tout ce que nous pûmes faire dans la matinée, à cause de l'excessive chaleur qu'il faisoit.

Le même jour sur les trois heures après-midi, nous allâmes rendre visite à Murad Beig. Il nous reçût dans une grande & longue salle meublée partie à l'Italienne, & partie à la mode du Païs. On nous fit asseoir dans des fauteüils. La cérémonie ne fut pas longue : le caffé, le sorbet, les eaux de senteur, le parfum suivit, & c'est, comme je l'ai dit, le compliment de l'adieu, ou, comme on dit en termes de Marine, le coup de partance.

Nous allâmes delà chez Mehmed Beig son frere qui demeuroit près de là. Il nous reçût dans un appartement fort propre : les murailles étoient incrustées de marbres de différentes couleurs, les meubles étoient moitié à l'Italienne, & moitié à la Turque. Les murailles de la grande chambre étoient tapissées d'une quantité de sabres, de mousquets, & d'autres armes très-belles & très-curieuses. Les complimens furent courts, sans façon : il nous fit servir une fort grande collation avec du vin & des liqueurs. Il nous dit qu'il vouloit nous donner à dîner à sa maison de campagne, mais il me retint à souper, & je passai toute la nuit à boire avec lui ; & le lendemain matin après avoir déjeûné, je retournai

DU CHEVALIER D'ARVIEUX. 427
au logis, & je commençai à travailler
à mes affaires.

1665.

Le 21. Juin, nous envoyâmes sçavoir si Dom Philippe vouloit nous donner audience. Il nous fit dire que nous lui ferions plaisir de ne pas aller chez lui, c'est-à-dire dans sa maison de la Ville, où il ne seroit pas en état de nous recevoir comme il souhaitoit; mais qu'il desiroit que j'allasse le trouver. J'y allai sur le champ. Il me fit présenter du caffé & du tabac, & nous étant retirez à l'écart, il me donna de très-bons avis sur la maniere dont je me devois conduire dans ma négociation. Il m'instruisit du gouvernement présent de Tunis, de l'humeur des Ministres de cette République, & de la façon que je devois traiter avec eux. Souvenez-vous, me dit-il à la fin, qu'il faut beaucoup de patience & point de hauteur : la Milice veut la guerre, elle n'a que ce seul moyen pour subsister. Il est vrai que tout le monde aime l'argent, mais le prix auquel on a taxé les esclaves, est bien au dessous de celui qu'on en auroit par les voyes ordinaires, & c'est en partie ce qui retient les Ministres & la Milice. Il me dit qu'il m'offriroit volontiers ses services; mais qu'au lieu de nous être de quelque utilité, il nous nuiroit, parce que depuis qu'il avoit été Chrétien, on se défioit toûjours de lui, & que tous les Officiers du Divan étoient ses ennemis jurez, & l'observoient sans cesse, pour trouver occasion de le perdre, quoiqu'ils parussent être ses amis au dehors, & que par cette raison & beaucoup d'autres il falloit éviter de leur donner de la jalousie. Il me dit qu'il vouloit avoir une plus longue conversation avec moi, mais qu'il falloit prendre son tems, qu'il me feroit avertir par Dom Gaspar, & qu'il m'envoyeroit son carosse à la porte de la Ville un peu tard, pour me conduire à son jardin, & que pendant la nuit nous aurions tout le tems de nous entretenir. Je le remerciai de ses bons avis, & je me retirai.

En attendant qu'il me fît avertir je travaillai sans relâche à nos affaires. Je ne faisois autre chose que d'aller d'un palais à l'autre. Je voyois assiduëment le Day, le Pacha & les Beïgs pour découvrir ce qui se passoit.

La Milice ne manquoit pas de s'assembler tous les jours au Divan, & de protester contre la paix, & sur-tout contre la délivrance des Esclaves.

Murad Beïg avoit du respect pour la

parole de son pere, & vouloit absolument que le traité de paix fût executé. Son frere Mehmed Beig qui étoit jeune, qui avoit des Vaisseaux, & qui aimoit la guerre, n'auroit pas été fâché que le traité de paix eût été rompu ; mais le respect qu'il avoit pour la memoire de son pere, & pour la parole qu'il m'avoit donnée, le retenoient, & j'eûs lieu d'être content de la maniere dont il en agit dans ma négociation. Enfin à force de me donner des mouvemens, on me promit à la fin que le jour suivant on concluëroit quelque chose en presence du Day, & qu'on m'appelleroit au Château avec M. du Moulin.

Le vingt-deux de Juin, nous allâmes chez le Day. L'affaire fut mise en délibération. Les raisons de part & d'autre furent débattües. Je répondis à toutes les objections qu'on me fit, & enfin on conclud qu'on commenceroit dès le jour suivant à mettre le traité en execution, en nous rendant les Esclaves.

Nous retournâmes au logis fort contens, & assurément dans la situation où étoient les affaires nous avions lieu de l'être. Les Esclaves François qui en furent avertis, s'en réjoüissoient publiquement.

Le vingt-trois Juin se passa sans rien faire. Mehmed Beig me dit chez lui qu'ils vouloient regler entre eux par quels Esclaves on devoit commencer.

M. du Moulin prenant cela pour une défaite, commença à s'inquieter. C'auroit été peu si ses emportemens n'avoient point éclaté au dehors ; mais il eut l'imprudence de les faire paroître jusques chez le Day & dans le Divan, & de menacer qu'il se retireroit, & ce qui les augmentoit, c'est qu'on lui répondit froidement que la porte étoit ouverte pour sortir, comme elle l'avoit été pour entrer, & qu'on lui souhaitoit un bon voyage. Je faisois tous mes efforts pour arrêter ses saillies, en lui representant qu'on ne traitoit pas en ce Païs comme en France. Le Day lui dit en colere: *Andate à Gigery à Gigery* ; & Mehmed lui dit tout net : Monsieur, sçachez que nous sommes ici dans un Païs qui ne craint personne, & que toute la Chrétienté ensemble n'a pû conquérir; & lui montrant avec le doigt un jardin qui est sur le chemin de Carthage, il ajoûta : Votre Roi S. Loüis est mort là, & vous verrez à la Goulette les armes de Charles-Quint, qui servent de marches à nos Châteaux. *Non far santa fantasia.* Si vous voulez que nous executions le traité de paix, commençons, sinon Dieu vous benisse. Nous vous donnerons demain les Esclaves de la Doüanne qui sont les Esclaves du public, puis ceux du Day, ceux de mon frere, les miens, & consecutivement ceux des particuliers, jusqu'à ce qu'il ne reste plus ici aucun François : avec cela serez-vous content ?

M. du Moulin répondit en colere, qu'il ne vouloit point d'Esclaves qu'il n'eût d'abord le Chevalier de Colombiere. On lui répondit qu'étant Chevalier de Malte, on n'étoit point obligé de le rendre, comme il le pouvoit voir par le second article du traité de paix ; que s'il prétendoit avoir des Esclaves contre la justice & les conventions qui avoient été faites, il pouvoit en aller chercher ailleurs qu'à Tunis, & là-dessus on se retira, & M. du Moulin s'en alla chez lui, où il passa le reste du jour à se promener dans sa chambre & à rêver.

Je lui avois dit plus de trente fois dans notre voyage que ce n'étoit pas par le Chevalier qu'il falloit commencer l'execution du Traité, qu'il falloit retirer les Esclaves, les faire embarquer, les renvoyer en France, & que quand il ne resteroit plus que le Chevalier & quelques autres, nous ne manquerions pas d'expediens pour les avoir. Mais les Passagers & les Volontaires qui étoient venus avec nous de France gâtoient tout, ils approuvoient ses emportemens, & lui mirent en tête qu'il étoit de l'honneur du Roi de retirer le Chevalier tout le premier & les autres Esclaves selon l'ordre qu'il voudroit prescrire aux Puissances de Tunis; qu'il ne falloit pas s'arrêter à ce que je lui disois, parce que j'avois trop de complaisance pour les Turcs, & qu'étant tous les jours à boire, manger & me divertir avec les Beïgs, je songeois plûtôt à leur plaire qu'à executer ma Commission d'une maniere digne du grand Prince qui nous avoit envoyez, & qu'assurement les Turcs me tromperoient & rendroient notre négociation inutile.

Comme je sçavois d'où venoient ces discours dont M. du Moulin me fatiguoit tous les jours, je tâchois de lui faire comprendre qu'il étoit de l'honneur du Roi, & du bien de son service de lui ramener de bons Matelots

telots qui ferviront bien dans fes armées ; que la violence ni les emportemens n'opereroient rien ; qu'on auroit toûjours bien fait quand on auroit fait executer le Traité de paix; que telle étoit la volonté du Roi ; au lieu que c'étoit l'expofer à une nouvelle guerre & à la ruine entiere du commerce, par un caprice d'avoir un Efclave plûtôt ou plus tard, & que ces levées de boucliers étoient inutiles dans un Païs comme celui où nous étions, où la douceur, la prudence, & le raifonnement avançoient les affaires, quand on n'avoit pas de canon pour les faire valoir.

Il fembloit quelquefois fe rendre à mes raifons, mais il changeoit un moment après, & reprenant fes airs de hauteur, il me dit qu'il prétendoit être le maître, & faire les affaires comme il le jugeroit à propos, & que fe chargeant de tout, il me prioit de ne me mêler de rien, & de ne plus aller chez les Puiffances. Quoique j'euffe pû agir en vertu de ma Commiffion & de mes inftructions, je réfolus de me tenir en repos, & voir comment il fe tireroit des embarras où il s'étoit jetté par fa précipitation & fes hauteurs. Je demeurai trois jours

*Tome III.* T

sans sortir de la maison. Certainement ce repos m'étoit necessaire, car j'étois extrêmement fatigué. Les Ministres du Divan ne me voyant point se tinrent en repos, & toutes choses demeurerent suspenduës.

Je sçûs pendant ce tems-là que c'étoit un nommé Ememel Payen qui mettoit la division entre M. du Moulin & moi. J'en fus surpris, parce que je l'avois fait embarquer avec nous dans le dessein de lui procurer quelque avantage dans le Païs, & au lieu de m'en témoigner de la reconnoissance, il mit tout en œuvre pour me broüiller avec M. du Moulin.

Cet Envoyé s'étant convaincu que les Ministres ne faisoient pas beaucoup de cas de lui ni de ses menaces, résolut de se retirer. Il se leva à dix heures du soir, fit éveiller tous ses domestiques, & emballer ses meubles, sa vaisselle, ses hardes, & tout ce qui étoit à ses gens. Le bruit que ces gens faisoient m'éveilla ; je me levai, & ayant sçû ce qui se passoit je me recouchai jusqu'au point du jour que je me levai. Je sçûs que M. du Moulin avoit envoyé des gens à la Goulette pour faire venir la chaloupe du Vaisseau, & embarquer ses bagages, avec ordre au Capitaine Martin d'être prêt à mettre à la voile dès qu'il feroit arrivé à bord. Je vis venir enfuite tous les portefaix de la Ville, qui dans une heure de tems porterent tous les bagages à la marine. Il n'y eut que moi, mes domestiques & mes hardes qui demeurerent.

M. du Moulin me demanda fi je ne m'embarquois pas? Je lui dis que j'étois venu à Tunis pour retirer les Efclaves, & que j'y demeurerois avec eux jufqu'à ce que je puffe les ramener en France. Il me dit qu'il emportoit tout l'argent, & qu'ainfi je demeurerois inutilement. Je lui répondis que Dieu ne m'abandonneroit pas dans une fi bonne œuvre, & qu'ayant vû les Turcs dans la difpofition de ne me rien refufer, j'efperois qu'ils me donneroient les Efclaves fur ma parole, ou que j'étois réfolu de demeurer en ôtage chez eux jufqu'à ce que leur rançon fût arrivée.

Je le fus conduire jufqu'à la porte de la ruë, où je lui fouhaitai en riant un bon voyage, & un prompt retour.

Cependant une troupe d'Efclaves François qui avoient crû leur liberté assurée, & qui la croyoient bien éloignée par ce départ, crioient comme des désesperez. Les uns se battoient la tête contre la muraille, les autres se vouloient enfoncer leurs coûteaux dans la poitrine, jamais je n'ai vû le désespoir plus marqué. M. le Vacher & moi étions bien occupez à les consoler. J'avois beau leur dire que je ne les abandonnerois pas, ils me répliquoient en pleurant. Il emporte tout l'argent, que pouvez-vous faire?

Je dépêchai un de ces Esclaves au Day avec un billet écrit en Turc, par lequel je lui donnois avis que M. du Moulin étoit à la Marine avec ses bagages pour s'embarquer, & que je le priois de m'envoyer chercher, & que je lui dirois le reste. Cela fut executé sur le champ. Trois Archers avec leurs gros bâtons à la main me vinrent chercher, & me conduisirent au Château à la Chambre du Day. Je lui dis ce qui s'étoit passé, & je lui proposai les moyens qui me parurent les plus convenables pour rajuster cette affaire. Le Day me dit d'abord qu'il étoit bien aise que cet homme impetueux s'en allât, qu'il falloit le laisser aller, & que nous terminerions les affaires sans lui. Je lui dis que cela seroit impossible, parce qu'il emportoit l'argent. Il me répondit qu'il y avoit un moyen pour cela, qu'il alloit faire arrêter l'argent, & que si cet expedient ne me plaisoit pas, il ne laisseroit pas d'envoyer tous les Esclaves avec moi à Marseille, & qu'ils attendroient mon retour pour avoir leur argent. Qu'ils me confieroient aisément cela & toute autre chose sur la parole du Roi, à qui ils donneroient avis de quelle maniere M. du Moulin & moi nous étions comportez.

Dans ce moment M. le Vacher arriva à la porte de la chambre du Day; il me fit signe de me cacher. J'entrai dans la chambre du caffé, d'où j'entendis tout ce que le Consul lui dit sur la retraite de M. du Moulin. J'entendis que le Day lui dit en l'interrompant: Qu'il s'en aille au Diable s'il veut; nous terminerons bien nos affaires sans cet homme emporté; & le congedia. Je rentrai dans la chambre, & je tâchai de l'appaiser; car il étoit en colere, & à la fin je le priai de lui envoyer quelques Officiers du Divan en cérémonie le prier de revenir. Je vous l'accorde, me dit-il, parce que je vous estime, & aussi-tôt il en donna ordre.

1665.

1665.

Les Chaoux du Divan monterent à cheval, allerent à la Marine, & firent mener un cheval en main pour M. du Moulin. Ils le trouverent fur le bord de l'eau, qui fe promenoit depuis quatre heures expofé au Soleil. Il peftoit contre la chalouppe du Vaiffeau qui ne paroiffoit point, & contre moi qu'on lui avoit dit qu'on avoit conduit au Château. Les Officiers étant arrivez lui firent compliment, & le prierent de monter à cheval pour retourner à fon logis; il le fit fans réfiftance. Ils l'y conduifirent avec toute fa fuite, qui revint à pied avec les Portefaix chargez des bagages, qu'ils rapporterent au lieu où ils les avoient pris quatre heures auparavant. Il demanda d'abord où j'étois, & envoya un homme me chercher au Château. Nous étions à table quand fon meffager arriva. Je lui dis que j'irois quand j'aurois achevé de dîner. Le Day me prêta un cheval, & j'allai trouver M. l'Envoyé. Il me dit en riant: Avez-vous goûté du bâton? Je lui répondis, que le bâton n'étoit pas pour un homme comme moi, que j'avois dîné avec le Day, & que nous avions bû à fon bon voyage. Il donna une gratification aux Chauux, & les congedia, après les avoir prié de dire au Day, que puisqu'il l'avoit fait revenir, il ne vouloit plus se mêler de rien, & qu'on pouvoit faire tout ce qu'on voudroit.

Il me dit ensuite que puisque je m'étois vanté de faire executer le Traité, il me conseilloit d'y travailler tout seul, & qu'il étoit assuré que bien loin d'avoir le Chevalier tôt ou tard, on se mocqueroit de moi; qu'il connoissoit les Barbares mieux que je ne croyois les connoître; qu'il attendoit ce prétendu bon succés pour aller le dire à Rome, après l'avoir publié à Paris; que Messieurs les Provençaux avoient beaucoup de solidité d'esprit, & qu'au premier jour on en verroit des marques.

Pendant ce discours on remeubla la maison. M. du Moulin demanda à dîner, & ordonna qu'on lui coupât un tonneau pour se baigner dans l'eau, pendant que je me baignerois dans mes sueurs.

Je lui conseillai de se tenir en repos & de se rafraîchir, parce que les chaleurs du Païs font aisément monter des fumées au cerveau à ceux qui étant nez dans un climat plus froid, n'y sont pas accoûtumez comme les

Provençaux. Nous nous féparâmes après ces railleries, & je me mis en l'état que je fouhaitois pour pouvoir faire ma commiffion fans être traverfé.

J'allai voir le même jour le Day & les Beigs, je leur contai ce qui s'étoit paffé entre M. du Moulin & moi, & le défi qu'il m'avoit fait de faire executer le Traité. Ils me dirent qu'ils auroient été ravis de fon départ afin d'être délivré de fes mauvaifes manieres; mais qu'ils avoient appréhendé qu'il ne me fît des affaires à la Cour, & qu'ils étoient ravis qu'il me laiffât agir feul.

Mehmed Beig ajoûta qu'il avoit fçû par des Efclaves, que M. du Moulin & fes gens trouvoient à redire à ce que je venois boire & manger avec lui; qu'à caufe de cela, quand même il n'y auroit point d'autres raifons, il vouloit abfolument que j'allaffe au moins une fois le jour manger avec lui; que fi je ne le faifois pas, il broüilleroit tellement les affaires, que je n'avancerois rien : & afin, dit-il, que vous ayez moins de peine, vous aurez tous les matins à votre porte un de mes Efclaves, avec un de mes chevaux, dont vous vous fervirez toute la journée, ou même un carosse si vous voulez. Il me dit encore que je me tinsse prêt à recevoir le lendemain matin les Esclaves du Divan, & à compter l'argent à celui qui me les conduiroit. Je le remerciai de ses bontez, & je lui donnai parole d'executer ses ordres ponctuellement. Je soupai le même soir avec lui. Il me renvoya fort tard sur un de ses chevaux.

Le lendemain 27. Juin, je commençai à recevoir & à payer les Esclaves du Divan. On leur avoit donné à chacun une Haïque, ou capot blanc tout neuf.

M. du Moulin cessa de railler, & moi voyant le bon succès de ma négociation, je fis l'indifférent à mon tour.

J'appris le 28. que Cuchuk Murad faisoit des efforts extraordinaires pour rompre le Traité dont on avoit commencé l'execution. C'étoit un Renegat Portugais qui, quoique fort accredité dans la République, étoit Esclave du successeur de Almed Beig. On trouvera peut-être cela étrange, mais on cessera de s'étonner, quand on sçaura que les Chrétiens qui se font Mahometans, n'acquierent pas pour cela leur liberté ; & que quand ils se

T v

roient en état de payer leur rançon à leurs patrons, ils ne peuvent les forcer de la recevoir & de les rendre libres. Tout ce qu'ils gagnent par cette action indigne, c'est de vivre en gens libres, en payant une certaine somme tous les mois à leurs patrons, & cette somme est fixée par le Divan. On a vû l'Amiral d'Alger Esclave d'un particulier, qui ne voulut jamais lui accorder sa liberté, quoique son Esclave fût presqu'à la tête de la République, & qu'il eût gagné des biens immenses, qu'il laissa à ses enfans qui étoient libres, parce que la Loy Romaine n'a pas lieu en Afrique, quand même la mere seroit Esclave.

Cuchuk Murad avoit épousé la veuve de son maître, pere de Dom Philippe, & il avoit été tuteur de ses enfans. Cette qualité & son merite personnel lui avoient acquis beaucoup de credit dans la République. Il avoit un interêt personnel à empêcher l'execution du Traité de paix, parce qu'il avoit dans son baigne les meilleurs Esclaves François. Il fit grand bruit dans le Divan, & gagna assez de suffrages pour faire échoüer ma négociation, quoiqu'elle fût en si beau chemin.

Ce fut le muet du Pacha défunt, qui me venoit voir tous les matins, qui m'apprit cette mauvaise nouvelle. Je m'étois accoûtumé aux signes de ces gens pendant que j'étois à Seïde. Rien n'est plus commode, car on parle avec eux aussi aisément que si on entendoit le son des paroles. Tous les Turcs qui ont été élevez dans le Serail entendent ce langage ; mais ceux qui n'ont pas eu cette éducation n'y entendent rien. Nos François se desesperoient quelquefois quand ils me voyoient les heures entieres en conversation avec ce muet, & moi-même j'étois surpris comment cet homme sçavoit tout ce qui se passoit dans la Ville, n'ayant point l'usage de l'oüie ; car ils ne sont muets que parce qu'ils sont sourds de naissance ; mais il faut avoüer qu'ils ont une pénétration admirable, & qu'au seul mouvement des yeux, des lévres, & des autres parties du corps, ils comprennent aisément tout ce qu'on veut leur faire connoître.

Je montai sur le champ à cheval, j'allai chez Murad & chez Mehmed, je leur fis connoître que j'étois informé des mouvemens que se donnoit Cuchuk Murad pour empêcher l'execution du Traité. Je leur repréfentai que leur parole & leur honneur y étoient engagez, & que ce feroit une honte pour eux fi un homme du caractere de Cuchuk l'emportoit fur des Princes, que leur naiffance & leur merite mettoient à la tête de la République. Je leur repréfentai fi vivement le tort qu'ils fe feroient à eux-mêmes, & à la memoire de leur pere, qu'ils monterent à cheval, & s'en allerent chez le Day. Je les accompagnai. Nous trouvâmes le bon homme fi ébranlé par les menées de Cuchuk, que ces Seigneurs eurent bien de la peine à le faire revenir.

Le Divan s'étant affemblé dans le même-tems, ceux qui s'oppofoient à l'execution du Traité parlerent avec beaucoup de vivacité ; mais les Beigs leur répondirent hardiment, que quand bien-même ils ne m'auroient pas engagé leurs paroles, ils avoient trop de refpect pour la memoire de leur pere, pour ne pas executer un Traité qu'il avoit fait, & qui feroit déja executé fi Dieu n'avoit pas difpofé de fa vie ; que la République auffi-bien qu'eux lui devoit ce refpect, & qu'ils vouloient abfolument que tous les Efclaves François fuffent rendus. Leur fermeté emporta tous les suffrages. Ils prierent le Day d'envoyer les siens le même jour, & qu'aussi-tôt ils renvoyeroient les leurs.

Le Day le promit & tint parole, malgré une nouvelle difficulté que Issouf Corso fit naître. Ce Renegat expliquoit les articles d'une maniere qui lui convenoit, & moi je les expliquois d'une autre toute opposée. Le Traité avoit été fait en Italien, que les Renegats n'entendoient qu'imparfaitement, & que les Ministres du Divan entendoient encore moins. Je me retirai au logis, après que j'eus conduit les Beigs chez-eux, & je traduisis le Traité en Turc. J'en fis trois copies, dont j'en envoyai une au Divan, une au Day, & une à Murad Beig. Elles furent fort bien reçûës, & acheverent de persuader Murad que j'étois Turc. Cela paroîtra encore mieux dans la suite.

Ces nouvelles broüilleries firent un plaisir infini à M. du Moulin & à ses courtisans, & lui faisoient esperer que j'échoüerois immanquablement. C'étoit un triomphe pour lui, dont il goûtoit le plaisir à longs traits.

Mais ce plaisir dura peu. On m'amena dès le même jour tous les Esclaves du Day, à la reſerve d'un jeune garçon d'Aix, nommé Antoine Bonnet, qui étoit fort joli, & que l'on vouloit faire Turc. On prenoit pour prétexte de ne le pas donner, qu'il n'étoit qu'en dépôt chez le Day, que ſon Patron étoit un Capitaine de Tripoli, & qu'on ſeroit fort embaraſſé s'il venoit le demander. Je ne me contentai pas de ces défaites, & je priai tant le bon homme, qu'à la fin il me l'accorda, en me diſant, que c'étoit le plus riche préſent qu'il me pouvoit faire.

Le 29. Juin, on amena tous les Eſclaves de Murad Beig. Toute la journée nous ſuffit à peine pour les payer: car le nombre en étoit fort grand.

Le lendemain ceux de ſon frere Mehmed El Haffy, vinrent au nombre de ſoixante & dix. Le Chevalier de Colombiere, & trois Savoyards, qui ſe diſoient Provençaux, ne s'y trouverent pas. Je me contentai de m'en plaindre modeſtement; mais je ne voulois pas interrompre le marché.

M. du Moulin ne me dit rien juſqu'au ſoir, qu'il me demanda d'un air railleur, ſi j'avois abandonné le Chevalier. Je lui répondis de la même façon, qu'il devoit ſe tenir en repos & ſe rafraîchir, & que riroit bien qui riroit le dernier. Je n'étois pourtant pas ſans inquiétude, parce que ſelon les termes du Traité, on n'étoit pas obligé de le rendre. Cela mettoit ce pauvre Chevalier au déſeſpoir, auſſi-bien que les trois Savoyards. En allant ſouper chez le Beig Mehmed, je paſſai au Baigne où je les conſolai de mon mieux; mais le Chevalier avoit extrêmement gâté ſes affaires, en affectant de ſe faire appeller Chevalier. Je lui dis mon ſentiment, & de quelle maniere il devoit ſe conduire quand il ſeroit interrogé.

1665.

Il y avoit un Italien dans le Baigne de Cuchuk Murad, nommé Dom Gaſpard Biancalli Prêtre Modenois, qui étoit fort recommandé par M. le Duc de Beaufort: il étoit Aumônier d'un Abbé de conſéquence, & chargé de conduire à Rome ſes bagages ſur une Chalouppe qui avoit été priſe & lui mené Eſclave à Tunis, où il étoit depuis quinze à ſeize ans. Les Turcs s'étoient mis en tête que c'étoit un Cardinal, & cela à cauſe des hardes dont la Chalouppe étoit chargée, & qu'on ſuppoſoit lui appartenir. Il n'avoüa point qu'il étoit Prêtre; mais il dit qu'il étoit Gentilhomme, croyant qu'on auroit plus de conſideration pour lui, ce fut le plus mauvais conseil qu'on lui pût donner. Il l'avoit pourtant suivi, & cela fut cause que quand on voulut traiter de sa rançon, & qu'on offrit pour lui jusqu'à deux mille écus, les Turcs en demanderent vingt mille.

Dom Gaspard se voyant dans cette misere avoüa à M. le Vacher qu'il étoit Prêtre, & le Consul lui fit prendre l'habit Ecclesiastique. Cuchuk Murad crut que c'étoit dans son Baigne qu'on l'avoit ordonné Prêtre, & que c'étoit M. le Vacher qui lui avoit donné l'ordre de Prêtrise, afin de diminuer sa rançon. Ce fut encore pis, quand il sçût qu'il prétendoit passer pour François. Dès ce moment il le tint toûjours à la chaîne, ne lui permit plus d'aller à la porte du Baigne, & défendit aux Portiers de le laisser parler à personne, il le fit maltraiter plusieurs fois. Le contre-coup tomboit sur moi : car Dom Gaspard m'écrivoit au moins deux fois par jour, & ne me donnoit point de repos, non plus que le Chevalier de Colombiere, qui croyoit que je le négligeois. Mais j'aurois gâté leurs affaires, si j'avois dit à quelqu'un ce que je voulois faire pour eux : car ils n'auroient jamais pû s'empêcher de parler, & mon secret divulgué n'auroit point eu de succès.

Le premier jour de Juillet 1665. nous reçûmes & payâmes les Esclaves de Dom Philippe sans aucune difficulté. Nous reçûmes le même jour ceux d'Ahmed Chalabi & d'Ousta Murad, à la reserve de quelques-uns qui étoient à la campagne, avec le nommé Dom Manuel Esclave Portugais, qui étoit l'Intendant de sa Maison, & dont il fallut attendre le retour pour les avoir.

Nous fîmes alors le compte des Esclaves que nous avions reçûs & payez, & nous trouvâmes qu'il y en avoit sur les rolles qu'on avoit envoyez en France, & que nous n'avions pas assez de fonds pour payer les autres. Le remede à cela étoit de prendre de l'argent sur la Nation Françoise & sur les Barques qui étoient dans le Port.

Il est vrai que nous avions retiré des Peres de la Trinité de Marseille environ deux mille piastres qu'ils devoient porter à Tunis. Nous avions reçû leur argent, afin de leur faciliter le rachat des Esclaves, & leur épargner bien des frais, & nous leur avions promis de leur en prêter un nombre pour faire leur Procession. Le Pere Andoire qui avoit fait le Voyage avec nous avoit encore quelque argent, mais cela ne suffisoit pas.

M. du Moulin pria M. le Vacher Conful de faire affembler les Marchands & les Patrons des Barques. Il leur repréfenta que l'honneur du Roi étoit engagé dans cette affaire, & qu'il étoit du bien de fon service de prendre des Marchands & des Patrons les fonds qu'ils avoient, & de leur donner des Billets fur Marseille. Il ajoûta, qu'il avoit des ordres du Roi pour faire ce qu'il faifoit. Pas un de ceux qui compofoient l'Affemblée ne voulut dire fon fentiment, & s'en rapporta à l'avis du Conful, qui après s'être bien fait prier, dit que puifqu'il y avoit des ordres du Roi, il paroiffoit à propos qu'on les montrât, & qu'auffi-tôt tout le monde devoit s'y foumettre, & s'y foumettroit.

M. du Moulin fe voyant pris, parce qu'il ne pouvoit montrer les ordres dont il difoit être le porteur, fe mit fort en colere, & dit qu'il feroit d'autorité ce qu'il jugeoit à propos de faire pour le bien du fervice du Roi, qu'il étoit furprenant qu'on voulût l'obliger à montrer fes ordres, & qu'il en avoit encore d'autres dont il alloit faire ufage fur le champ, & s'adreffant à M. le Vacher, il lui dit : Et vous, Monfieur, qui ne voulez pas consentit qu'on fasse ce qui est du service du Roi comme Consul, je vous déclare que vous ne l'êtes plus, & sur le champ il fit apporter des Provisions en blanc qu'on avoit surprises de M. le Duc de Vendôme, & les fit remplir du nom du Sieur Jean Ambrozin. M. le Vacher se retira après avoir felicité le nouveau Consul sur sa dignité. Le reste de l'Assemblée en fit autant, & tout le monde se retira. M. le Vacher remit en même-tems la Chancellerie, & tout ce qui étoit du Consulat à son successeur, & déclara qu'il alloit se retirer en France.

M. du Moulin l'ayant sçû, lui fit voir dans ses instructions, que l'intention du Roi étoit qu'il demeurât à Tunis. Mais M. le Vacher lui répondit qu'il avoit des affaires qui l'obligeoient d'aller en France, & qu'il le prioit de faire une enquête sur la maniere dont il s'étoit comporté dans son Consulat, afin qu'il pût satisfaire ceux qui se plaindroient de lui.

Cette affaire fit du bruit & embarassa M. du Moulin : car il n'avoit point d'ordre de changer le Consul sans une necessité pressante & évidente, & cela ne se trouvoit point en la personne de M. le Vacher, qui étoit estimé de tout le monde, & qui rendoit de services importans à tous les Marchands & à tous les Esclaves dont il étoit le pere & le protecteur. M. du Moulin lui demanda à son tour un acte, par lequel il parut qu'il ne le forçoit pas à se retirer en France. Il lui dit de le dresser, & qu'il le signeroit. L'Acte fut dressé, & il le signa sans le lire.

M. du Moulin envoya l'Enseigne du Vaisseau, avec le Sieur Payen aux Barques qui étoient moüillées dans la Baye de la Goulette, avec ordre de lui apporter tous les fonds qui se trouveroient dans les Barques : cela fut executé, & ils apporterent cet argent, parmi lequel il se trouva une quantité de pieces de cinq sols qu'on envoyoit à Smyrne, dont une partie étoient fausses. On trouva moyen de les changer pour d'autres monnoyes, & on donna à quelques-uns de ces Patrons des Billets, & à ceux qui porterent des Esclaves, on leur assigna leurs fonds à prendre sur les Communautez de Provence, qui n'avoient pas entierement payé leurs contributions.

On donna aussi aux Beigs Murad & Mehmed une partie des toiles de cotton pour faire des voiles, que M. du Moulin avoit embarquées pour son compte; de sorte que nous trouvâmes assez d'argent pour acheter les Esclaves qui restoient à payer, & quelques autres choses que nous étions chargez d'acheter pour le Roi.

Le 3. Juillet, j'allai au Baigne de S. François avec Cuchuk Murad. Il s'assit sur un banc à côté de la porte, & moi sur un autre devant lui. Il appella tous les François, leur ordonna de prendre leurs hardes & de les emporter, tandis que j'en prenois le rolle. Il avoit les larmes aux yeux, les caressoit, faisoit leur éloge à mesure qu'ils passoient devant nous. Il n'y en avoit point dont il ne dit du bien. Je crois que ses larmes étoient plûtôt la marque du chagrin où il étoit de se voir enlever ses meilleurs Esclaves, que de la compassion de leur misere. Il ne resta dans le Baigne de tous ceux que je voulois avoir, que Dom Georges & trois Suedois ou Danois, qui se disoient de Dunxerque, & par conséquent François. Je n'en parlai point alors; de sorte que Cuchuk crut en être quitte pour ceux que je lui payois. Mais il se trompoit. J'étois bien résolu de les avoir, & j'avois pris mes mesures pour cela; de sorte que mon silence fut cause que e me sépaiai avec des témoignages d'amitié, du plus méchant homme qui fut à Tunis.

Depuis le 4. jusqu'au 7. Juillet, nous retirâmes tous les François qui étoient chez les particuliers sans aucune difficulté. Il n'y eut qu'un Marabout, qui avoit enchaîné le nommé Laurent Gainery, & ne le vouloit pas rendre. Je fus chez-lui avec main-forte, & je le fis enlever. Le Marabout vint au logis pour le reprendre; mais n'étant pas le plus fort, il fut obligé de le laisser & de recevoir sa rançon.

Il y avoit encore un François aux Isles de Gerbes. Nous fûmes obligez de le laisser, avec ordre au Consul de le retirer dès qu'il viendroit à la Ville.

Le 8. nous fîmes embarquer tous les Esclaves de Marseille, dans la Barque du Patron Gabriel : M. le Vacher & son Compagnon le Frere François, se servirent de cette occasion pour retourner en France.

Nous fîmes la revûë de tous les Esclaves qui restoient à terre, & nous choisîmes les meilleurs Matelots, Soldats & Canoniers, pour fortifier l'Equipage de notre Vaisseau, qui se trouva par ce moyen de deux cens hommes, & en état de se défendre des Anglois avec qui nous étions en guerre.

Nous fîmes embarquer tous les autres sur des Barques de Provence que nous fîmes partir; de sorte qu'il ne resta plus que notre Vaisseau dans la rade, avec une Barque de Languedoc que M. du Moulin avoit envoyée sur les côtes d'Espagne pour chercher nos Galeres, & les prier de venir se faire voir à Tunis, dans le tems qu'il croyoit les affaires désesperées.

M'étant trouvé à la Marine pour faire embarquer nos Esclaves, je fus tout d'un coup enlevé par une légion de femmes, de Maures & de menu peuple, qui me menerent au Château sans me laisser toucher les pieds à terre. Ils firent la même chose à un matelot Provençal marié à Malte, qui avoit un Maure chez sa femme, contre lequel il devoit être échangé.

Etant arrivez au Château, nous trouvâmes le Day assis sous une halle de bois qui est au bout de la grande place vis-à-vis la porte. Il fut surpris de me voir entre les mains de ces canailles qui crioient comme des désesperez contre moi. Il leur imposa silence, & ils se tûrent. Pour moi sans attendre qu'il me parlât, je m'adressai à lui & aux principaux du Divan & de la Milice qui y étoient assemblez. Je demandai s'il y avoit de la juſtice à traiter d'une maniere ſi indigne des gens qui étoient venus ſur la bonne foi de la paix.

Les Boulacbachis ou Capitaines des Janiſſaires détacherent une vingtaine de Janiſſaires qui ſe trouverent là, qui avec leurs gros bâtons firent tomber une grêle de baſtonnades ſur cette cohuë & la mirent en fuite, les uns la tête caſſée, les aures les bras, les autres les côtes froiſſées. Il y en eut qui malgré cette grêle s'obſtinerent à demeurer : on les pouſſa dans un coin, d'où le Day leur défendit de ſortir, & aſſurément il leur auroit été difficile de déſobéïr, à moins de s'expoſer à être échignez ; car les Janiſſaires le bâton à la main les environnoient. Le Day me demanda ſi on m'avoit battu. Je lui dis que je ne m'en étois pas apperçû, mais qu'ils m'avoient rompu la tête par leurs cris. C'eſt un bonheur pour eux, me dit-il : il fit ſigne aux Janiſſaires de les châtier, & ſur le champ on entendit un cliquetis de ſoufflets qui mirent les jouës & les nez des femmes tout en ſang. Les hommes eurent des coups de bâtons à diſcretion, & puis on leur dit de parler. Les femmes s'approcherent modeſtement,

destement, se jetterent aux pieds du Day, & une d'elles qui étoit la Patrone de l'Esclave François, lui dit que cet Esclave devoit être échangé contre un Maure qui étoit dans sa maison à Malte, & que l'on en étoit convenu avec lui. L'Esclave en convint, & déclara qu'il demeureroit volontiers chez sa maîtresse, jusqu'à ce que le Maure fût arrivé, pourvû que le Day voulût bien lui promettre sa liberté, dès que le Maure auroit la sienne. Je dis au Day que si elles m'eussent envoyé dire leurs prétentions, j'y aurois consenti sur le champ, & elles se seroient épargné le vacarme & les soufflets. Le Day fut satisfait de ma réponse, & dit aux Assistans tout ce qu'on pouvoit dire d'honnête & d'obligeant à mon sujet. Il ordonna avant toutes choses que les cent soixante & quinze piastres fussent rendues, & il dit à l'Esclave François de suivre sa Patrone, à qui il commanda de le regarder comme un homme libre, & de le traiter sur ce pied-là. Elle s'en acquitta parfaitement bien, & jamais François n'a reçû tant de caresses & de bons traitemens qu'il en reçû.

On s'imagine que les Chrétiens qui ont le malheur d'être Esclaves en Barbarie, y font tourmentez d'une manière la plus cruelle & la plus inhumaine. Il y a des gens qui pour exciter la charité des Fideles débitent avec assurance ces pieux mensonges : leur intention quoique bonne est toûjours un mensonge: ils oublient dans cette occasion qu'il n'est jamais permis de faire un mal pour qu'il en arrive un bien. J'ai été dans cette erreur comme bien d'autres, & j'y serois peut-être encore, malgré ce que j'avois remarqué dans les autres parties de l'Empire Ottoman où je me suis trouvé ; mais ce que j'ai vû à Tunis m'a détrompé. Il est vrai qu'il y a des Patrons de mauvaise humeur, durs, fâcheux & même cruels. Nous voyons des maîres en Europe qui ne sont pas plus raisonnables, & qui seroient peut-être plus barbares que ceux de Tunis s'ils avoient des Esclaves. Les Turcs ont intérêt de menager les leurs, c'est une marchandise chez eux, ils les achetent au meilleur marché qu'ils peuvent, & les vendent le plus cher qu'il leur est possible. Ils s'exposeroient à perdre leur argent, s'ils maltraitoient leurs Esclaves au point de les rendre malades, & de les faire mourir. Qui est le Maquignon qui met les chevaux qu'il veut vendre sur les dents & sur la litiere, à force de les faire travailler & de les faire jeûner? Il en est de même des Barbaresques : ils regardent leurs Esclaves à peu près de la même maniere ; ils ont trop de bon sens pour se priver du profit qu'ils esperent en tirer en les vendant. Quant à ce qu'on dit qu'ils les forcent par les tourmens à se faire Mahometans, cela arrive si rarement, qu'on peut dire que c'est une chose des plus extraordinaires. Il est vrai que les dévots souhaitent ardemment de faire des Proselites ; mais ils n'employent pour cela que les promesses, les exhortations, & tout ce qu'il y a de plus séduisant, & sur tout les femmes veuves, qui offrent assez souvent à leurs Esclaves d'être les maîtres de leurs biens en les épousant, pourvû qu'ils se fassent Mahometans ; ces exemples sont ordinaires.

Mais ce que j'ai vû à Tunis m'a convaincu que ces Peuples sont humains : car j'ai été témoin que quand nos Esclaves étoient sur les Bâtimens en attendant le tems propre à mettre à la voile, il ne se passoit point de jour qu'ils ne leur envoyassent des Bateaux chargez de pain, de vin, de viande, de poules & de fruits. Ils leur envoyerent des hardes ; & quand ces Esclaves venoient à terre , & qu'ils alloient voir leurs Patrons, il n'y avoit sorte de bonne chere qu'ils ne leur fissent. Il y en eut même qui me prierent de trouver bon qu'ils demeurassent chez leurs Patrons jusqu'au jour de l'embarquement, & j'y consentis, sçachant qu'ils seroient mieux traitez qu'à bord. Leurs Patrons les faisoient manger avec eux , leur donnoient du tabac, & les regardoient comme leurs enfans. Ils les embrassoient en les quittant, & les assuroient que quand leurs affaires ou leur malheur les conduiroient une autre fois dans le Païs, ils pouvoient venir librement chez eux , & qu'ils y seroient bien reçûs.

Il faut avoüer que les Esclaves s'attirent souvent les mauvais traitemens qu'ils reçoivent par leur propre faute. Il semble que l'esclavage leur fasse oublier ce qu'ils sont : car ils deviennent voleurs au suprême degré. Ceux qui ne sont pas resserrez dans les Baignes pendant la nuit, ou qui en sortent moyennant certaines conditions qu'ils font avec les Gardiens, employent tout ce tems à courir la Ville. S'ils trouvent des maisons ouvertes, ils y entrent, & emportent tout ce qui tombe sous leurs mains : ils rompent les murs des boutiques, & les vuident dans un moment. Les Gardes des Baignes reçoivent & cachent leurs larcins, leur en facilitent la vente, parce qu'ils en ont leur part. C'est sur tout aux Juifs qu'ils font le plus de mal. Comme ces miserables n'osent mettre la main sur un Chrétien, & qu'ils ne sont presque pas écoutez en Justice, il y a des Esclaves assez méchans pour se faire eux-mêmes des blessures, & pour aller se présenter tous sanglans à leurs Patrons, & même au Day, & se plaindre qu'ils ont trouvé un Juif yvre, qui les a excité à se faire Juifs, & qui les a voulu tuer, parce qu'ils ont refusé de commettre un si grand crime : d'autres Esclaves se trouvent tout prêts pour être témoins, & le Juif a beau prendre le ciel & la terre à témoin de son innocence, & dire que les Esclaves ont rompu sa porte, l'ont volé & même battu, il n'est pas écouté, souvent il est condamné à une rude bastonnade, & toûjours à une grosse amende, à payer les frais du Chirurgien, & à dédommager le Patron de l'Esclave du travail que la blessure de l'Esclave lui fait perdre.

On ne peut dire dans quel mépris font les Juifs chez les Mahometans, & avec quelle dureté ils sont traitez. S'ils ont un Esclave Chrétien, il faut qu'ils prennent bien garde de ne le pas maltraiter, sans avoir de Turcs pour témoins de la faute qu'il a commise. Sans cela ils sont eux-mêmes châtiez rigoureusement. Souvent le Day les déclare libres, ou les confisque au profit de la Doüanne.

Nous nous vîmes en état de nous reposer le dixiéme Juillet, & nous avions résolu de nous aller divertir à la campagne pendant deux ou trois jours ; mais il me restoit encore huit Esclaves à retirer qui me tenoient au cœur. J'étois engagé d'honneur à les retirer, & je n'avois garde de les oublier par cette raison, & par les lettres continuelles dont ils me fatiguoient : c'étoit Dom Gaspar & le Chevalier de Colombiere, & six autres.

Ce Chevalier étoit d'auprès de Moulins en Bourbonnois : il s'appelloit Gabriel de Bayaux de Colombiere de Gipsy. Il étoit Chevalier de Malte depuis long-tems, & étoit venu à Malte pour achever ses caravannes. Il mit l'épée à la main contre un autre

Chevalier, & le blessa, & fut obligé de s'embarquer précipitamment avec les Chevaliers de Tonnerre & de Romilly, qui furent pris avec lui & menez à Tunis. Ces deux derniers furent rachetez peu après.

Le nommé La Forest valet de chambre du Chevalier de Romilly renia sa foi, & fut appellé Bairam. Un Canonier du même Vaisseau imita son mauvais exemple, & fut nommé Soliman. Ils appartenoient tous deux aussi bien que le Chevalier à Mehmed Beig, qui reconnoissant du mérite dans Soliman le fit Capitaine ou Rais d'un de ses Vaisseaux, & Bairam fut son Cuisinier. Il est nécessaire de connoître ces deux Renegats, avant de dire le reste de l'histoire du Chevalier de Colombiere. Il y avoit long-tems qu'il étoit Esclave, & seroit mort dans l'esclavage, si je ne m'étois pas mêlé de son rachat.

Mehmed Beig avoit taxé sa rançon à deux mille six cens piastres ; mais la maison du Chevalier étoit si pauvre, qu'il n'en avoit pû offrir que seize cens, & son Patron ne l'avoit pas seulement écouté.

Voici comme je m'y pris pour le retirer sur le pied des autres Esclaves.

J'allai un jour rendre visite à Soliman Rais, & lui demandai à dîner. J'en fis avertir le cuisinier Bairam, afin qu'il nous fît un bon plat, & je fis porter du vin & des liqueurs pour mettre nos hôtes de bonne humeur. Nous fûmes plus de trois heures à table, on parla de différentes choses, & insensiblement je les fis tomber sur les avantures de leur voyage & sur l'affaire du Chevalier. Je leur dis que j'avois entendu parler en France de cet homme-là, & qu'on le blâmoit beaucoup d'avoir perdu sa croix & son rang par la querelle qu'il avoit euë avec ce Chevalier qu'il avoit blessé. Je leur dis que je sçavois que son pere l'avoit abandonné à cause de cela, & parce que c'étoit un fou & un débauché, & que ses parens qui étoient pauvres le laisseroient pourrir dans l'esclavage, puisqu'il ne lui restoit plus ni bien ni honneur. Je fis semblant d'ignorer que ces deux hommes le connoissoient, & ils furent les premiers à me le dire. Vrayement, leur dis-je alors, vous sçavez donc son histoire, contez-la moi comme vous la sçavez, puisque vous dites que vous étiez présens. L'un me dit qu'il étoit le Canonier du Vaisseau ; & moi, dit

Bairam, on m'appelloit La Foreſt, & j'étois Valet de chambre du Chevalier de Romilly, nous fûmes pris tous enſemble. Puiſque cela eſt ainſi, leur repliquai-je, vous me ferez plaiſir de me dire ſi ce qu'on m'en a dit eſt veritable. Ils me le confirmerent, & me raconterent mot pour mot tout ce que je venois de leur dire, comme ſi c'eût été une nouvelle qu'ils m'apprenoient. Il n'étoit donc pas reçû Chevalier, leur dis-je, & la croix qu'il avoit porté pour la faire benir ne lui ſert donc de rien? Sans doute, dit le Rais; mais ſon imprudence & ſon emportement lui a fait perdre ſa fortune. Nous bûmes là-deſſus, & je remis le Chevalier ſur le tapis, afin qu'ils n'oubliaſſent pas leur leçon, & j'eus le plaiſir de voir qu'ils l'avoient ſi bien apprise, qu'il paroiſſoit que cette hiſtoire venoit d'eux-mêmes.

Je me retirai bien content de voir mon deſſein en ſi bon train, & dès le lendemain 13. Juillet, j'allai au Château ſur les quatre heures du matin. On étoit ſi accoûtumé à me voir à cette heure, qu'on ne me diſoit rien. J'allai droit à la chambre du Day. La porte & les fenêtres étoient ouvertes pour donner du frais au bon homme,

T v

qui étoit encore au lit. Il fut habillé dans un moment, il pria Dieu, & vint dans son vestibule où je l'attendois. Il s'assit dans un grand fauteüil à l'Italienne, il me fit asseoir dans un autre vis-à-vis de lui, & me fit approcher de maniere que nos genoüils se touchoient. On apporta le déjeûné aussi-tôt. C'étoit une petite fricassée de pieds de mouton. Nous la mangeâmes tête à tête, & nous bûmes du caffé. Il me demanda ensuite où en étoient nos affaires: Je lui dis, Seigneur, il ne tient plus qu'à vous que tous les articles du Traité ne soient executez, & que nous ne nous retirions bien contents. Je ne suis venu que pour vous informer de ce qui nous restoit à faire. Il seroit fâcheux qu'ayant fait tant de choses pour affermir la paix, elle se trouvât rompuë pour une bagatelle, & elle le seroit assurément si nous laissions ici un seul François. Mes peines seroient perduës, & je n'oserois plus me présenter devant le Roi mon Maître : car mes envieux & mes ennemis ne manqueroient pas de dire, que j'aurois negligé l'execution de ses ordres, & il n'en faudroit pas davantage pour m'obliger d'abandonner le Royaume & mon Païs. Vous avez eu tant de bonté pour moi jusqu'à present, que j'espere que vous voudrez bien m'en donner encore une marque, & me continuer l'honneur de votre protection jusqu'au bout. Vous êtes le pere de cette République, vous en êtes le Roi & le Souverain, vous pouvez, & même vous devez en conscience lui procurer, & à vos enfans qui sont vos sujets, la tranquillité & le bonheur.

Le bon homme prit plaisir à m'entendre parler, il me fut aisé de le connoître. Il me promit de faire tout ce qui dépendroit de lui pour me renvoyer joyeux & content, que je n'avois qu'à lui dire de quoi il s'agissoit.

Je lui dis que Sid Mehmed Ellaffi ne vouloit pas me rendre un Esclave François, disant qu'il étoit Chevalier de Malte, & que j'offrois de faire voir par bonnes preuves qu'il ne l'étoit point du tout. Qu'il étoit vrai qu'il avoit eu dessein de l'être, qu'il avoit fait les preuves de noblesse necessaires pour être reçû dans cet Ordre, que dans ce dessein il étoit passé à Malte, & qu'il avoit porté une croix pour la faire benir. Qu'il étoit vrai que son Patron, tous les Esclaves en un mot, toute la Ville le croyoient Chevalier de Malte; & que cependant il étoit vrai qu'il ne l'étoit point, & que par conséquent il devoit être rendu comme les autres, étant François, & compris comme les autres dans le Traité de Paix.

Seroit-il possible, me dit le Day, que cet homme ne soit pas Chevalier? On l'a pris avec une croix, tout le monde l'appelle M. le Chevalier, & les deux Chevaliers qui ont été pris avec lui le reconnoissoient pour tel. Cependant je sçai que vous m'avez toûjours parlé dans l'exacte verité, il faut voir s'il en sera de même dans celle-ci.

Je lui dis : Il est vrai, Seigneur, qu'il est de qualité à être Chevalier. Il a été à Malte dans ce dessein, il y a porté une croix pour l'y faire benir ; mais ayant par emportement tiré l'épée contre un Chevalier, & l'ayant blessé, ce qui est un grand crime dans cette Religion, il a été chassé, & a été pris en s'en retournant en France.

Le Day me demanda quelles preuves je lui donnerois de ce que j'avançois, & que si j'avois seulement deux témoins qui vinssent lui dire la même chose, il me feroit rendre le Chevalier, quand même son Patron l'auroit caché dans la corne d'une chévre.

Je lui repliquai que cela étoit si vrai, que je voulois le lui faire prouver par des gens mêmes qui devoient m'être suspects, & que pour ce sujet je le priois de faire venir deux Renegats de Mehmed Beig, qui avoient été pris avec lui, & les interroger cathegoriquement sur ce que je venois de lui dire, & qu'après les avoir entendus il me rendroit justice.

Le Day envoya sur le champ querir Soliman Rais & Bairam Cuisinier. Je me cachai dans une petite chambre, quand je sçûs qu'ils étoient arrivez. Ils baiserent la main du Day en entrant, & se retirant un peu, ils demeurerent debout devant lui les mains croisées sur le ventre. Le Day leur ayant parlé d'abord de plusieurs choses, tomba adroitement sur le Chevalier. Ils lui dirent la même chose, & à peu près dans les mêmes termes que je les leur avois dites. Le Day ayant leur témoignage les renvoya, en leur disant : Allez, & souvenez-vous bien du témoignage que vous venez de me rendre.

Je revins trouver le Day après qu'ils furent sortis. Il me dit qu'il n'avoit jamais reconnu que de la verité & de la justice dans tout ce que je lui avois dit, & que quand je voudrois il feroit venir Mehmed Beig. Je lui dis qu'il n'étoit pas neceſſaire qu'il ſe donnât cette peine, & que je l'amenerois moi-même dans deux heures.

Je m'en allai ſur le champ chez Mehmed Beig, & je le trouvai qui ſortoit du lit. Il avoit fait la débauche toute la nuit, il avoit mal à la tête & n'étoit guére de bonne humeur. Il fit apporter le déjeûné qu'il commença par un grand verre d'eau de vie, après lequel il mangea une ſoupe à l'oignon, bût trois ou quatre coups de vin, & reprit ſa belle humeur.

Je lui dis alors en riant que j'avois un procès avec lui à décider devant le Day, & que je le priois d'y venir avec moi. Il prit cela pour une raillerie, & me dit, qu'il s'y en alloit, & que je pouvois y venir avec lui.

Nous montâmes à cheval, & nous allâmes au Château. Le Day nous voyant venir enſemble ſe mit à rire. Il nous ſalua, chacun prit ſa place, & s'adreſſant à moi, il me demanda ſi j'avois encore quelque choſe à faire à Tunis; & pourquoi je ne m'en allois pas. Je lui répondis que j'avois encore un procès avec Mehmed Beig, & que nous étions venus enſemble pour le prier de nous rendre juſtice.

Mehmed Beig croyoit que ce n'étoit qu'un jeu pour divertir le Day, il ne comprenoit pas les prétentions que je pouvois avoir. Mais m'adreſſant au Day, je lui dis: Seigneur, je demande à Mehmed Beig l'Eſclave qu'on appelle le Chevalier. Je dis alors ce que j'ai rapporté ci-deſſus. Mon diſcours ôta à Mehmed l'envie de rire. Il me répondit gravement, que ſi la choſe étoit juſte, il me le rendroit volontiers. Alors le Day lui dit qu'il étoit Chevalier de France ſans difficulté; mais qu'il étoit queſtion de ſçavoir s'il étoit Chevalier de Malte ou non, & qu'il falloit de bonnes preuves pour cela. Je lui répondis que pour faire voir la juſtice de ma demande, & que rien ne m'étoit ſuſpect dans cette occaſion, je ne voulois point d'autres témoins que les domeſtiques de ma partie, & ſur le champ m'adreſſant à Soliman Rais qui avoit ſuivi ſon Maître, & qui comme je l'ai dit étoit Canonier dans le Vaiſſeau où le Chevalier & lui avoient été pris, je lui dis:

Soliman Rais, je crois que votre Religion comme la mienne vous défend de mentir, & vous commande de dire la verité. La juſtice eſt le bras de Dieu, elle eſt aveugle & ne connoît

perſonne. Je veux croire que vous n'a-
vez changé de Religion que pour vivre
avec plus de régularité. Ne regardez
pas, ſi c'eſt pour ou contre votre Maître que vous allez parler. Vous êtes
devant Dieu, & devant celui qu'il a
établi pour adminiſtrer la juſtice dans
ce Royaume. Dites, je vous prie, ce
que vous ſçavez en votre conſcience
de ce prétendu Chevalier, & pendant
que vous parlerez, le Seigneur Day
aura la bonté de faire venir Bairam,
qui eſt à la cuiſine de Mehmed Beig,
afin qu'il puiſſe dire ce qu'il ſçait de
cette affaire, puiſqu'il étoit dans le même Vaiſſeau.

Soliman Rais ſe trouva embaraſſé.
Il avoit engagé ſa parole au Day, qui
étoit homme à la lui faire maintenir.
Il auroit voulu être bien loin, & ap-
prehendoit fort de n'en être pas quitte comme il le fut. Il étoit entre le
Day & ſon Maître. Le Day le preſſa
de répondre. Après quelques momens
de ſilence, pendant leſquels la preſen-
ce de ſon Maître le rendit un peu interdit, il commença enfin à parler, &
regardant ſon Maître, il dit qu'il étoit
vrai, que ... Mehmed Beig l'interrompit, & dit au Day en me montrant
avec la main : Il y a long tems que ce

Diable-là me tourmente pour avoir ce Chevalier, je lui en fais prefent, & pour n'avoir plus rien à démêler avec lui, je lui abandonne encore trois autres Efclaves, qui font de fins Savoyards, qui cependant prétendent être d'Antibes en Provence ; mais c'eft à condition qu'il m'apportera leur rançon lui même, & viendra dîner avec moi. Très-volontiers, lui répondis-je, je vous ferai mes remercîmens à table, & vous avoüerez que j'ai bien gagné ce que vous me donnez.

Le Day me congedia en riant, & demeura avec Mehmed riant enfemble, & parlant de moi d'une maniere fort avantageufe, ainfi que me le rapporterent des gens qui étoient prefens à leur converfation.

J'allai attendre Mehmed chez-lui, & dès que j'y fus arrivé, j'envoyai mes gens querir fept cens piaftres, qui étoient le prix des quatre Efclaves qui me devoient être livrez. Je les livrai à fon Treforier, qui les compta & les mit dans un fac, qu'il cacheta pour les prefenter à fon Maître.

Mehmed Beig s'arrêta chez fon frere jufqu'à midi. Soliman Rais étant venu au logis, pâle & défait, me dit, que j'avois voulu le perdre, en l'obligeant à rendre un témoignage si contraire aux interêts de son maître. Je lui fis connoître que n'ayant agi que pour la verité, il étoit impossible que Dieu l'abandonnât, & là-dessus je lui fis boire un verre d'eau de vie qui lui remit le cœur.

Mehmed Beig étant arrivé me fit des reproches, de ce que je lui faisois perdre trois mille piastres : je lui dis que Dieu les lui rendroit avec le plus haut change, & que je serois caution. Là-dessus je fis apporter le sac où étoient les sept cens piastres. Il le fit porter dans la chambre, & nous nous mîmes à table. On l'avoit placé sur le balcon d'une chambre qui donnoit sur la ruë. Je me plaçai contre la fenêtre, afin d'avoir de l'air & voir les passans. J'étois vis-à-vis du Beig, & Soliman Rais Renegat de Toulon étoit à l'autre bout. Ce dernier étoit Vice-Amiral des Vaisseaux du Beig.

Nous bûmes & nous mangeâmes à l'ordinaire. Le Beig après avoir bû commença à chanter. Nous en fîmes autant, & franchement j'avois lieu de chanter : car je venois de remporter une victoire, à laquelle je ne devois guére m'attendre. Je dis au Beig, que lui ayant payé quatre Esclaves, j'étois surpris qu'il ne me les faisoit pas rendre. Il envoya sur le champ un Valet au Baigne pour les amener. Je les vis arriver tous quatre saisis de peur, parce que le Gardien les avoit amenez d'une maniere fort rude. J'apperçûs que le Chevalier avoit encore sa chaîne. Je le dis au Beig. Il se mit en colere, fit monter le Gardien, & le menaça de lui couper la tête. Il lui commanda d'aller promptement au Baigne, de la lui ôter & de le ramener. Les trois Savoyards demeurerent dans la cour, sans sçavoir ce qu'on vouloit faire d'eux, non plus que le Chevalier qui tiroit un mauvais augure de ce renvoi. Il revint quelques momens après sans chaînes, mais si pâle & si abattu qu'il avoit peine à se soûtenir.

Le Beig étant averti qu'ils étoient tous quatre dans la cour, les fit monter, & s'adressant au Chevalier, lui dit: Venez baiser la main de cet homme, en me montrant: Vous ne devez votre liberté qu'à Dieu & à lui; mais prenez garde de n'être jamais ingrat du bien qu'il vous a procuré: car Dieu haït souverainement l'ingratitude, & vous puniroit. Je ne voulois pas souffrir qu'ils vinssent me baiser la main. Je leur dis de baiser la veste de leur

Maître, ils le firent ; mais il fallut le souffrir à la fin pour obéir à ce Seigneur.

Il fit donner à boire aux trois Savoyards, & fit signe au Chevalier de se mettre à table. Je le plaçai auprès de moi. Le Beig lui donna de la viande fort gracieusement, en lui disant : Vous êtes naturellement d'une qualité à manger à ma table. Vous êtes Chevalier, je le sçai bien ; mais ce Diable-là m'a fait perdre aujourd'hui un procès de trois mille piastres, aussi je vais le retenir à votre place. Je lui dis que je le voulois bien, & que je ne pouvois être avec un plus galant homme. Ce pauvre Chevalier étoit tellement saisi qu'il ne pouvoit manger, je lui fis prendre une grande razade de vin, & je fis trouver bon au Beig qu'il se retirât au logis. Je le priai de dire à M. du Moulin que j'étois demeuré à sa place. Nous demeurâmes à table jusqu'à ce que Mehmed eût besoin d'aller au lit. Je retournai au logis, j'appris que M. du Moulin & ses Courtisans avoient été dans la derniere surprise, quand ils avoient vû arriver le Chevalier & les trois Savoyards. Il sembloit que ce fussent des phantômes qui se presentassent devant eux. Ils doutoient de ce qu'ils voyoient. Je les trouvai encore dans la surprise quand j'arrivai. M. du Moulin m'en fit un compliment, dans lequel malgré sa politésse, il ne pût s'empêcher de faire voir sa jalousie. Il ne restoit que Dom Georges ; mais personne ne m'en parla, & je ne jugeai pas à propos de dire ce que j'avois dessein de faire pour lui. Quoique la rançon de ces pauvres Esclaves fût payée, & qu'ils fussent dans une entiere liberté, ils s'en tenoient si peu assurez, qu'ils demanderent d'aller au Vaisseau, & on les y envoya sur le champ.

Leur arrivée au Vaisseau causa autant de surprise qu'à la maison Consulaire, & y excita des cris de joye & des réjouïssances aussi éclatantes, qu'elles causerent de dépit aux Esclaves des autres Nations, qui virent bien que Mehmed Beig repeteroit sur eux la perte qu'il faisoit sur le Chevalier.

Dès que Dom Georges eût appris la délivrance du Chevalier, il ne douta plus que la sienne ne fût possible ; mais il eut l'imprudence de s'en expliquer d'une maniere qui fut rapportée à Cuchuk Murad, qui s'en fâcha si fort, qu'il lui fit dire que dès que nous serions partis, il le feroit pendre par les pieds dans une Matamore. Il connoissoit son Patron pour un homme violent & cruel, & il l'étoit en effet. Cette menace fit un effet si grand sur ce pauvre Prêtre, qu'il m'écrivit que si je ne le retirois de son esclavage, il épargneroit à son Patron la peine de le faire mourir par le supplice dont il l'avoit menacé, & qu'il se couperoit la gorge au pied de l'autel du Baigne. Cette résolution me fit horreur. Je lui écrivis le plus fortement que je pus pour l'en détourner : car je m'étois apperçû que sa captivité lui avoit beaucoup dérangé la cervelle. Je l'assurai pourtant que s'il prenoit des résolutions plus raisonnables & plus conformes à son état, je m'engageois à le rendre libre dans trois jours, & que je ne partirois point de Tunis sans lui; mais qu'il fût secret & qu'il ne se découvrît à personne.

Il ne cessa pas pour cela de me fatiguer par ses Lettres. J'en recevois trois ou quatre tous les jours. Je résolus de l'aller voir, quoique la chose fût presque impossible, à cause des défenses que son Patron avoit faites aux Gardiens du Baigne de le laisser parler à personne. J'en cherchois cependant l'occasion. Elle se presenta heureusement le 16. Juillet. Je rencontrai sur les neuf heures du matin un des six Janissaires que nous avions ramenez de Marseille, & à qui j'avois fait civilité dans le Vaisseau. Nous nous embrassâmes, je reconnus aisément qu'il avoit bû, & j'acceptai avec plaisir l'offre qu'il me fit d'aller boire une bouteille de vin dans le cabaret du Baigne. Nous y entrâmes & nous mîmes à table. Dom Georges qui en fut averti passa devant moi, & me fit un signe auquel je répondis par un autre, qui lui fit connoître que je l'avois entendu. Nous demeurâmes à table jusqu'à midi, qui est le tems que les Turcs vont à la priere. Tous ceux qui y voulurent aller se retirerent. La grande porte du Baigne fut fermée, il ne resta que la petite ouverte. Mon Janissaire s'étoit endormi sur la table. Je le quittai, j'entrai dans la Chapelle où Dom Georges m'attendoit. Je lui dis ce qu'il falloit répondre, quand je le ferois paroître devant le Day, & je le lui fis écrire, afin qu'il s'en souvînt mieux. Il avoit de l'argent, il me remit ce qu'il en avoit sur lui. Je lui dis ce qu'il falloit que les trois Esclaves Danois ou Suedois répondissent, & je retournai trouver mon Janissaire. Je l'éveillai, nous bûmes encore quelques coups, & nous sortîmes avec de grands témoignages d'amitié. J'envoyai le soir deux de nos Esclaves avec un Billet à Dom Georges, sur lequel il leur remit le reste de son argent, qui montoit à près de deux mille piastres.

J'allai le lendemain 17. Juillet déjeûner avec Mehmed Beig. Il se mit de bonne humeur après que nous eûmes bû quelques coups, & me demanda si toutes nos affaires étoient achevées. Je lui répondis que tous nos Esclaves étoient embarquez, à la réserve de quatre, qui étoient entre les mains de Cuchuk Murad, qui étoient, un Prêtre de Pignerol & trois Matelots de Dunquerque, que Cuchuk vouloit être Italiens & Hollandois ; qu'il étoit fâcheux qu'un homme comme Cuchuk fût le seul dans un grand Royaume qui mît obstacle à la conclusion d'un Traité qui réünissoit deux grands Etats. Vous vous êtes privé, Seigneur, dis-je, de vos meilleurs Esclaves par une générosité sans exemple, & dans la vûë d'un bien général. Faudra-t'il qu'un homme si au-dessous de vous soit un obstacle à l'heureuse conclusion de la paix, malgré le grand exemple que vous & tous les Grands de l'Etat lui ont donnez ? Je le priai de faire attention

tion sur ce que je lui disois, & de ne pas souffrir une injustice si criante : Je ne la souffrirai pas, me dit-il, tout en colere, je ne souffrirai pas que ce Juif, cet infidéle se mocque de nous quand vous serez partis. Allez demain matin trouver le Day à cinq heures : demandez-lui justice, je m'y rendrai, & vous verrez de quelle maniere je prendrai vos interêts. Vous m'avez fait perdre un procès de trois mille piastres, je veux vous aider à en gagner un autre, je suis fâché qu'il ne soit pas d'aussi grande conséquence.

Je le remerciai de mon mieux, & je me trouvai au souper avec lui. Pendant le repas, je le fis souvenir de sa promesse, & je le priai de se faire éveiller pour l'heure marquée.

Je dis le soir à M. du Moulin, que s'il vouloit voir comment on plaidoit en Turquie, je l'y invitois pour le lendemain.

Nous allâmes le lendemain à cinq heures à l'Esquiffe. Nous trouvâmes le Day dans sa Salle d'Audiance. Il nous demanda si nous venions prendre congé de lui. Je lui répondis, que nous n'aurions plus rien à faire dès que nous aurions retiré quatre Esclaves qui étoient chez Cuchuk Murad, que ne voulant pas nous les rendre, après que je l'en avois pressé plusieurs fois & offert le payement, nous venions lui demander justice. Je lui exposai mes raisons. Mehmed Beig les appuya fortement & pria le Day de faire venir Cuchuk. Cela fut executé sur le champ. Deux Chaoux l'amenerent, & dès qu'il parut, le Day sans se donner la peine de l'entendre, lui ordonna de réperfenter ces quatre Esclaves. On les fit venir. Le Day pria M. du Moulin de les interroger lui-même. Dom Georges parloit François. Il répondit fort bien, quoiqu'en tremblant, aux demandes qu'on lui fit, & ajoûta que si on vouloit lui rendre ses papiers, il prouveroit par son extrait Baptistaire, & par ses lettres de Prêtrise, qu'il étoit né sujet du Roi de France. Les Suédois répondirent avec fermeté qu'ils étoient nez à Donquerque, & là-dessus le Day les déclara François, & ordonna à deux Chaoux qu'ils fussent conduits au Vaisseau. Je les fis accompagner par quelques uns de nos Officiers qui étoient venus avec nous. Ils passerent au Baigne, prirent leurs hardes, & furent embarquez sur le champ, pendant que nous demeurâmes à disputer vivement avec Cuchuk Murad. Il crioit comme si on l'avoit écorché, prenoit Dieu à témoin de l'injustice qu'on lui faisoit, & voyant qu'il n'étoit point écouté, il tourna brusquement le dos au Day, & se retira sans le saluer.

1665.

Le bon homme se fâcha tout de bon, envoya des Chaoux après lui qui le ramenerent. Le Day le traita de Juif & d'yvrogne, & ordonna qu'on lui donnât des coups de bâton. Cuchuk fut pour se jetter aux pieds du Day, lui demanda pardon, lui baisa la main & se retira. J'envoyai chercher sept cens piastres, qui étoient la rançon des quatre Esclaves. On les apporta, & le Day envoya dire à Cuchuk de venir recevoir son argent. Il répondit qu'il n'en vouloit point. Sur quoi le Day ordonna qu'il resteroit en dépôt au Divan pendant un certain tems, & qu'après cela il seroit confisqué au profit de la République. Il me dit ensuite: Il vaut mieux que vous le remportiez, & que vous le rapportiez, quand le Divan sera assemblé.

Nous remerciâmes le Day de la justice qu'il nous rendoit, & nous nous retirâmes.

Dès que j'eus dîné j'allai au Divan,

X ij

accompagné de deux Gentilshommes & de l'Enseigne du Vaisseau. La Milice s'y étoit assemblée pour des affaires de conséquence. Je fis mon compliment à l'Aga qui présidoit ; il étoit assis dans un fauteüil, au bout d'une galerie. Je lui dis que je venois par ordre du Day lui remettre sept cens piastres pour le compte de Cuchuk Murad, pour le prix de quatre Esclaves François, qu'il n'avoit pas voulu recevoir.

A peine les Soldats eurent entendu ce que je disois à l'Aga, qu'ils s'éléverent tous contre moi en criant comme s'ils avoient voulu m'égorger. Cuchuk Murad les avoit si fort envenimez contre moi, que mes gens crurent qu'on m'alloit mettre en pieces, ils s'enfuirent, & vinrent dire à M. du Moulin, qu'assurément j'avois été assassiné dans le Divan.

Quoique je visse bien le danger où j'étois ; je n'eus garde de faire paroître de foiblesse ; mais par précaution je me plaçai auprès de l'Aga, & je laissai crier ces Soldats mutinez tant qu'ils voulurent ; & quand je vis que le bruit commençoit à s'appaiser un peu, je me mis à crier à mon tour : A la justice de Dieu ; & m'adressant à la troupe, je leur dis qu'il étoit aisé à cinq cens hommes d'en assassiner un seul qui étoit sans défense ; mais qui ne craignoit rien, parce qu'il étoit sous la bonne foi d'un Traité de paix, juré & executé de part & d'autre ; que je n'avois rien fait qu'eux-mêmes n'eussent fait s'ils avoient été à ma place ; que je m'étois conduit avec toute la bienséance dûë aux Ministres de la République & aux Particuliers. Le bruit ayant recommencé, je leur demandai à qui ils vouloient que je m'adressasse, puisque leur bruit m'empêchoit d'être écouté par une si grande multitude. Ils crierent que je parlasse à l'Aga & se tûrent. Alors je proposai mes raisons à l'Aga d'une maniere qui le satisfit. Il me dit : C'est assez, & ayant imposé silence il harangua ces séditieux d'une maniere si forte & si pathetique, qu'une grande partie de ceux qui paroissoient les plus échauffez, parurent contens.

Je priai l'Aga de faire recevoir l'argent, il ordonna au Visiteur de le compter. Il le fit ; l'argent fut enfermé dans un sac, cacheté & remis au Trésorier pour le donner à Cuchuk quand il le viendroit demander.

Pendant qu'on étoit occupé à cela

on amena un Boulanger dont le pain s'étoit trouvé trop leger. L'Aga le condamna à avoir cinq cens coups de bâton sur les fesses. Sur le champ on le fit coucher à terre sur le ventre, un homme s'assit sur ses genoux, & un autre sur ses épaules. On lui leva sa veste de dessus, & on mit à ses côtez deux paquets de bâtons qui étoient gros comme le bras & fort noüeux. Deux Officiers se leverent, & prenant chacun un bâton, & l'élevant en l'air, comme font nos batteurs en grange, ils lui en compterent cinquante coups, après quoi ils remirent leurs bâtons à terre avec respect, & deux autres se leverent & lui déchargerent leurs cinquante coups, & ainsi de suite, jusqu'à ce que la Sentence fût executée. Le Boulanger cria de toutes ses forces pendant les cent premiers coups ; il appelloit à son secours Dieu, le Prophete, tous les Saints de la Loy, le Day, les Beigs, tous les principaux de la République. Personne ne se presenta ; de sorte qu'il fut obligé de se taire, & il souffrit sans rien dire les quatre cens derniers. Ses habits furent mis en pieces. On rompit sur ses fesses bien des bâtons, & assurément elles étoient furieusement meurtries. Le sang ruisseloit de tous côtez. On le releva, deux hommes le prirent sous les bras & le presenterent à l'Aga, qui lui fit une assez longue remontrance sur la fidelité qu'il devoit avoir. Il la conclud en lui disant que s'il tomboit une autre fois dans cette faute, il seroit pendu sur le champ. On lui fit baiser la main de l'Aga, & on l'emporta chez lui.

Je fus spectateur malgré moi de cette execution. Je ne laissai pas de complimenter l'Aga sur la justice qu'il venoit de faire. Il me demanda comment on en auroit agi en France en pareil cas. Je lui dis qu'il n'y avoit point de peines corporelles marquées par les loix, qu'on se contentoit d'une amande, & de faire fermer la boutique de celui qui a mal fait, & de le tenir en prison. Mais s'il retomboit une autre fois, me dit-il, dans la même faute, que lui feroit-on? Je lui dis qu'on augmenteroit l'amande, & que peut-être on le priveroit du droit d'exercer son métier. Il me répondit qu'il ne blâmoit point nos usages, ils doivent être fondez sur de bonnes raisons; mais ils ne suffiroient pas dans ce Païs. Le châtiment que j'ai fait à cet homme vous paroît rigoureux, &

il l'eſt en effet ; mais il le fera ſouvenir de ſon devoir, il ſervira à retenir les autres qui voudroient l'imiter, & nous empêchera de le faire pendre, comme nous ne manquerons pas de le faire, s'il retombe dans ſa faute. Nous ne manquerons pas de Boulangers, & ils ne manqueront pas d'être châtiez ſévérement quand ils agiront contre la juſtice, ou bien ils s'expoſeront à être mis en état de ne plus tromper perſonne.

La foule s'écoula inſenſiblement pendant notre entretien. Je pris congé de l'Aga, j'allai dîner chez Mehmed Beig, & je ne revins au logis qu'à l'entrée de la nuit. On parut ſurpris de me voir en parfaite ſanté.

Cuchuk Murad alla pourtant retirer ſon argent, il étoit trop avare pour faire un ſi gros preſent à la République. Mais il étoit tellement irrité contre moi, qu'il jura qu'il me feroit aſſaſſiner, mais il n'oſa ou ne pût l'entreprendre, quoique j'allaſſe par tout ſeul à mon ordinaire, & que je me retiraſſe quelquefois aſſez tard chez moi. Il ſe contentoit de me tourner le dos quand il me trouvoit dans les ruës, & qu'il étoit aſſis ſur quelque boutique dans le marché des Eſpahins ; j'en étois quitte pour quelques injures qu'il marmottoit contre moi entre ses dents dont je me souciois peu, parce que j'avois rempli toute ma Commission.

J'allai ensuite remercier le Day des bontez qu'il m'avoit témoignées en tant d'occasions, & je le priai d'agréer que nous allassions prendre l'air à la campagne pour nous délasser de nos fatigues. Vous en avez besoin, me dit-il, allez réjouissez-vous bien ; si je ne sçavois que vous avez des amis qui ont des maisons de campagne, je vous offrirois les miennes. Vous en êtes le maître, & vous me ferez plaisir de les accepter : si je ne puis m'y trouver pour vous y recevoir, je donnerai ordre que vous soyez bien régalé.

Je crois devoir faire connoître au Public ceux avec qui j'ai eu à traiter à Tunis.

## CHAPITRE XXV.

*De la Famille de Mehmed Ben Hhamonda Beig Pacha de Tunis.*

MEhmed Pacha de Tunis étoit fils d'un Renegat Corse, appellé Hhamonda, qui étoit parvenu à être Beig de Camp, c'est-à-dire General des Troupes. Il étoit monté à cet emploi après avoir passé par tous les degrez de la Milice, où il s'étoit acquis beaucoup de réputation. Il eut assez de crédit pour faire recevoir son fils Mehmed en sa place. Il l'avoit élevé avec soin, & il avoit trouvé un sujet très-propre pour recevoir toutes les dispositions qu'on lui voulut donner. Il se comporta avec tant de sagesse, de modération & de justice, qu'on le regardoit comme le plus digne Officier qui pût être à la tête de la République; mais il avoit des défauts considérables : le premier étoit une timidité & une irrésolution pour ce qui regardoit sa personne, qui a été dans la suite la cause de son malheur : car quoiqu'il fût très-brave & très-expérimenté dans la guerre, qu'il sçût prendre son parti en brave homme, & qu'il fût très-heureux dans toutes ses entreprises quand il s'agissoit du bien de la République, il étoit tellement timide quand il s'agissoit du sien, qu'il nuisoit extrêmement à ses propres interêts.

Son second défaut étoit une superstition outrée pour sa Religion. Il passoit cinq ou six heures par jour dans un bain, où il se faisoit frotter & laver depuis la tête jusqu'aux pieds ; & quand il sortoit de ces purifications, il retroussoit ses habits, de peur qu'ils ne touchassent à terre, & qu'ils ne contractassent quelque impureté légale qui pût l'empêcher de faire sa priere avec un cœur pur & exemt de toute soüillure.

1665.

Lorsqu'il étoit au Divan, & qu'il passoit dans les ruës, il falloit que ses domestiques prissent bien garde que les Chrétiens, les Juifs, les chiens, les chevaux & autres animaux immondes ne l'approchassent, ou ne fissent rejaillir sur lui de l'eau ou autre chose ; car il retournoit sur le champ au bain, prenoit des habits neufs, & faisoit ses prieres en sûreté de conscience.

Ces manieres lui attiroient des railleries de tout le monde. Le Day Caragus étoit celui qui s'étudioit le plus à le désoler sur ses purifications. Il s'avisa un jour qu'il sçavoit que Mehmed, qui avoit été fait Pacha de Tunis par le Grand Seigneur, devoit venir chez lui, il s'avisa, dis-je, de faire enfermer un cochon dans une chambre voisine où l'on faisoit le caffé, & il donna ordre à un Esclave de faire crier le cochon pendant que le Pacha boiroit sa tasse de caffé. Il en fut tout décontenancé, il jetta la taſſe, ſe crut ſoüillé depuis la tête juſqu'aux pieds, ſe leva, s'enfuit chez lui, & paſſa le reſte du jour dans l'eau à ſe faire frotter & laver de la belle maniere, & aima mieux ſe paſſer de faire la priere de midi, que de la faire, après avoir été ſoüillé du cri d'un cochon.

Si un chien le touchoit en paſſant, il entroit ſur le champ dans la premiere maiſon, & ſe faiſoit mettre des habits neufs, de peur de demeurer quelques momens immonde, & d'avoir le malheur de prononcer en cet état le nom de Dieu, ou celui du Prophete : ce qui auroit été pour lui un peché énorme que cent ſceaux d'eau n'auroient pû effacer.

Le Day ne ſe laſſoit point de lui faire des pieces ſur ſon attachement exceſſif à ſa pureté légale. J'ennuyerois le Lecteur ſi je les rapportois en détail. Voici la derniere qu'il lui joüa, & qui fut cauſe de ſa mort. Il ſçavoit la tendreſſe que le Pacha avoit pour ſes enfans : il voulut lui faire peur. Il étoit alors incommodé, & gardoit la chambre. Son fils Murad Beig qui commandoit l'armée étant venu pour le voir, on fit courir le bruit que le

Day n'étoit pas content de lui. Le Pacha le fçut & en fut allarmé. Il conseilla à son fils de ne point aller au Château, & de s'en retourner incessamment à l'Armée, sans passer la fête du Bairam auprès de lui, comme il avoit résolu. Ce jeune Seigneur ne jugea pas à propos de quitter son pere, & de se remettre en route le premier jour de cette grande fête. Il eut sujet de s'en repentir par le malheur que sa présence causa à son pere.

Car le jour du Bairam le Day l'envoya chercher par ses Chaoux après la priere du matin. Il ne put s'empêcher d'y aller avec ces Officiers suivi de deux valets seulement; mais le Day avoit donné si bien ses ordres, que dès que Murad fut entré on ferma la porte au nez des deux domestiques, contre la coûtume.

Ces Valets effrayez coururent en porter la nouvelle au Pacha, & dirent chemin faisant le soupçon bien fondé qu'ils avoient que le Day avoit fait mourir leur Maître.

Le Pacha ayant été informé de cette triste nouvelle tomba évanoüi. On lui ouvrit la veine plusieurs fois, sans pouvoir tirer du sang. Les autres remedes qu'on lui donna furent sans effet, & il deméura dans cet état jusqu'à ce qu'on lui cria aux oreilles que son fils étoit revenu, & qu'il étoit en parfaite santé, & fort content de sa visite. Le bon homme ouvrit les yeux, & une autre foiblesse les lui fit refermer : elle dura deux heures, les remedes le firent revenir. Il demanda à voir son fils, on le fit venir : il l'embrassa tendrement plusieurs fois, & lui demanda ce qui s'étoit passé au Château. Murad lui répondit qu'il avoit trouvé le Day dans sa chambre avec un grand festin préparé ; qu'il l'avoit fait asseoir auprès de lui, l'avoit régalé à merveille, & lui avoit donné toutes les marques de l'amitié la plus sincere. Il ne sçavoit pas qu'on avoit renvoyé ses Valets, & il comprit que c'étoit une piece que le Day vouloit faire à son pere, dont il jura de se venger, & s'en vengea en effet, comme nous le verrons ci-après.

Cependant le mal du Pacha augmenta, & une fiévre continuë s'y étant jointe, sans que les remedes pussent la vaincre, il mourut âgé d'environ soixante-cinq ans regretté & pleuré generalement de tout le monde, à cause de sa douceur, de sa justice, & d'une infinité d'autres belles qualitez

qui le rendoient cher à tout le Païs &
à ses voisins. On lui fit une pompe
funebre des plus magnifiques; on ne
le porta à la sépulture que deux jours
après sa mort, & dans cette ceremonie il fut accompagné de toute sa Maison & de tous ses amis vêtus de noir,
ce qui étoit une chose des plus extraordinaires, & qui marquoit bien le
déplaisir qu'on avoit de sa mort: car
je n'ai jamais remarqué que les Turcs,
chez qui j'ai demeuré pendant plusieurs années, changeassent la couleur
de leurs habits, même pour la mort de
leurs plus proches.

Il ne laissa que deux enfans légitimes, Murad & Mehmed, & un autre qu'il avoit eu d'une Esclave noire,
qui n'entra pas en partage avec les
deux autres. Il avoit encore quelques
filles ; mais elles n'entrent pas en ligne
de compte dans ce Païs. On leur donne une dotte médiocre, & ceux qui
les épousent doivent songer au reste.

Le Pacha laissa en mourant des
biens immenses, tant en argent comptant, meubles, immeubles, Esclaves,
Vaisseaux & autres choses de prix,
qui auroient causé de l'envie & de
l'étonnement à tout l'Etat, s'il n'avoit
eu l'approbation & l'amitié de tout le

monde. Tout son argent & son or étoit caché dans ses maisons de campagne, dans des endroits secrets, qu'il découvrit à ses enfans avant de mourir. Ils y allerent, & pour ne pas perdre le tems à compter les especes, ils les mesuroient au boisseau, & chacun cacha sa portion dans les maisons qui leur échûrent. C'est la maniere de tous les Orientaux : ils n'ont point l'usage des coffres forts, parce qu'une puissance superieure pourroit enlever les coffres ; au lieu que l'argent étant caché, il est plus aisé de le soustraire aux recherches qu'on en pourroit faire.

Il faut à present faire le portrait de ces deux Beigs.

Murad Beig fils aîné de Mehmed Pacha étoit un homme de six pieds de haut, quarré & gros à proportion de sa taille. Son teint étoit brun, sa barbe noire, bien fournie & réguliere, le visage beau en toutes ses parties, ses yeux étoient noirs, grands, bien fendus & pleins de feu. Il avoit l'air d'une personne de qualité, la démarche assurée. Il avoit beaucoup d'esprit : il étoit naturellement doux & poli : il étoit homme de parole, grave dans ses discours, sérieux dans la conversation, très-juste, régulier dans l'observation de sa Religion, mais bien éloigné des superstitions de son pere. Sa douceur naturelle le portoit à la patience : il faisoit les fonctions de sa Charge sans hauteur, sans bruit, sans emportement, sans violence : il s'en faisoit à lui-même de fort grandes, quand pour se rendre aux Loix & à la politique du Païs, il étoit obligé de faire ou d'ordonner quelque chose de violent. Il commandoit le Camp, c'est-à-dire toutes les troupes de Cavalerie & d'Infanterie de l'Etat par terre, pendant que son cadet commandoit toutes celles de la Marine. Il avoit trois enfans, deux garçons & une fille : l'aîné étoit fort laid, le cadet & la fille étoient d'une beauté achevée.

Mehmed Beig, surnommé El hhaffi, du nom de Hhaffa lieu de sa naissance, étoit d'une humeur bien différente de son frere. Il étoit un peu plus petit que son aîné, mais gros & replet. Son visage étoit blanc, son poil blond, il avoit les yeux bleus & fort beaux. Sa physionomie étoit celle d'un débauché, & assurément elle n'étoit point trompeuse ; mais il étoit bien moins interessé que son aîné : la table étoit toûjours ouverte chez lui ; & comme les Capitaines des Vaisseaux & les autres Officiers y étoient toûjours reçûs avec politesse, ils l'aimoient & lui obéïssoient aveuglément. Il bûvoit avec eux depuis le matin jusqu'au soir, & tenoit quelquefois table pendant 14. heures. Ses offices étoient toûjours remplis de vin, de viandes, de liqueurs, de fruits, de confitures, & de tout ce qui étoit nécessaire pour flatter le goût & faire bonne chere. Outre l'Arabe qui étoit sa Langue naturelle, il parloit parfaitement bien Turc & Italien. Il étoit liberal, bon ami, généreux, peu attaché aux observances de sa Loi, railleur, plein d'esprit. Ses manieres étoient nobles. Il étoit toûjours prêt à faire plaisir, & à la débauche près le plus aimable homme de toute la Barbarie, chez qui on étoit mieux reçû, & chez qui on vivoit avec plus de liberté.

Il avoit épousé la plus belle fille de Tunis, & ne l'avoit pas vûë depuis le premier jour de ses nôces. Il ne laissoit pas de l'aimer ; mais il l'auroit aimé bien davantage, s'il ne se fût point abandonné à des voluptez honteuses qui font haïr les femmes. Il lui donnoit cependant avec profusion tout ce qu'elle pouvoit desirer, l'or, l'argent, les pierreries, les habits, les meubles,

Il ne lui refusoit jamais rien, il la prévenoit en tout. Il lui avoit donné un train de Princesse, des carosses, des filles Esclaves, des Eunuques blancs & noirs en grand nombre. J'en ai vû à la porte de son Palais qui étoient les plus laids animaux qu'on pût voir, & c'est ce qui les rend plus chers. Il étoit ravi que les femmes des Grands lui vinssent rendre visite, & dans ces occasions ses Officiers avoient ordre de leur servir des repas magnifiques. Il ne manquoit à cette Dame que la compagnie de son mari, & des enfans pour être heureuse. Elle esperoit pourtant que le tems & l'âge le rappelleroient auprès d'elle. Pour lui, il avoit des Esclaves de toutes les Nations, & il choisissoit toûjours les mieux faits & les plus beaux pour servir à sa chambre, à la garderobe, aux differens offices de sa maison. Les uns étoient ses Receveurs, ses Intendans, ses Magasiniers. Il les nourrissoit fort bien, les entretenoit magnifiquement, leur faisoit des gratifications. Il y en avoit à qui sa liberalité faisoit oublier leur Païs, où ils sçavoient qu'ils ne seroient pas si à leur aise qu'ils étoient chez-lui. Plusieurs avoient de l'argent plus qu'il ne leur en faloit pour se racheter, & ne se mettoient pas en peine de se mettre en liberté. Il étoit rare qu'il les fît maltraiter, ou qu'il leur dît jamais rien de fâcheux. Ils avoient ordre de recevoir poliment ceux qui venoient chez-lui, quand même il n'y étoit pas. On demandoit librement ce qu'on vouloit, & on étoit servi sur le champ avec toute la propreté & la civilité possible. Il aimoit les Francs & sur-tout les François, & quand ils pouvoient converser avec lui en Italien, il leur faisoit mille caresses. Ce que j'ai dit de lui ci-devant est une preuve de ce que je dis ici. Il est bon de dire à present de quelle maniere il se vengea du Day Caragus, qui avoit été l'occasion de la mort de son pere.

### Histoire du Day Hagi Mustafa Caragus.

HAgi Mustafa Day de Tunis, surnommé Caragus, parce qu'il avoit de grands yeux noirs & fort beaux, étoit un homme d'esprit & de cœur. Quoiqu'il fût fort sérieux, il ne haïssoit pas le plaisir. Il étoit vaillant & doux, & ne laissoit pas d'être extrêmement sévere dans l'administration de la justice, cela le faisoit aimer des gens de bien & craindre des méchans. Il aimoit les François, & particulierement M. le Vacher Vicaire Apostolique & Consul de notre Nation. Il ne lui refusoit jamais rien, pourvû qu'il y eût tant soit peu de justice dans ce qu'il lui demandoit, il suppléoit au reste par son autorité.

1665.

Ses gens étoient toûjours en mouvemens pour attraper les voleurs, soit dans la Ville ou à la campagne, aussi-tôt pris aussi-tôt pendus. Si on les prenoit à la campagne, on les attachoit sans autre forme de procès au premier arbre. On lui amenoit ceux que l'on prenoit dans la Ville, & sur le champ il les faisoit expedier, de maniere qu'il purgea la Ville & le Païs de ces canailles, & y établit une sûreté si grande, qu'on pouvoit laisser ses portes ouvertes & les maisons à l'abandon, sans crainte d'être insultez ou volez.

Quoiqu'il veillât fort exactement sur la conduite de ses Officiers, il ne laissoit pas de s'informer par lui même de quelle maniere ses ordres étoient executez. Il alloit la nuit par la Ville *incognito* & sans suite, & remarquoit s'il ne se glissoit point d'abus. Il trouva une nuit la porte d'une maison ouverte, il entra dans la cour, & vit au fond d'une chambre un Turc assis entre une bouteille de vin & un plat de viande, qui bûvoit, mangeoit, chantoit & se divertissoit tout seul. Le Day lui cria de loin : Hé ! Camarade, pourquoi ne fermes-tu pas ta porte, ne crains-tu pas les Voleurs ? Le Turc sans prendre la peine de se lever pour connoître celui qui lui donnoit ce charitable avis, lui répondit en criant encore plus fort : Hé, d'où viens-tu Camarade ? Crois-tu que tant qu'il plaira à Dieu de nous conserver ce Diable de Caragus, on entende jamais parler de Voleurs à Tunis ? Si tu as peur, ferme la porte toi-même : car tant qu'il vivra nous n'aurons rien à craindre. Le Day sortit sans repliquer, & le lendemain il envoya querir ce Turc, lui fit un présent, & lui donna des marques d'amitié.

Ce fut avec ce Day & le Pacha Mehmed pere des deux Beigs Murad & Mehmed, que M. le Duc de Beaufort avoit conclu le Traité de Paix pour l'éxecution duquel j'étois à Tunis ; mais il n'eut pas le plaisir de le voir executé.

Les deux Beigs avoient juré de se venger sur lui de la mort de leur pere. Ils trouverent moyen de lui faire donmer un poison, qui le tint quelques jours dans une langueur à ne pouvoir ni mourir ni vivre. Mehmed alla lui rendre une visite de civilité, & sçavoir des nouvelles de sa santé, il demeura quelques heures auprès de lui. Il sortit ensuite pour aller prendre avec son frere les mesures necessaires pour le dépoüiller de l'autorité avant sa mort, afin de lui faire plus de dépit.

Ils communiquerent leur dessein à quelques vieillards, qui avoient beaucoup de crédit dans le corps de la Milice ; mais aucun ne voulut accepter la Charge de Day, s'excusant les uns après les autres de prendre une Charge où l'on étoit assuré de ne pas vivre long-tems. Ce contre-tems mit les Beigs au désespoir. Mehmed retourna voir le Day, & connoissant qu'il ne pouvoit pas aller loin, il se pressa d'executer le dessein qu'ils avoient formé de le déposseder avant sa mort. Il trouva sous la porte du Château deux vieux Capitaines, & un autre bon vieillard appellé Hagy Mehmed, qui étoit revenu depuis peu de la Mecque. Il dit à un des Capitaines : Sois Day, je te prie. Il le refusa. Il en dit autant à l'autre, qui le refusa aussi. Au moins, leur dit-il, asseyons-nous, & nous consulterons ensemble ce qu'il y a à faire, car le tems presse. Ils s'assirent, & après quelques momens de silence, Mehmed Beig se leva, baisa la main & la veste du vieillard Hagy Mehmed, & le salua Day. Le bon vieillard se défendit tant qu'il pût de l'honneur qu'on lui vouloit faire. Mais les autres s'étant levez, & lui ayant aussi baisé la main & la veste, & ceux qui se trouverent aux environs ayant fait la même chose, il fut proclamé Day. La nouvelle en fut portée à Murad Beig, & répanduë par toute la Ville. Tout le monde accourut. On fit entrer le nouveau Day dans le Château, & on le mit malgré toutes ses résistances en possession de sa dignité, pendant que les gens de Mehmed Beig emporterent le pauvre Caragus dans la maison qu'il avoit à la Ville, où il mourut quelques jours après regretté des honnêtes gens, comme le plus integre & le plus juste Day qui eût jamais gouverné le Royaume de Tunis. Il ne manque aux Days que la qualité de Rois, ils en ont en effet toute l'autorité ; mais ils sont amovibles à la volonté de la Milice, ou de ceux qui ont de l'autorité sur elle.

Le bon Hagy Mehmed étoit un parfaitement honnête homme, incapable de de rien faire contre l'équité ; mais peu craint, parce que ce talent si necessaire dans un Païs tel que celui-là lui manquoit. Les Beigs Murad & Mehmed qui l'avoient mis en place le soûtenoient de leur credit, & le faisoient respecter & craindre, parce qu'ils l'étoient beaucoup eux-mêmes.

## CHAPITRE XXVI.

### Histoire de Mehmed Cheleby appellé Dom Philippe.

Mehmed Cheleby étoit fils de Ouzou Ahmed Khoage ou d'Ahmed le Long. Il étoit Secretaire du Divan, quand il fut élevé à la dignité de Day; on disputoit à Mehmed la qualité de Cheleby qui est considerable à Tunis, parce que son pere n'étoit encore que particulier quand il vint au monde; au lieu qu'on la donnoit sans contradiction à ses freres, qui étoient nez pendant que son pere étoit dans la dignité de Day.

Bien des gens ont écrit ses avantures, & n'ont pas réüssi, parce qu'ils ont écrit sur de mauvais Memoires. M. Thevenot a plus approché que les autres de la verité, & n'a pas laissé de se tromper. Il en avoit appris quelque chose par lui-même, & l'a donné au Public dans la Relation de son Voyage au Levant. Il en avoit sçû beaucoup de Dom Gaspard Sicilien, qui le sert encore aujourd'hui. J'ai vû Dom Philippe avec beaucoup de familiarité, & c'est de lui-même que j'ai appris ses avantures, & la verité de son retour à Tunis. J'avois crû jusqu'alors qu'il y avoit été ramené par la trahison d'un Capitaine Anglois qui le devoit conduire à Rome. Ce Seigneur m'a détrompé, & je dois détromper le Public. J'ai sçû aussi bien d'autres particularitez de sa vie par M. le Vacher Vicaire Apostolique de Carthage, qui étoit Consul à Tunis quand il y revint. Ce sont de toutes ces connoissances que je vais instruire le Public.

Dom Philippe étant âgé de dix-sept ans, fit une campagne sur les Galeres de Biserte en qualité de Volontaire, & non comme General, comme on l'a dit, sans se souvenir que cette Charge étoit alors au-dessous de sa qualité.

Au retour de cette campagne, il fut fait Gouverneur des Châteaux de Biserte. Son pere le maria peu après à la fille du Pacha de Tunis; mais quoiqu'elle fût belle & fort digne de lui, il ne l'aima jamais, & ne l'époufa que pour ne pas déplaire à fon pere homme entier & violent, dont la colere avoit toûjours des fuites funeftes. Après les cérémonies de fes nôces, qui durerent quarante jours, terme un peu long à la verité; mais qu'on ne peut abreger dans cette cérémonie, quand elle fe fait entre des gens de cette imporance.

Mehmed Cheleby aimoit la Mufique, la Comedie & les autres divertiffemens ufitez chez les Chrétiens, dont fes Efclaves lui avoient donné le goût. Il les faifoit exercer à des reprefentations, & s'y plaifoit infiniment. L'envie de voir l'Europe dont on lui avoit fait des peintures fort agréables, lui firent prendre le deffein de s'y retirer. Par ce moyen, il s'éloignoit de fa femme qu'il ne pouvoit aimer, & de fon pere qu'il craignoit. Il en fit confidence à fes Efclaves Chrétiens; à qui l'efperance de la liberté fut un appas, qui leva toutes les difficultez qui pouvoient fe préfenter. Il amaffa autant d'argent & de chofes précieufes qu'il pût, & s'étant allé promener à une maifon de campagne qu'il avoit à la Marfe, dans le voifinage de celle de Mehmed Elhhaffy, il n'y mena avec lui que les Esclaves qui étoient de son secret, entre lesquels il y avoit un Pilotte & de bons Matelots. Il fit venir un gros Bateau, & y fit mettre tout ce qui étoit necessaire pour aller se divertir sur la mer & faire une partie de pêche.

Le jour suivant le vent s'étant trouvé bon pour gagner la Sicile, il se défit de ses Matelots Maures sous differens prétextes, & mettant à la voile sous la conduite de son Pilotte Chrétien, ils aborderent en deux jours à Mazare en Sicile. Les Esclaves étant débarquez, firent avertir le Viceroi de Sicile de l'arrivée de Mehmed Cheleby, & du dessein qu'il avoit formé d'embrasser la Religion Chrétienne. Il le fit conduire avec beaucoup d'honneur à Palerme, le reçût avec de grandes marques de distinction, & le logea dans la Maison des Jesuites, où il fut reçû & traité avec respect, & instruit de notre Religion avec soin.

Le Viceroi donna avis au Roi d'Espagne de l'arrivée de ce jeune Seigneur. Sa Majesté Catholique lui ordonna de le traiter en Prince, & quand il seroit instruit, de le faire baptiser en son nom.

L'Archevêque de Palerme le baptisa dans la Cathédrale. Le Viceroi & la Vicereine le tinrent sur les Fonts au nom du Roi & de la Reine d'Espagne, & le nommerent Philippe.

Quelque tems après son Baptême il alla à Rome. Le Pape Innocent X. le reçût avec beaucoup d'honneur, & lui fit des présens considerables, entre lesquels il y avoit un Crucifix d'or à la Grecque qu'il conserve encore aujourd'hui.

De Rome il passa en Espagne, où il ne reçût pas un accüeil moins favorable, que celui qu'il avoit reçû à Rome. Le Roi lui assigna une pension suffisante pour lui entretenir un Equipage selon sa qualité de Prince Afriquain qu'on lui avoit donnée. Il choisit pour sa demeure Malaga, où il devint amoureux d'une Demoiselle Espagnolle peu accommodée des biens de fortune ; mais bien pourvûë de ceux de l'esprit. Elle joüoit du luth en perfection, sçavoit la musique à fond, chantoit à merveille. Il n'en falloit pas davantage pour donner de l'amour à un jeune homme qui aimoit la musique, & qui avoit un penchant très-fort à l'amour. Quelques-uns ont crû qu'il l'avoit épousée secrettement : Du moins est-il certain qu'il l'entretenoit avec sa mere sur la pension que le Roi d'Espagne lui donnoit.

Cependant Ahmed Day pere de Dom Philippe, ayant sçû que son fils Mehmed Cheleby étoit passé en Europe & s'étoit fait Chrétien, entra dans une colere effroyable, & ne pouvant la passer sur son fils, il s'en prit à la femme qu'il lui avoit donnée & à sa mere, & les fit étrangler aussi bien que les Esclaves Chrétiens, qui étoient demeurez à la maison de son fils, qu'il accusoit d'avoir sçû son dessein & de ne l'avoir pas revelé. Il n'auroit pas fait un meilleur parti à son fils s'il l'eût eu entre ses mains ; mais ne l'ayant point, il le désherita entierement, & ne lui laissa rien du tout. Il mourut quelque tems après. Sa veuve qui aimoit passionnément son fils Dom Philippe, étoit fort affligée de ce que son pere l'avoit désherité, ne pensoit qu'à lui amasser du bien pour le faire subsister honorablement, & cherchoit tous les expediens pour le faire revenir à Tunis.

Dom Philippe se divertissoit de son mieux en Espagne, il avoit un grand train, & faisoit une dépense qui excedoit beaucoup la pension que le Roi d'Espagne lui faisoit. Il épuisa bien-tôt le crédit qu'il pût trouver & se trouva beaucoup endetté.

1665.

Il arriva un Capitaine Anglois à Malaga que Dom Philippe connoissoit particulierement, parce qu'il avoit été long tems Esclave dans sa maison. Cet Officier sçavoit la mort du Day, & la tendresse que la mere de Dom Philippe avoit pour ce cher fils, sur cela il lui prêta trois mille piastres, dont il lui fit un billet payable à Tunis par sa mere.

Le Capitaine vint à Tunis, reçût son payement avec ordre de dire à Dom Philippe de la part de sa mere, qu'elle n'étoit plus en état de payer les Lettres qu'il tiroit sur elle, comme elle avoit fait les autres ; mais que s'il vouloit revenir à Tunis il y seroit bien reçû. Elle lui dit que le Day qui avoit succedé, étoit sa creature, & qu'il n'avoit rien à craindre. Elle promit même au Capitaine Anglois une récompense considerable s'il pouvoit engager son fils à revenir à Tunis, & que s'il l'y conduisoit, elle lui donneroit du bled pour charger entierement son Vaisseau.

Le Capitaine executa sa Commission en habile homme, & en Marchand avare & sans Religion. Il trouva Dom Philippe fort mécontent de la situation où il se trouvoit. Il s'étoit mis sur le pied d'une grosse dépense, il avoit un grand train, il donnoit dans les plaisirs de toute espece. Sa pension étoit mal payée, & il n'avoit plus de crédit. D'ailleurs le libertinage dans lequel il vivoit n'étoit pas du goût d'une Nation aussi religieuse que l'Espagnolle. On ne l'estimoit plus comme on l'estimoit dans les commencemens. Luimême étoit dégoûté des manieres Espagnolles. Il avoit écrit aux protecteurs qu'il avoit à Rome, & leur avoit marqué qu'il avoit dessein de s'y retirer.

Le Pape qui étoit bien disposé en sa faveur, lui offrit de le faire recevoir Chevalier de Malte, comme le Roi d'Espagne l'avoit reçû Chevalier de S. Jacques, & il avoit ordonné au Grand-Maître, en vertu du pouvoir absolu qu'il a sur cet Ordre, de lui en donner la croix. Dom Philippe feignit de prendre ce parti, quoiqu'il eût déja résolu d'en prendre un tout opposé : car le voyage de Rome n'étoit qu'un prétexte pour sortir d'Espagne. Le Capitaine Anglois qui avoit negocié toute l'affaire le favorisoit de son mieux, il lui prêta de l'argent pour payer ses dettes, & pour faire des provisions. Dom Philippe prit congé de ses amis commes'il eût voulu aller passer l'Année Sainte 1650. à Rome, & s'embarqua avec sa femme vraye ou prétenduë, sa belle-mere, son Confesseur, tous ses domestiques & les servantes de sa femme. On mit à la voile, on porta d'abord au Levant ; mais dès que la nuit fut venuë, on porta au Sud. Quelques-uns des gens de Dom Philippe, qui sçavoient la navigation s'étant apperçûs de cette route l'éveillerent, & lui dirent que le Capitaine ne prenoit pas la route d'Italie, mais celle de Barbarie. Il se leva, tira son épée, & fit une rodomontade au Capitaine sur la route qu'il prenoit, qui n'étoit pas celle d'Italie. Le Capitaine s'excusa sur le vent & sur les courans, qui ne lui permettoient pas de faire autrement. Mais il l'assura que le vent changeroit infailliblement, & qu'aussi-tôt il porteroit à route. Il changea en effet & devint contraire, & les porta à Maiorque. Le Viceroi y regala magnifiquement Dom Philippe & toute sa maison, & le loüa extrêmement du pieux dessein qu'il avoit d'aller passer l'Année Sainte à Rome.

Le Vaisseau mit à la voile le lendemain, & comme il étoit assez élevé pour gagner la Goulette, ils ne furent pas long-tems sans découvrir les côtes d'Afrique. Ils se trouverent bien-tôt à Porto-Farine, & moüillerent à la Goulette. Dom Philippe content de se trouver où il souhaitoit être, fit semblant de se mettre fort en colere contre le Capitaine. Il lui reprocha le danger où il l'exposoit, & le pressa de l'en tirer promptement : celui-ci s'excusa sur les vents qui l'y avoient porté, & lui dit que se trouvant-là, il n'y resteroit qu'autant de tems qu'il lui en falloit pour donner quelques effets à un Capitaine de sa Nation qui étoit dans le Port ; que cela ne le retarderoit qu'un jour ou deux, & qu'après cela il prendroit la route de Civita-Vechia. Il assura tout le monde qui étoit effrayé de se trouver entre les mains des Barbares, qu'il n'y avoit rien à craindre pour leur vie, leurs biens & leur liberté ; qu'ils étoient sous le pavillon Anglois, auquel les Tunesiens n'oseroient faire aucun outrage ; qu'ils pouvoient aller à terre, y chasser, se promener, voir la Ville, & y être dans une sûreté aussi entiere que dans le cœur de l'Espagne. Les gens de Dom Philippe regardoient la Ville de Tunis avec des lunettes, & peu après ils eurent envie de la voir de plus près. Celui qui témoigna plus de curiosité fut un Religieux Carme Confesseur de Dom Philippe. Il le pria d'agréer qu'il satisfît son envie. Dom Philippe le lui accorda sur le champ, & lui donna une Lettre pour le Day, afin qu'il en fût bien reçû, elle étoit écrite en Turc. Il donnoit avis au Day qu'il étoit revenu bien repentant de la faute qu'il avoit faite; qu'il vouloit en faire pénitence; qu'il se jettoit entre ses bras, lui demandoit sa protection, & le prioit de le faire enlever quand il iroit se promener dans l'étang de la Goulette.

Le Carme s'embarqua dans la Chalouppe du Vaisseau. Les Matelots le conduisirent chez le Consul Anglois, au lieu de le mener chez celui de France, comme il les en avoit prié. M. le Vacher en ayant été averti l'alla chercher, le conduisit chez-lui, & demeura fort étonné de ce qu'il apprit de Dom Philippe. Il ne douta pas un moment que ce qui se passoit ne fût un jeu pour couvrir son évasion.

Pendant le voyage du Carme, le Capitaine proposa à Dom Philippe d'aller se promener sur l'étang, & de s'y divertir à la pêche avec ses gens. Dom

Philippe y consentit sans peine. Il se mit dans la Chaloupe qui étoit revenuë. Une partie de ses gens y entra avec lui, & ils se promenerent sur l'étang; mais ils furent bien-tôt rencontrez par deux Brigantins armez, envoyez par le Day, qui après avoir tiré quelques coups en l'air, enleverent Dom Philippe & ses gens, & les conduisirent au Château.

Dom Philippe étoit alors habillé à l'Espagnole, il avoit le manteau, la golille, la longue épée & le poignard, le chapeau à forme platte & de longs cheveux noirs qui lui tomboient sur le dos.

Dès qu'il fut arrivé au Port, le Peuple assemblé en foule le conduisit avec des cris & des huées extraordinaires chez le Day, qui le voyant ainsi déguisé, lui dit des injures. Le Divan & les gens de la Loi s'assemblerent pour déliberer sur la réparation qu'on lui feroit faire. Tous conclurent qu'il falloit le brûler, mais qu'à cause de la memoire de son pere on le brûleroit sans scandale.

Le Day qui étoit creature de son pere, & qui vouloit au moins lui sauver la vie, parla en sa faveur, representa que la jeunesse & la crainte de l'humeur auſtere de ſon pere l'avoient précipité dans ce malheur; qu'il meritoit qu'on eût pour lui quelque indulgence, puiſqu'il étoit revenu de lui-même & ſans y être forcé, pouvant demeurer chez les Chrétiens avec honneur; que ſon avis étoit qu'on le promenât par toute la Ville dans l'équipage où il étoit, afin qu'il fût expoſé aux cris & aux huées du Peuple, & qu'enſuite on le rendît à ſa mere. Cet avis fut ſuivi. On le mit ſur le champ entre les mains des Chaoux, qui armez de leurs gros bâtons le firent promener à petits pas dans preſque toutes les ruës accompagné des enfans, & de la populace qui le couvroit de honte par ſes cris, & par les ordures & les œufs qu'on lui jettoit. Il m'a avoüé que la mort lui auroit fait moins de peine que les affronts qu'il reçût en cette occaſion.

1665.

On le remit à la fin à ſa mere, qui le reçût avec une joye que l'on peut concevoir plus aiſément que l'exprimer. Elle baigna le viſage de ce cher fils d'un torrent de larmes. Si elle n'avoit fait que cela, il n'y auroit pas lieu de s'étonner beaucoup: on ſçait que les femmes pleurent & rient quand elles veulent avec ſujet & ſans ſujet;

tout leur est égal. Celle de Dom Philippe étoit une veritable mere. Ce qu'elle avoit fait pour lui jusqu'alors étoit une preuve de sa tendresse. Ce qu'elle fit pour lui dans la suite en convaincra tout le monde. Nous ne manquerons pas de le rapporter bien-tôt.

Elle le fit raser, lui fit prendre des habits à la Turque, & le lendemain matin il alla saluer le Day. Ce Seigneur le reçût avec bonté, lui representa d'une maniere pathetique la faute qu'il avoit faite. Il mêla des menaces à l'exhortation qu'il lui fit, & la termina, en lui disant qu'on attendoit de lui qu'il seroit le modéle de tous les Musulmans par la régularité de sa vie.

Dom Philippe qui a de l'esprit infiniment, & qui sçait s'expliquer en bons termes, ne manqua pas de faire son apologie d'une maniere qui satisfit le Day & le Divan. On fit débarquer le même jour sa femme qui étoit grosse, sa belle mere & le reste de ses gens. M. le Vacher obtint du Day qu'on feroit embarquer ces femmes sur un Vaisseau qui étoit prêt à mettre à la voile pour Livourne ; mais les gens de Loy s'y opposerent, disant qu'il ne faloit pas renvoyer chez les Chrétiens le sang des Musulmans. On vouloit encore que tous les gens de Dom Philippe fussent vendus comme Esclaves. Il n'étoit pas en état de s'y opposer. Dans cet embarras il envoya prier M. le Vacher de prendre la protection de ces pauvres gens. Il fit tant de démarches qu'il obtint qu'ils s'embarqueroient sur un Vaisseau qui étoit prêt à partir. Sa femme prétenduë & sa belle-mere demeurerent à Tunis. Elle accoucha d'un fils qui fut d'abord nommé Sid Ahmed, & ensuite Sid Hababo.

1665.

Après les couches de cette femme M. le Vacher l'envoya à Gennes avec sa mere, sur une barque qui y alloit, & les recommanda à M. Leon de Marseille, qui passoit dans la même barque.

Elles entrerent en qualité de Pensionnaires dans un Monastere de Religieuses, où Dom Philippe fournit à leur subsistance tant qu'elles vécurent. Il ne resta auprès de lui que son fils Hababo & Dom Gaspar, ce Sicilien fidéle qui ne voulut jamais l'abandonner, quoiqu'il eût souvent bien des chagrins à essuyer de la part des gens de la maison & des habitans du Païs.

J'ai remarqué ci-devant que Dom

Philippe avoit été désherité par son pere, de sorte qu'il n'avoit que ce que sa mere lui donnoit. Il s'étoit accoûtumé à une grande dépense, & la vouloit continuer. Il menoit sous l'habit Turc, la même vie qu'il avoit menée sous celui de Chrétien. Il couroit d'un jardin à l'autre, passoit les jours & les nuits dans la débauche du vin, des femmes & des jeunes garçons. Il avoit ramassé un grand nombre de ces sortes de gens.

Sa mere qui étoit fort riche le laissa en mourant heritier de tous ses biens; mais ses parens scandalisez de ses désordres, & craignant qu'il ne dissipât ses biens & qu'il ne leur fût à charge, lui firent donner un tuteur qui retrancha beaucoup ses dépenses; mais les scandales continuels qu'il donnoit empêcherent qu'on lui donnât aucun employ dans la République. On en vint même jusqu'à le menacer de faire revivre le crime qu'il avoit commis, & de l'en châtier. On le regardoit toûjours comme Chrétien, & il avoit beau se nommer Mehmed Chelebi, les enfans lui crioient toûjours Dom Philippe.

A la fin se voyant méprisé de tout le monde, il rentra un peu dans lui-même, & fit une campagne sur les Galeres de Bizerte, & pour montrer qu'il n'avoit plus les inclinations chrétiennes, il prit injustement une Barque françoise, dont tout l'Equipage fut fait Esclave, à la réserve du Patron, de son fils & de son oncle, que M. le Vacher se fit rendre avec bien de la peine par l'autorité du Day.

1665.

Dom Philippe vouloir obliger le fils du Patron de se faire Turc, il l'avoit fait raser, & étant en débauche il l'avoit voulu faire circoncire. Heureusement ce jeune homme vint à Tunis, & M. le Vacher l'arracha de ses mains par l'autorité du Day.

Malgré tout cela il ne pouvoit empêcher qu'on ne le crût toûjours Chrétien dans l'ame ; que n'auroit on pas crû, si on avoit sçû comme moi qu'il portoit le Crucifix d'or que le Pape lui avoit donné ? Car quoiqu'il le portât très-indignement, étant comme il étoit un apostat & un débauché outré, il n'en auroit pas fallu davantage pour le faire brûler.

Il crut enfin que pour désabuser le public il falloit faire le voyage de la Mecque. Il le fit, il n'y avoit que six ans qu'il en étoit revenu quand je me trouvai à Tunis.

1665.

C'étoit un homme de belle taille & fort bien fait. Il avoit le visage beau & fort blanc, les yeux noirs, grands & fendus, la barbe noire & bien fournie. Il avoit de l'esprit infiniment, la conversation agréable & pleine de politesse. Il parloit & écrivoit en perfection les Langues Espagnole & Italienne, aussi bien que la Turque & l'Arabe. Quoiqu'il aimât la Musique, la Symphonie, les Balets, les Comedies, & les autres divertissemens d'Europe, il étoit bien plus reservé depuis son retour de la Mecque. Son fils *Hababe* étoit âgé d'environ quatorze ans. Il étoit bien fait, & paroissoit avoir beaucoup d'esprit, toutes les bonnes qualitez de son pere, & pas une des mauvaises. Il est vrai qu'il étoit encore bien jeune pour pouvoir les y appercevoir.

Dom Philippe quoiqu'heritier de sa mere n'étoit pas à beaucoup près aussi riche que ses autres freres, qui avoient partagé les biens immenses du Day leur pere; mais l'œconomie de son Tuteur le faisoit subsister avec honneur. Ses freres le craignoient, & n'osoient le regarder en face. Il eut le bonheur d'accommoder un differend qui étoit entre Murad & Mehmed

Beigs. Ils étoient sur le point de terminer leur différend par une bataille, ayant chacun quinze à vingt mille hommes prêts à s'égorger pour leur querelle. Mehmed Chelebi fit ce que leur parent Mehmed Pacha n'avoit pû faire. Il s'y prit d'une maniere si sage & si adroite qu'il les accommoda & les fit embrasser, & le Pacha en fut si content qu'il lui pardonna une vieille injure de famille, & le réconcilia avec la Milice & le Peuple.

Mehmed Chelebi avoit assez souvent des conferences secretes avec M. le Vacher sur l'état de sa conscience; mais ce qu'il falloit faire pour rentrer dans le giron de l'Eglise étoit si difficile, puisqu'il s'agissoit de se faire brûler, que jusqu'au départ de M. le Vacher ils ne purent rien conclure.

Tel étoit Mehmed Chelebi ou Dom Philippe, & tels étoient les autres Seigneurs avec lesquels j'eus à traiter pour l'execution du Traité de paix.

1665.

## CHAPITRE XXVII.

*Traité de Paix conclu entre M. le Duc de Beaufort pour le Roy, & le Pacha, Day, & Divan de Tunis.*

LOüis par la grace de Dieu Roy de France & de Navarre : A tous ceux qui ces presentes Lettres verront Salut. Notre très-cher & bien amé cousin le Duc de Beaufort, Pair, Grand Maître, Chef, & Surintendant Général de la Navigation & Commerce de France. Etant bien informé des sincéres intentions que Nous avons de notre part, de maintenir l'amitié & bonne correspondance qui a été établie par les Empereurs de France nos glorieux prédecesseurs, & les Empereurs Ottomans, entre leurs Païs, Royaumes & Sujets, en vertu des Traitez & Capitulations faites entre eux en divers tems, pour le renouvellement desquels Nous avons envoyé à la Porte le Sieur de la Haye Vantelay, en qualité de notre Ambassadeur, & notredit Cousin ayant trouvé le Pacha, Divan & Officiers de la Milice de la Ville & Royaume de Tunis, disposez en con-

DU CHEVALIER D'ARVIEUX. 525

...equence des ordres qu'ils en avoient
...eçû de l'Empereur Ottoman aujour-
...'hui regnant, de rétablir la même
bonne correspondance qui avoit été
interrompuë depuis quelque tems, il
auroit le vingt-cinquiéme Novembre
dernier, après diverses conferences
tenuës sur ce sujet, conclu & arrêté le Traité, dont la teneur ensuit.

1665.

Articles de Paix entre sa Sacrée &
Chrétienne Majesté Loüis XIV. Roi
de France & de Navarre, & les illustres & magnifiques Seigneurs Mehemed Pacha, Divan de la Ville &
Royaume de Tunis, Agy Mustafa, Gé-
neralissime de la Milice de ladite Ville & Royaume, Morat Bey & Mehemet Bey, conclus & signez à la Bâye
de la Goulette, le vingt-cinquiéme
Novembre mil six cens soixante-cinq,
par François de Vendôme Duc de
Beaufort, Prince de Martigues, Pair
de France, pourvu & reçû à la Charge de Grand Maître, Chef & Surintendant Général de la Navigation &
Commerce de France, lesdits Articles
clos & arrêtez par le Sieur de Brevil-
let Capitaine entretenu dans la Marine, pour être sous le bon plaisir de
Sa Majesté Très-Chrétienne par Elle
ci-après confirmez.

I. Que dorênavant, à compter du jour de la signature des presens Articles, il y aura cessation d'armes, & de toute hostilité, tant de l'une que de l'autre part ; & que si-tôt que S. M. T. C. les aura ratifiez, il y aura une bonne intelligence, amitié & paix ferme & stable entre les Sujets de Sa Majesté Très-Chrétienne, & les illustres & magnifiques Seigneurs Pacha, Divan & Day, & les Peuples dudit Royaume, & qu'en contemplation de la paix désirée, leurs Vaisseaux, Galeres, Barques & autres Bâtimens navigeront en toute liberté, tant sur mer que sur terre, les Sujets de l'une & de l'autre part ne se feront aucun acte d'hostilité ; au contraire, qu'ils s'entr'aideront & serviront les uns les autres, sans se procurer aucun dommage ; ains se donneront toute aide & confort : comme pareillement tous les Marchands de l'une & de l'autre Nation pourront négocier en toute liberté dans toute l'étenduë tant du Royaume de France que celui de Navarre & celui de Tunis, dans lesquels Royaumes ils feront traitez avec tous les témoignages d'une vraye & sincere amitié.

II. Que tous les Esclaves François qui sont dans la Ville de Tunis, &

toute l'étenduë & domination d'icelui Royaume, de quelque qualité & condition qu'ils soient, sans en excepter aucuns : comme aussi tous les Esclaves Janissaires seulement qui se trouveront être du Royaume de Tunis, seront mis en liberté de part & d'autre, & rendus de bonne foi.

III. Que tous les Vaisseaux, tant d'une part que d'autre, qui se trouveront en mer, ou dans les Rades, Havres, ou Ports, après avoir déployé leurs pavillons, & s'être reconnus, continuëront leur route sans se faire aucun acte d'hostilité. Mais d'autant que les Vaisseaux d'Alger, Tripoli & Salé, & autres endroits de la Barbarie, portent un même pavillon que ceux de Tunis : Pour prévenir tous les inconveniens qui en pourroient arriver, il est arrêté que les Vaisseaux dudit Tunis, après que les gens de l'un & de l'autre bord se seront montrez sur leurs ponts, pourront envoyer dans un bateau un ou deux hommes au plus, outre ceux qui seront necessaires pour la conduite d'icelui à bord des Vaisseaux de Sa Majesté Très-Chrétienne, pour s'assurer s'ils sont véritablement François, & y entrer si bon leur semble, faisant apparoir un

1665.

certificat du Consul des François résidant à Tunis, après l'exhibition duquel les Commandans des Navires de Sa Majesté Très Chrétienne les laisseront en toute liberté continuer leur route, sans être fait aucun tort ni dommage à leurs personnes, robes & marchandises, tant des Marchands que Mariniers, Soldats & Passagers, de quelque Nation & condition qu'ils soient, toutes autres recherches & visites de part & d'autre étant défenduës, ce qui s'observera semblablement par les Vaisseaux de Tunis, à l'égard de ceux de Sa Majesté Très-Chrétienne, qui seront obligez de faire apparoir d'un passeport de l'Amiral de France.

IV. En cas que quelque Vaisseau, Barque, ou autre Bâtiment marchand de Tunis fussent rencontrez en mer par des Vaisseaux de guerre ou autres de S. M. T. C. après avoir fait leurs Pavillons, fussent néanmoins contraints de se défendre, & obligez de tirer leurs canons & pierriers, & ensuite forcez & pris, étant après reconnus pour être du Royaume de Tunis, ils ne seront pas réputez de bonne prise; au contraire ils leur seront rendus, & les gens aussi, avec tous leurs biens, marchandises, robes
&

& effets. Le semblable s'observera par les Vaisseaux de Tunis à l'égard des Navires Marchands de Sa Majesté Très-Chrétienne.

V. Quand les Vaisseaux de guerre ou autres de S. M. T. C. se rendront ès Ports ou Rades du Royaume de Tunis, avec des prises, excepté celles faites sur les Turcs, ils les y pourront vendre selon leur bon gré & plaisir, sans qu'il leur puisse être fait aucun empêchement par ceux du Païs, quels qu'ils puissent être, & ne seront pour ce obligez de payer aucun droit, sinon celui qui sera payé par les amis; & en cas que lesdits Vaisseaux ayent besoin de vivres, & autres choses necessaires, ils pourront les acheter librement dans les marchez du Païs où ils se trouveront, au prix ordinaire des Habitans dudit Royaume, sans pour ce payer droits quelconques à aucun Officier, & le même sera observé en France à l'égard des Vaisseaux de Tunis.

VI. Que quelque Sujet que ce soit de S. M. T. C. Marchand ou Passager, de quelque qualité & condition qu'il puisse être, qui se trouvera dans un des Ports ou Havres de l'étenduë du Royaume de Tunis, aura la liberté de demeurer dans son Vaisseau & d'en sortir, aller ou venir en terre, par tout où bon lui semblera, sans en pouvoir être empêché ; ce qui sera semblablement permis à ceux du Royaume de Tunis, quand ils seront dans les Ports de S. M. T. C.

VII. Si par quelque cas fortuit quelques Vaisseaux, Galeres, ou Barques & autres Bâtimens des Sujets de S. M. T. C. venoient à être attaquez par ceux d'Alger, Tripoli & Salé, ou autres de leurs ennemis dans les Ports & Rades dudit Royaume de Tunis, les Commandans des Places seront obligez de leur donner secours, & seront tenus de leur envoyer de leurs gens dans un ou plusieurs bateaux, pour y apporter remede & empêchement, & de les deffendre autant qu'il leur sera possible.

VIII. Que tous les Vaisseaux Marchands, ou autres Bâtimens des Sujets de S. M. T. C. qui se rendront à Tunis, Sussa, Porto-Farine, & autres Lieux dudit Royaume, pour y vendre leurs marchandises, le pourront faire en toute liberté & sûreté, en payant par eux seulement les droits ordinaires ; & à l'égard de celles qu'ils ne vendront pas, ils pourront les remporter dans leurs bords, sans que pour ce ils puissent être obligez de payer aucuns droits pour icelles.

IX. Que les Vaisseaux tant de guerre que marchands, même les Galeres & autres Bâtimens appartenants au Roi Très-Chrétien, ou à ses Sujets, pourront venir à tel Port, Rades ou Havres dépendans dudit Royaume de Tunis, tel que bon leur semblera, pour se radouber, spalmer, carener & suifer: même faire de l'eau, & prendre des rafraîchissemens, sans qu'il leur en puisse être fait refus, ou pour ce exiger aucuns droits, avec cette précaution toutefois à l'égard des Galeres, qu'elles seront obligées avant que d'entrer dans le Port, d'envoyer un Caïque à terre, avertir les Commandans des Forteresses de leurs intentions, lequel Caïque restera à terre pour ôtage, pendant que le Bateau des Forteresses ira reconnoître lesdites Galeres, & apprendre leur volonté.

X. Qu'un Vaisseau, Galere, ou autre Bâtiment de S. M. T. C. ou de ses Sujets, qui par malheur fera naufrage dans les Ports, Rades, ou Côtes dudit Royaume de Tunis, ne sera point réputé de bonne prise, ni les effets pillez, ni les hommes de quelque qualité & condition qu'ils soient, Marchands ou Passagers, être réputez Esclaves. Au contraire que lesdits Gouverneurs des Forteresses, & les Peuples dudit Royaume de Tunis feront leur possible pour leur donner aide & confort pour sauver leurs personnes, leurs Vaisseaux, leurs biens & marchandises, sans que ledit Pacha, & le Divan y puissent rien prétendre, ni contrevenir. La même chose sera observée en France, à l'égard des Vaisseaux de Tunis, au cas qu'il leur arrivât pareille disgrace.

XI. Si quelque Esclave du Royaume de Tunis ou de quelque autre Nation que ce soit, vient à se sauver à la nâge jusques aux bords de quelque Vaisseau de France, le Consul de ladite Nation résidant à Tunis, ne pourra être obligé ni contraint à payer le rachat dudit Esclave, si ce n'est qu'il eût été averti à tems de la fuite dudit Esclave, & si bien qu'il eût eu le loisir d'y apporter remede ; que si le Consul avoit négligé cet avis, en ce cas il sera tenu de payer le rachat dudit Esclave, au prix que son Patron l'aura acheté au marché, ou au surplus trois cens piastres pour toutes choses.

XII. Que si aucuns Vaisseaux de Tripoli, Alger, Salé, ou de quelque autre part que ce soit, amene dans Tunis, Porto-Farine, ou autre Rade que ce soit de l'étenduë dudit Royaume, des Vaisseaux, Barques, ou autres Bâtimens, Matelots, Passagers, ou biens qui appartiendront aux Sujets de Sa Majesté Très-Chrétienne, ne permettra pas qu'ils soient vendus dans ledit Royaume ; ce qui sera observé en France à l'égard des Vaisseaux de Tunis.

1665.

XIII. Que désormais aucuns des Vaisseaux de guerre, Galeres, ou autres Bâtimens de Tunis, ou du Royaume de France, ne pourront faire Esclave aucun François, ni autre, pas même les Chevaliers de croix, ni pareillement les Sujets dudit Royaume de Tunis, sous l'une & l'autre Banniere ; mais sous des autres Pavillons ou Bannieres Etrangeres, les Passagers de quelque condition qu'ils soient, & les Marchands seront libres ; & quant aux gens de solde, Canoniers, Soldats & Matelots François, ils pourront être faits Esclaves, & seront rachetez moyennant la somme de cent cinquante piastres par tête, les Cavaliers de Malte exceptez ; le semblable se pratiquera à l'égard de ceux de Tunis.

1665.

XIV. Que dorénavant tous les Sujets du Royaume de Tunis seront libres en France de quelque lieu qu'ils puissent être apportez & amenez, ne seront reçûs pour Esclaves, ni achetez ni vendus; & si d'avanture il s'y en rencontroit quelqu'un, à la prémiere requisition il sera rendu & mis en liberté, & toutes ses robes & effets restituez, comme pareillement il en sera usé à l'égard des François dans toute l'étenduë dudit Royaume de Tunis.

XV. Que le Consul François résidant dans la Ville de Tunis sera honoré & respecté, & aura la prééminence sur tous les autres Consuls, & continuëra d'avoir dans sa maison un lieu auquel lui & les Sujets de Sa Majesté Très-Chrétienne puissent exercer librement leur Religion, sans que personne leur puisse dire ni faire aucun empêchement, tort, ou injure, soit par paroles ou voye de fait, & pourra ledit Consul avoir & entretenir chez-lui un Prêtre tel qu'il lui plaira pour desservir sa Chapelle, sans que le Day & le Divan les puissent empêcher.

XVI. Arrivant le changement de Consul François, & établissement d'un nouveau par Sa Majesté Très-Chrétienne, lesdits Seigneurs Pacha, Divan & Day ne pourront apporter aucun obstacle ni empêchement en quelque maniere que ce soit, & le Consul qui sortira s'en pourra aller librement en payant ses dettes, & dorénavant les Consuls François avec la participation toutefois du Seigneur Day, pourront changer de Soccagi ou de Trucheman de trois en trois mois, selon la coûtume ordinaire du Divan, ce qui lui sera accordé sans difficulté.

XVII. Que toutes les Nations qui négocieront en ladite Ville de Tunis, & étenduë dudit Royaume, reconnoîtront le Consul des François, & lui payeront les droits accoûtumez dudit Consulat sans difficulté, excepté la Nation Angloise & la Flamande, qui ont à présent un Consul chacun dans Tunis.

XVIII. Que les étoffes & victuailles que le Consul fera venir pour son usage, & pour present seulement, ne payeront aucuns droits ou impôts, non plus que ce qu'il pourra acheter sur les lieux pour la provision de sa maison.

XIX. Que déformais tous les biens des Sujets de Sa Majesté Très-Chrétienne, qui demeureront dans Tunis,

Z iiij

& toute l'étenduë dudit Royaume, ne pourront en cas de dette, absence ou méfait, être saisis ou mis en sequestre par qui que ce soit dudit Tunis; au contraire, demeureront ès mains du Consul François; même que les Sujets de Sa Majesté Très-Chrétienne auront liberté de se retirer en France, ou ailleurs que bon leur semblera, avec leurs femmes, enfans, domestiques, biens & effets generalement quelconques, sans qu'il leur soit fait aucun empêchement.

XX. Que les Consuls François ni aucun des Sujets de Sa Majesté Très-Chrétienne, ne sera tenu des dettes d'un autre François, ni d'aucun d'une autre Nation, quel qu'il puisse être, ni pour ce pourra être emprisonné, ni la maison dudit Consul scellée, & qu'aucun témoignage ne sera reçû contre aucun d'eux, ni ne pourront être actionnez, à moins qu'au préalable ils ne s'y fussent obligez par acte signé de leurs propres mains.

XXI. Qu'en cas que quelqu'un des Sujets de Sa Majesté Très-Chrétienne frappe ou maltraite un Turc ou More, on pourra le punir s'il est pris; mais au cas qu'il vienne à se sauver, on ne pourra s'en prendre audit Consul François, ni à aucun des Sujets de Sa Majesté Très-Chrétienne.

XXII. Que nul Sujet de Sa Majesté Très-Chrétienne pour les differends qui lui surviendront, ne seront soumis à aucun autre jugement que celui du Day, non du Divan ou du Cady.

XXIII. Que pour ce qui regardera les differends que les Sujets de Sa Majesté auront entre eux, en particulier, ou avec ceux de toute autre Nation, qui négociera sous la protection du Consul des François, ils ne seront tenus de les décider par devant autre que ledit Consul, auquel seul en appartiendra la connoissance.

XXIV. Que si quelques Marchands François ou autres, étant sous la protection dudit Consul François, vient à mourir dans l'étenduë dudit Royaume de Tunis, les facultez qui se trouveront lui appartenir en cas qu'il teste, seront remises au pouvoir de celui qui aura été nommé par lui son executeur testamentaire, pour en tenir compte à leurs heritiers, ou autres en faveur desquels il auroit disposé ; mais au cas qu'il vînt à déceder sans faire testament, que le Consul François se saisira de leurs biens & facultez, pour en tenir pareillement compte à leurs heritiers, fans que qui que ce foit du Royaume de Tunis en puiſſe prendre connoiſſance.

XXV. Que déſormais aucun des Sujets de Sa Majeſté Très-Chrétienne qui ſera reputé Eſclave, ſoit qu'il ſoit du Levant ou de Ponant, ne ſera vendu au Bazar, ou Marché.

XXVI. En cas que quelque Vaiſſeau de guerre, Galere, Marchand, ou autre Bâtiment appartenant à Sa Majeſté Très-Chrétienne ou à ſes Sujets, viennent par quelque infortune à s'échoüer ou briſer en quelque Iſle ou Place inhabitée, & que par haſard il vînt à paſſer un Vaiſſeau, Galere ou autre Bâtiment de Tunis, ils ſeront obligez de les aller ſecourir, même prendre leurs gens, robes & marchandiſes, leſquelles ils conſigneront ès mains du Conſul François de Tunis, ſans qu'ils les puiſſent porter ou vendre ailleurs; le même s'obſervera par les Vaiſſeaux de France, à l'égard de ceux de Tunis en cas que pareille diſgrace leur arrivât.

XXVII. Qu'au même-tems que ces preſens articles ſeront ſignez & confirmez, tous les dommages & dépredations qui auront été faites, & ſoufferres de part & d'autre, avant qu'on git pû avoir connoissance de la presente paix, seront incontinent reparez, & d'iceux donné reciproquement une pleine & entiere satisfaction, même tout ce qui se trouvera encore en nature rendu & restitué : c'est pourquoi pour prévenir tout inconvenient, on avertira de ceci en toute diligence les Commandans des deux partis. Il est arrêté aussi qu'en attendant l'entiere restitution des Esclaves de part & d'autre, on les traitera avec toute sorte de douceur & d'humanité, sans souffrir qu'il leur soit fait aucun mauvais traitement, tort, ou dommage.

XXVIII. Si quelque grief arrive de part ou d'autre, il ne sera loisible à aucune des parties de rompre la paix jusqu'à ce qu'on ait refusé d'en faire la justice.

XXIX. Que le Consul de la Nation Françoise Residant à Tunis, en cas qu'il arrive quelque different quel qu'il puisse être, qui fasse une rupture de paix entre les deux partis, ledit Consul aura la liberté entiere de s'en aller & de se retirer quand bon lui semblera en son Païs, ou ailleurs ; & que lorsqu'il partira, il lui sera loisible d'amener avec lui sa famille, & domestiques, même deux Esclaves à son choix ; &

ses biens generalement quelconques, sans qu'il lui en puisse être fait aucun empêchement; & pour ce faire pourra aller & venir librement sur les Vaisseaux qui seront ès Ports, même vacquer à ses affaires à la campagne. Fait à bord de l'Amiral à la Baye de la Goulette le jour & an que dessus.

Lequel Traité ayant vû & examiné, nous l'avons agréé, approuvé & ratifié, agréons, approuvons & ratifions par ces Presentes signées de notre main, & promis en foi & parole de Roy, de le garder & l'observer inviolablement de point en point selon sa forme & teneur, sans jamais aller ni venir directement au contraire, sans préjudice neanmoins des Capitulations & Traitez qui pourroient avoir été ou être faits à la Porte par ledit Sieur de la Haye notre Ambassadeur ; en témoin de quoi nous avons fait mettre le scel de notre Secretaire à cesdites Presentes. Donné à Paris le quatriéme jour de Janvier, l'an de grace mil six cens soixante six. Signé LOUIS. Et plus bas, Par le Roi DE LIONNE, & scellé.

*Fin de ce Traité.*

M. le Duc de Beaufort n'ayant pas

voulu faire paroître dans les Traitez généraux, qu'on donnoit de l'argent pour retirer nos Esclaves, fit mettre dans le second article, qu'ils soient mis gratuitement en liberté de part & d'autre, & fit cet accord secret avec les Tunisiens à l'imitation des Anglois qui en avoient fait un aussi ; & c'est du Traité suivant qu'on a tiré le principal fruit de la Paix de Tunis.

1665.

## ACCORD

Entre très-haut & très-puissant Prince François de Vendôme Duc de Beaufort, Prince de Marrigues, Pair de France, pourvû & reçû à la Charge de Grand-Maître, Chef & Surintendant General de la Navigation & Commerce de France. Et les Illustres & Magnifiques Seigneurs Mehmed Pacha, le Divan, Hagi Mustafa Day, & toute la Milice de la Ville & Royaume de Tunis.

Que tous les Sujets Naturels des Royaumes de France & de Navarre, Païs conquis, & generalement de tous les lieux de la domination Royale de Sa Majesté Sacrée & Très-Chrétienne Loüis XIV, du nom, Roi de France & de Navarre, qui sont presentement détenus Esclaves, tant des principaux que des particuliers, dans les Baignes, Maisons, Métairies, & dans tous les autres lieux de la domination de la Ville & Royaume de Tunis, de quelque maniere & sous quelque Banniere qu'ils puissent avoir été pris par mer, ou par terre, & transportez de Tetuan, d'Alger, de Tripoli, de Candie, & de quelque autre endroit que ce soit à la Ville & Royaume de Tunis, de quelque condition & qualité qu'ils soient, & sans exclusion aucune, quand même quelqu'un auroit déja traité de son rachat & ne l'eût pas encore payé, & tous ceux aussi, qui depuis la signature du Traité jusqu'à l'entiere execution d'icelui, pourront être pris en mer sous quelque Banniere que ce soit, ou conduits de Salé, Tetuan, Tripoli, Candie ou d'ailleurs à la Ville & Royaume de Tunis; seront de bonne foi remis en liberté par lesdits Seigneurs Pacha, Divan & Day, & conduits dans les Vaisseaux de Sa Majesté Très-Chrétienne au Port de la Goulette. Et pareillement S. A. M. le Duc de Beaufort promet au nom & sous le bon plaisir de Sa Majesté de restituer de bonne foi, tous les Janissaires ou Soldats de paye tant seulement qui seront au service de la Ville & Royaume de Tunis, lesquels du jour de la signature du present Traité jusqu'à l'entiere execution d'icelui, auront été pris par mer ou par terre par les Sujets de Sa Majesté Très-Chrétienne, & de les faire transporter à la Goulette ou Baye de Tunis, pour y être ces Janissaires échangez contre autant de François Esclaves. Et après que l'échange de ceuxlà aura été faite en la susdite maniere, les Esclaves François qu'il y aura de surplus, seront payez à raison de 175. piastres chacun, supposé que les Anglois n'en ayent pas payé moins: car en ce cas ladite somme sera diminuée à proportion du prix qu'ils en auront donné, ainsi qu'il a été convenu entre ledit Seigneur Duc de Beaufort & les susdits Seigneurs Pacha, Divan & Day.

Que le payement de ces Esclaves François ayant été reçû à la Goulette dans les Vaisseaux de Sa Majesté, par ceux qui auront été envoyez par les susdits Seigneurs, Pacha, Divan & Day de Tunis, les Esclaves François, qui par leur ordre & diligence auront été amenez à la Goulette, partiront & s'embarqueront dans les Vaisseaux de France, & en même-tems les Janissaires Esclaves qui auront été amenez de France, ayant été remis à ceux qui porteront les ordres desdits Seigneurs, seront débarquez à la Goulette.

Que pour executer le present Traité avec plus de facilité & d'assurance, lesdits Seigneurs Pacha, Divan & Day feront des bans & toutes les diligences qu'ils jugeront necessaires, afin que tous ceux qui auront des Esclaves François dans la Ville & Royaume de Tunis, & autres lieux de leur domination, les envoyent à Tunis pour y faire écrire leurs nom & surnom, avec ceux de leurs Patrons, & la même chose se fera aussi de ceux qui se trouveront dans leurs Baignes, Maisons, Métairies, & autres lieux de ladite Ville & Royaume, afin que le rolle en étant fait & donné au Consul François, pour être envoyé en France à M. le Duc de Beaufort, & Son Altesse étant par ce moyen informée du nombre certain des Esclaves François, elle puisse faire envoyer la quantité d'argent qui sera necessaire, pour payer le nombre des François qui excedera celui des Janissaires Esclaves.

Que pour ôter tout le soupçon que lesdits Seigneurs pourroient avoir qu'on voulût leur retenir en France aucun Jamissaire de leurs Sujets, Son Altesse M. le Duc de Beaufort, leur offre de recevoir à bord de l'Amiral de Sa Majesté, tel Turc qu'il leur plaira d'envoyer en France, afin qu'il revienne leur en rendre compte.

Qu'au cas que quelque Esclave François n'eût pas eu le moyen de se faire écrire sur le rolle par inadvertance ou autrement, ou que ces Esclaves fussent cachez ou enlevez par leurs Patrons ou autres, cela étant connu & prouvé, lesdits Esclaves seront mis d'abord en pleine liberté sans qu'aucun puisse l'empêcher.

Et pour l'observation de ce Traité, Son Altesse M. le Duc de Beaufort sous le bon plaisir de Sa Majesté, & lesdits Seigneurs Pacha, Divan & Day de Tunis, ont promis & promettent respectivement de l'executer ponctuellement selon sa forme & teneur, & avec toute la diligence possible. En témoignage de quoi ils ont signé la Presente de leur propre main, & à icelle appliqué leurs sceaux accoûtumez. Fait à la Goulette à bord de l'Amiral le 26. de Novembre 1665.

*Fin du Traité.*

## CHAPITRE XXVIII.

*Etat des Esclaves rachetez à Tunis.*

IL y en avoit de deux sortes. Ceux qui n'étoient pas de Provence furent rachetez aux dépens du Roi. Ils étoient au nombre de quatre-vingt-cinq, qui à raison de cent soixante-quinze piastres chacun, faisoient la somme de quatorze mille huit cens soixante & quinze piastres.

Ceux qui furent rachetez aux dépens des Communautez de Provence étoient au nombre de deux cens cinq, qui au prix de cent soixante & quinze piastres par tête, montent à la somme de trente-cinq mille sept cens piastres, qui avec les quatorze mille huit cens soixante & quinze piastres mentionnées dans le premier article, font la somme de cinquante mille cinq cens soixante & quinze piastres, pour le prix de deux cent quatre vingt-neuf Esclaves que nous avons ramenez en France. J'obmets leurs noms & leur Païs, comme une chose assez indifferente au public.

1665.

## CHAPITRE XXIX.

*Etablissement du Commerce au Cap Negre.*

COmme le rétablissement du Commerce au Cap Negre étoit un des principaux objets de la paix que M. le Duc de Beaufort avoit concluë avec le Divan de Tunis, M. Colbert Ministre & Secretaire d'Etat ayant le département de la Marine & du Commerce, nous avoit donné sur cela des ordres si précis, que nous eussions manqué au plus essentiel de notre commission, si nous n'étions pas venus à bout de ce point.

J'y travaillai avec toute l'application dont je suis capable : j'en parlai au Day plusieurs fois. Le bon homme goûta mes raisons, mais il ne voulut pas prendre sur lui cette affaire sans en avoir parlé aux Beigs Murad & Ahmed, qui étoient bien plus en état que lui de la faire réüssir, ou de la faire échoüer. J'eus plusieurs conférences avec Mehmed qui goûta aussi mes raisons, mais il me dit qu'il falloit en parler à son frere. Il me promit de le prévenir, afin que j'eusse moins de peine à l'amener au point que nous souhaitions. Je vis bien que c'étoit une adresse de ces Messieurs pour tirer un meilleur parti de cette affaire ; car elle leur étoit pour le moins aussi avantageuse qu'à nous par l'interêt qu'ils ont que leurs bleds, leurs légumes & leurs autres denrées soient enlevées ponctuellement, & bien payées. Il est vrai que les Genois & les Peuples du Nord les enlevent quand ils en ont besoin ; mais ce besoin n'est pas toûjours pressant, comme il l'est sans cesse en Provence, qui ne produit jamais assez de bled pour la nourriture du Peuple, des Galéres, des Vaisseaux & des troupes.

Ce Commerce avoit été si avantageux au Sieur Rinier, qui l'avoit fait long-tems à la tête de quelques particuliers ses associez, qu'il excita la jalousie de beaucoup d'autres qui souhaitoient ardemment d'avoir part dans ses profits, & qui sçûrent si bien représenter leurs raisons au Ministre, qu'il résolut de remettre ce Commerce à une compagnie plus nombreuse, afin que ceux qui la composeroient fussent plus en état de supporter les pertes s'il y en avoit, & que le profit étant partagé se répandît davantage & fît fleurir le commerce.

La guerre avoit interrompu ce commerce, si utile & si necessaire, & c'étoit de son rétablissement dont il étoit question.

J'eus une longue conference sur ce sujet avec Murad Beig. Ce Seigneur, comme je l'ai dépeint ci-devant, parloit peu, pensoit beaucoup, & sçavoit ses interêts mieux qu'homme du monde.

Il me fit des objections, j'y répondis, & après bien des discussions il me donna jour pour me trouver à son jardin des Bardes, où il inviteroit son frere Ahmed, & que là nous finirions l'affaire.

Le Cap Négre est un petit Port sur les confins des Royaumes de Tunis & d'Alger. Il n'est pas éloigné de Tabarque, Ville du Royaume de Tunis, où les Genois ont été long tems Maîtres du commerce de bled & de légumes qui s'y fait. Il s'agissoit d'avoir ce commerce privativement à tous les autres Chrétiens, & bien des raisons sembloient s'y opposer. Il étoit même de l'interêt du Divan que ce commerce fût libre, afin que les Marchands achetant les denrées à l'envi les uns des autres, les portassent à un plus haut prix, & que les Vendeurs & le Divan en retirassent davantage, les uns en le tenant cher, & le Divan recevant davantage pour le droit de sortie.

Le prix du bled & des légumes varie, selon que les récoltes ont été bonnes ou mauvaises. Pour l'ordinaire la charge de bled froment pesant trois cens vingt livres poids de Marseille, coûte dans le Païs quatre livres tournois argent de France, & dans les années ordinaires on en peut tirer du Cap Négre, de Funaise, de Salade, de Tabarque & des environs, deux cens mille charges, qui font environ vingt mille muids de Paris, & quarante mille charges de légumes.

Ce froment crû dans un Païs très-chaud est dur. Il rend cependant beaucoup de farine bien blanche & pleine de substance. Les gens délicats ont pourtant peine à s'y accoûtumer, mais on le trouve excellent pour le peuple, pour la fourniture des Vaisseaux, des Galéres, & des troupes de terre, quand il y en a en Provence. Ce pain ne se fait pas tout-à-fait comme le nôtre. Au lieu de tourner la pâte à force de bras, on la bat avec des barres de fer; à peu près comme on fait la terre à Potier, par ce moyen on fait de très-bon pain, & du biscuit excellent. On tire encore des mêmes endroits des cuirs verds ou en poil, des laituës & de la cire.

1665.

Je trouvai Ahmed Beig au jardin de Murad. Il nous y donna un grand dîné, après lequel nous entrâmes en conversation : Et après trois heures de contestation, nous convînmes enfin des articles suivans.

*Traité pour le Commerce du Cap Negre, Funaire, Salade, Tabarque & autres lieux adjacens, traduit de l'Arabe.*

I. Que les Marchands François qui viendront resider au Cap Négre y seront sous la protection du Divan, qui ne souffrira pas qu'ils soient molestez dans leurs personnes, leurs effets, leur commerce, qu'ils feront privativement à tous autres Francs sans restriction.

II. Ils feront réparer les maisons, les magasins, & autres bâtimens dont leurs prédécesseurs joüissoient, sans les aggrandir ni diminuer ; mais les laissant comme ils étoient auparavant. Ils les environneront d'une muraille de huit pieds Arabes de hauteur, & de trois palmes d'épaisseur. En cas que lesdits bâtimens ne suffisent pas pour le commerce, il leur sera permis de faire trois autres magasins près des anciens, & de la même figure & grandeur, comme aussi de faire rétablir le lieu destiné pour la Chapelle qui y étoit auparavant, & d'y faire l'exercice de leur Religion. Mais sans faire dans les susdits lieux & murailles aucuns crenaux, embrazures, ni autre chose ayant apparence de forteresse sur lesdites maisons, mais seulement des meurtrieres dans le mur de clôture, & quatre guerites aux angles, pour contenir chacune deux hommes, qui fassent la garde, & qui se puissent défendre des voleurs. On est aussi convenu que la Tour qui est sur la hauteur du Cap où on tient une garde, sera réparée aux dépens de la Compagnie, pour s'y réfugier dans un besoin avec ses effets, sans qu'on en puisse être empêché par la garde qui y résidera, qui aura ordre de défendre les personnes & les effets.

III. Qu'il sera commis pour commander ausdits Lieux le Sieur Emanuël Payen de Marseille, qui sçachant très-bien la langue Arabe aura soin de faire donner satisfaction aux gens du Païs qui apporteront leurs denrées; auquel la Compagnie donnera mille piastres tous les ans pour son entretien.

IV. Que tout le Négoce qui se faisoit auparavant avec les Marchands Francs établis à Tabarque, sera transporté entierement à la Compagnie des François; & pour empêcher qu'on le continuë directement ou indirectement avec les susdits Marchands, il sera ordonné par les Beigs tel nombre de Cavaliers & Fantassins qu'il sera necessaire pour l'interdire absolument. Si malgré ces précautions on s'appercevoit que le commerce se fît clandestinement, il sera permis aux François de diminuer six mille piastres des trente-cinq mille dont on parlera ci-après. Et ne trouvant leur compte dans le commerce, & voulant l'abandonner & se retirer, ils le pourront faire en payant outre les trente-cinq mille piastres, les six mille que payoient les Genois établis à Tabarque. Il a encore été conclu que les François ne pourront acheter des cuirs & des cires que de ceux qui étoient accoûtumez de les vendre à Tabarque. Et si par hazard ils achetoient de ceux que l'on portoit aux Fermiers de Bege, Tessator, Kaf, & Bizerte, ils seront obligez de les leur rendre, ou de s'en accommoder avec eux.

V. Il a été convenu que la Compagnie feroit compter tous les ans à Murad & Ahmed Beigs trente-cinq mille piastres qui seroient partagez en cette maniere ; sçavoir douze mille au Pacha pour la paye des Janissaires, deux mille au Day, treize mille pour la solde & entretien de la Milice ordonnée pour la sûreté des lieux de commerce, trois mille pour les Grands & Chefs des Arabes, cette derniere somme payable de deux en deux mois par portions égales. A l'égard des deux mille pour le Day, elles seront payées par avance au commencement de l'année ; & à l'égard des cinq mille piastres restantes qui seront pour les Beigs Murad & Ahmed, il en sera parlé dans le quatorziéme article.

VI. Le tems du payement qui se fera, comme on vient de l'expliquer dans l'article précedent, courera du jour que la Compagnie sera établie au Cap Negre & ses dépendances, & qu'ils auront la ratification du présent

Traité de M. le Duc de Beaufort, & celle du Pacha, du Day & du Divan de Tunis.

VII. Le present Traité a été fait pour vingt années entieres & consécutives, après lesquelles il sera renouvellé & ratifié de part & d'autre.

VIII. Tous les Principaux ou Chefs des Arabes qui ont accoûtumé de vendre le bled, l'orge, les pois chiches, les féves & autres légumes aux Genois de Tabarque, seront obligez de venir vendre toutes ces choses & autres marchandises aux François du Cap Negre au prix courant, sans pouvoir rien exiger davantage; mais ils pourront recevoir ce qu'on leur voudra donner par gratification. Et en cas que les gens du païs n'executent pas ce Traité exactement, les Beigs Murad & Ahmed y envoyeront des soldats qui les y contraindront.

IX. Les François résidans au Cap Negre & autres lieux de sa dépendance, pourront aller à la campagne pour chasser, faire du bois, sans que personne les en puisse empêcher. Ils pourront même prendre deux ou trois soldats avec eux pour les accompagner & empêcher qu'ils ne soient insultez. Et quand les François voudront blanchir leurs maisons, réparer leurs terrasses & leurs magasins, il leur sera permis de faire des fours à chaux autant qu'il leur en sera nécessaire, comme aussi de faire un moulin à vent & un appentis pour y construire deux fours à cuire leur pain & le biscuit des soldats de la garde.

X. La Compagnie pourra entretenir tel nombre de bateaux & de chaloupes ou corallines qu'elle jugera nécessaire pour la pêche du corail.

XI. Si les Vaisseaux François venant de France ou d'autres endroits font naufrage aux lieux mentionnez dans le présent Traité & leurs dépendances, les hommes & les effets seront rendus à la Compagnie, sans que le Divan ou autres y puissent rien prétendre pour quelque raison que se puisse être.

XII. La Compagnie aura pouvoir de faire construire un moulin à vent & deux fours sur les terres qui sont spécifiées par le présent Traité.

XIII. Toutes les marchandises que la Compagnie fera venir au Cap Negre & ses dépendances étant transportées à Tunis pour y être vendues, payeront la Doüanne à raison de dix par cent, & les marchandises qu'elle tirera de Tunis & ses dépendances, payeront la Doüanne ordinaire de Tunis, selon l'ancienne coûtume ; & toutes celles qui s'acheteront tant dans le ressort de Tabarque que du Cap Negre & autres lieux mentionnez au présent Traité, ne payeront aucune Doüanne ni droits.

XIV. Quant aux cinq mille piastres restantes des trente-cinq mille mentionnées en l'article cinquiéme, & qui doivent être payées à Murad & Mehmed Beigs, on est convenu qu'elles ne leur seront point payées la premiere année, parce qu'ils en font une remise pure & simple à la Compagnie, & que le payement desdites cinq mille piastres ne sera dû que la seconde année, & continuera ainsi jusqu'à la fin de la vingtiéme année inclusivement.

Fait à Tunis le 12. de la Lune de Safer, l'an de la fuite du Prophete 1077. qui est le deuxiéme Août 1666. Signé MURAD & MEHMED BEIGS, & LAURENT D'ARVIEUX.

Ces sortes de Traitez s'appellent des Ottomans : ils sont signez par ceux qui y ont intérêt, & munis de leurs sceaux, avec la signature & le sceau du Secretaire du Divan.

*Fin du troisième Volume.*

# TABLE
## DES MATIERES
### du troisiéme Volume.

### A

*Aba* espece de manteaux dont se servent les Arabes, 292 & suiv.

*Accord* ou Traité secret, entre M. de Beaufort & la Milice de Tunis, 541 & suiv.

*Accouchement* des femmes Arabes. Elles n'ont point de Sage-Femmes en titre, elles le sont toutes, 308 & suiv.

*Adresse* de l'Auteur pour retirer d'esclavage le Chevalier de Colombiere, 464 & suiv.

*Amitié* de Mahomet pour son chat. Histoire à ce sujet, 227

*Anglois* & autres Francs se déclarent contre les François, 4

Les *Arabes* s'exercent au Gerid, 74

*Arabes*. Leur maniere de donner les ordres pour s'assembler, 101. Leurs Princes font autant de dépenses en Espions que les Seigneurs Italiens, 131. Ne sont point superstitieux sur le nombre de treize personnes à table, 135. & suiv. Ménagent leurs chevaux, ils ne les poussent que dans le besoin, 138

*Arabes* en general, 144. & suit. Ils sont les descendans d'Ismaël, 146. Sont divisez en plusieurs Familles ou Tribus, 147. Ne se

servent pour armes que de la lance, le sabre, & les fléches pour la chasse, 148
Arabes appellez Turcomans, 155. & suiv. Les Arabes Bedoüins n'aiment point les maisons, & ne veulent demeurer que sous des tentes, 168. Parlent bien de Dieu, & point de la Religion, 177. Ne gesticulent point en parlant. Leurs sentimens là-dessus, 191. Ils ne se servent point de chaises, 196. Ne se reconcilient jamais quand il y a du sang répandu, 197. C'est une faute irreparable chez eux de lâcher des vents, 199. Ils logent leurs chevaux dans leurs tentes. Instinct merveilleux de ces animaux, & comment on les traite, 224. & suiv. Ils disent que les chevaux entendent & meditent l'Alcoran, 257. & suiv.
Les Arabes du commun n'ont qu'une femme. Les Emirs ont des concubines, 311. Ils vivent long-tems, & sont très-rarement malades, 336
Arrivée de l'Auteur au Camp de l'Emir, 10
Arvieux (Le Chevalier d') a recours à la protection de l'Emir Turabeye Prince des Arabes du Mont-Carmel, 6
Avanie ou amande de 500. écus pour une barbe soüillée par le crachat d'un Chrétien, 212
Avanture qui arrive à l'Auteur, 455 & suiv.
Audience que l'Emir donne à l'Auteur, 11. & suiv.
Avertissement de l'Editeur sur la Relation du Voyage du Chevalier d'Arvieux chez les Arabes du Mont Carmel, 1. & suiv.
L'Auteur part de Seide, 8. Est bien reçû chez l'Emir Dervich. Histoire de cet Emir, 72. & suiv. Retourne au Camp de l'Emir Turabeye, 75. Sert de Secretaire à l'Emir

## DES MATIERES.

Turabaye, 80. & suiv. Rend service aux Grecs qui avoient fait naufrage, 89. & suiv. Part du Mont-Carmel, & est accompagné jusqu'à la Riviere de Caïffa, 122. & suiv. Presente son frere cadet à l'Emir Turabeye, 125. & suiv. Paroît habillé à la Françoise devant l'Emir, 126. Il va rendre visite à l'Emir Dervich avec son frere, 135. Il paroît habillé à la Françoise chez l'Emir Dervich, & devant les Princesses & chez un autre Emir, 136. & suiv.

L'Auteur part de Seïde & arrive à Marseille, 370. & suiv.

L'Auteur va saluër les Beigs, 406. Il arrive à Tunis, & est reçû au Fondique par M. le Vacher, 416. Il a de grandes difficultez avec M. Du Moulin, 432. & suiv.

L'Auteur délivre les Esclaves, & entre autres Dom Georges Prêtre, 477. & suiv.

### B.

Baba Ramadan Envoyé de Tunis, 594
Bagues que les Dames Arabes mettent aux doigts des mains & des pieds, 301
Baisers de barbe quand on se saluë, 215
Bamolori (Jasup) condamné à mort, est delivré par l'Auteur, 354. & suiv.
Banqueroute d'un François, préjudiciable à l'Auteur, 358. & suiv.
Barbe, elle est en veneration chez les Arabes autant que chez les Capucins, 7. Le respect que les Arabes ont pour la Barbe, 204. & suiv. Raisons qui ont supprimé la barbe en Europe, 208
Bateau chargé de vin de Chypres échoüé à Tartoura. On retire deux tonneaux, 88 & suiv.
Beauté des Dames Arabes, & leurs paru.

res, 296. & suiv.
*Bedoüin* est un nom d'honneur chez les Arabes, à cause d'Ismaël leur pere, 149
*Bereberes* (Arabes) leur description, 401. & suiv.
*Beurre* des Arabes, sa qualité, & comment on le fait, 281
*Biancalli* (Dom Gaspar) esclave à Tunis. Son Histoire, 447. & suiv.
*Biserte* Ville à la côte d'Afrique. Sa description, 401
*Blanche* (le Soleil respecte la couleur,) 293
*Blazez*, nom que l'on donne à ceux qui sont accoûtumez à l'eau-de-vie, 23
*Boisson* des Arabes, 275. & suiv.
*Bolcaire* Juif. Sa friponnerie, 372. & suiv.
*Bonavogles*. Gens qui se vendent à vie ou à tems pour servir sur les Galeres, 383
*Botines* des Arabes. Leur commodité, 289
*Boulanger* puni pour fraude, & comment, 486. & suiv.
*Bourgoul*, mets en usage chez les Arabes. Sa composition, 280

## C

*Caffé* que l'on prend chez les Arabes, 175 & suiv.
*Cavalle* dont l'Emir fait present à l'Auteur, 119
*Cavalle* extraordinaire de l'Emir Turabeye, 242 & suiv. L'Emir Turabeye donne une cavalle au frere de l'Auteur, 142
*Ceremonie* plaisante aux mariages des Arabes qui demeurent dans les Villes, 310
*Chaise* à porteur dont M. Dumoulin se sert pour aller à l'Audience du Day, & ce qui lui en arriva, 434

DES MATIERES.

*Changement* de nom chez les Arabes & les Turcs quand ils ont un fils, 313
*Chasse* (Partie de) proposée à l'Auteur par l'Emir Dervich, & leur maniere de chasser, 109. & suiv.
*Cheï*. Signification de ce nom, 152. & suiv.
*Cheïs*. Leurs obligations & leurs privileges, 185
*Cheval* Arabe dont l'Emir Dervich fait present à l'Auteur, 111
*Cheval* Arabe que l'Emir Dervich donne au frere de l'Auteur, 41
*Chevaux* Arabes & cavalles. L'estime qu'ils en font, 239. & suiv.
*Chiens* qui font sentinelle aux Camps des Arabes, 260 & suiv.
*Circoncision* des Négres du Senegal, 172. & suiv.
*Circoncision* & Mariages chez les Arabes font leurs grandes Fêtes, 173. & suiv.
*Cocüage*. Ses degrés differens chez les Arabes, 314
*Collation* que l'Emir donne à l'Auteur, 18
*Colombiere* (la) Chevalier de Malthe que M. Dumoulin vouloit avoir de l'Auteur, 431. Il est esclave à Tunis, 462
*Commerce* du Levant avantageux aux François, 341
*Commerce* & credit de l'Auteur, 342. & suiv.
*Commerce* établi par l'Auteur au Cap Négre. 547. & suiv.
*Commission* de M. le President d'Oppede pour l'Auteur, 394.
*Compagnie* de Marseille pour l'achapt des soyes ne réüssit point; la raison, 3.7 & suiv.
*Comparaisons* ordinaires des Arabes, & leur politesse en parlant, 218. & suiv.

A a vj

*Complexion* avantageuse des Arabes. Leur maniere de se traiter dans leurs maladies, 332 & suiv.

*Compliment* de l'Auteur à l'Emir, & sa réponse, 14. & suiv.

*Conbeibi*, mets ainsi appellé chez les Arabes, les Turcs & les Maures ; ce que c'est, & comment on le fait, 280

*Concubines* pour le commun sont tolerées, comment elles sont logées, & leur taxe, 312

*Confection* de Bergé. Sa description & les mauvais effets qu'elle produit, 19. & suiv.

*Conversations* des Arabes, elles sont très polies, 193

*Couscousou*, ce que c'est. Son usage chez les Arabes, 281

*Croiset* ( M. ) Consul à Seïde. Sa gestion, 352. & suiv.

# D

*Danger* que court l'Auteur, & comment il en échape, 364 & suiv.

*Dauphins* ou Marsoüins poissons. Leur description, 400

*Day* de Tunis appellé Hagi Mehemed. Il donne audience à l'Auteur, 418. & suiv.

*Déjeûné* que la cousine Hiché apporte à l'Auteur, 32. & suiv.

*Dervichs* sont les Marchands des Talismans. Bonne foi des Arabes sur cela, 247

*Desordre* dans le commerce de Seïde, 351. & suiv.

*Desordre* dans les affaires de l'Auteur par des banqueroutes & prises de Bâtimens, 363. & suiv.

*Divertissemens* ordinaires des Arabes, 310 & suiv. Et des femmes Arabes, 322 & suiv.

DES MATIERES.

*Droit* que les Arabes prétendent avoir de voler, 26². & *suiv.*

*Drusses.* Leurs sentimens sur le bien mal acquis, & sur l'argent qui vient des Turcs, 195. & *suiv.*

## E

*Emir* Turabeye; son Portrait, son habit, son occupation, 12. & *suiv.*

*Emir* Dervich ainsi appellé. Son histoire. Visite que l'Auteur lui rend, & son séjour chez cet Emir, 68. & *suiv.*

*Emir* blessé, qui meurt de sa blessure. Sa patience & sa resignation, 168 & *suiv.*

L'*Emir* Dervich vient voir l'Auteur au Camp du grand Emir, 132

L'*Emir* Dervich s'habille à la Françoise & va ainsi chez sa mere, 139. & *suiv.*

*Enfans* Arabes, comment ils sont élevez, 309

*Enterrement* des Arabes, 336. & *suiv.*

*Equipage* des chevaux Arabes, 253

*Esclaves* François que l'on amene à l'Auteur, 445. & *suiv.*

*Etat* de l'Auteur pendant qu'il a demeuré à Seïde, 348

*Etat* des Esclaves François rachetez à Tunis, 546

*Etat* miserable des Juifs à Tunis, 468

*Etat* des Chrétiens esclaves à Tunis, 457

*Estime* particuliere que l'on faisoit de l'Auteur dans tout l'Etat de l'Emir, 87

*Etablissement* des Arabes de la Maison de l'Emir Turabeye au Mont-Carmel, 156. & *suiv.*

*Expedition* des Arabes contre des Revoltés, 97. & *suiv.*

## F

*Fatta* drap de dessous de lits chez les Arabes, 25

*Femmes* (Les) Arabes nourrissent leurs enfans, 295

*Femmes* noires du Senegal. Leurs parures, 300

*Festin* que l'Emir Dervich fait à ses amis avec le vin qu'on avoit sauvé d'un naufrage, 93. & *suiv.*

*Figure* grotesque d'un Barbier chez les Arabes, 20. & *suiv.*

*Filles* font des richesses pour les Arabes, & pourquoi, 237

*Four* de cuivre dont l'Auteur fait present au grand Emir, 273

*Fruits* dont les Arabes font un plus grand usage, 281. & *suiv.*

*Funerailles* des Arabes. Leurs Cimetieres. Les complimens de condoleance, 336. & *suiv.*

## G

*Gands* & autres presens que l'Auteur distribuë à l'Emir & autres personnes, 107 & *suiv.*

*Gardes* que les Arabes laissent dans leurs Camps pour la sûreté des vieillards, des femmes & des enfans, 106

*Gazelle* espece de Biche dont la chair est excellente, 112

*Gigeri.* Prise de cette ville par les François, excite des murmures chez les Turcs, 3. & *suiv.*

*Goulette*, ce que c'est, l'Auteur y arrive, 402

*Graces* (actions de) après le repas en peu

de mots, 284. & suiv.

# H

*Habillement* Arabe de l'Auteur & son équipage, 8. & suiv.
*Habillemens* des femmes Arabes du commun, 295
*Habits* des Arabes, 286. & suiv. Des Dames Arabes, 290. & suiv.
*Harangue* que M. Dumoulin fait au Divan interpretée par l'Auteur, 424. & suiv.
*Hassan*, Esclave de l'Emir Turabeye prétendu cousin de l'Auteur, 33. & suiv. Son Histoire, 43. & suiv. Se marie avec Hiché, 49. & suiv. Se sauve en Europe avec son valet renegat, 339. & suiv.
*Heures* des repas & du repos de l'Emir, 27
*Hiché* femme noire de la Maison de l'Emir, s'imagine que l'Auteur est parent de son mari, 28. & suiv. Elle reçoit l'Auteur & son frere Joye de cette bonne femme, 126 Elle meurt de douleur de la perte de son mari, 340
*Histoire* d'un Arabe qui avoit fait un Pet, 200. & suiv.
*Histoire* d'un Pet fait à Seïde, 213. & suiv.
*Histoire* d'un Turc qui avoit reçû un coup de mousquet dans la mâchoire, 214
*Histoire* tragique d'un Arabe, 316. & suiv.
*Histoire* d'un Cordelier Espagnol dépoüillé par les Arabes, 265
*Histoire* d'un Païsan Italien malade, & comment il se purgea, 323. & suiv.
*Histoire* de Mehmed Hhamouda Beig Pacha de Tunis, 489. & suiv.
*Histoire* du Day Hagi Mustapha Caragus, 500. & suiv.

*Histoire* de Mehmed Chelebi appellé Dom Philippe, 505. *& suiv.*
*Homme* (jeune) qui vouloit se faire Turc, empêché par l'Auteur, 350
*Horreur* qu'ont les Arabes d'un visage sans barbe, 216. *& suiv.*
*Hospitalité* pratiquée par les Arabes, 179

## I.

*Jalousie* extrême des Arabes & des Drusses, 315
*Impolitesse* chez les Arabes de cracher ou se moucher en leur presence, 197
*Indulgences* que Mahomet a données à ceux qui mangent avec leurs mains, 286
*Justice* pleine de sagesse & de douceur de l'Emir Turabeye, 198
*Justice*, comment elle se rend chez les Turcs 228. *& suiv.*

## L

*La Forest* Renegat François, 465
*Legumes* que les Arabes mangent, & comment ils les accommodent, 281
*Logement* des Arabes, & la description de leurs Camps, 254. *& suiv.*

## M

*Mahometans*, ils étendent un mouchoir devant eux quand ils peignent leur barbe; & la raison, 206
*Mahomet*, son respect pour la barbe; histoire remarquable sur ce sujet, 210. *& suiv.*
*Mahomet* est né parmi les Arabes, 146
*Maison* de Mehmed Beig appellée Marsa; l'Au-

DES MATIERES.
teur y est bien regalé, & entame la Négociation, 413. *& suiv.*

*Mangala*, espece de Jeu, commun chez les Arabes, 321 *& suiv.*

*Maniere* des Arabes quand ils dépoüillent quelqu'un, 263

*Maniere* de manger des Arabes du commun, 285

*Marchands* de Damas suivants le Camp de l'Emir, 60. *& suiv.*

*Marchands* de Damas suivent les Camps des Arabes, 169. *& suiv.* Bonne foi dans le commerce, 256. *& suiv.*

*Marchands* François tombent souvent dans les embuscades des Arabes & sont dépoüillez, 267

*Marche* des troupes des Arabes, l'Auteur s'y trouve avec ses gens, 102. *& suiv.*

*Mariages* des Arabes. Leur maniere de faire l'amour, & de conclure les mariages, 302. *& suiv.* Cérémonie des Mariages, 304. *& suiv.*

*Medecine* des Arabes. Ils en ont peu besoin, grace à leur sobrieté, 329. *& suiv.*

*Mehmed* Emir Turabeye. Son portrait & son genie, 158

*Mehmed* Beig envoye chercher l'Auteur pour se divertir avec lui, 408. *& suiv.*

*Mehmed* Elhhaffi Beig. Son Portrait. Son caractere, 497. *& suiv.*

*Mehmed* Hagi Day de Tunis. Son Election à cette dignité. Son caractere, 504. *& suiv.*

*Mere* de l'Emir Dervich. Son portrait & celui de sa fille, 69

*Messine* Ville capitale de Sicile; ce que l'Auteur en a vû, 384

*Meubles* que l'on met dans la tente que l'on destine à l'Auteur, 25. *& suiv.*

# TABLE

*Mœurs* des Arabes. Réfutation des préjugés que l'on s'est formé de ces Peuples, 186. & *suiv.*

*Mont* Ethna en Sicile, 382

*Moulin* ( M. du ) Ecuyer de la Reine Envoyé à Tunis. Son caractere. 397. Entre à Tunis en cérémonie. 417. Veut s'embarquer précipitamment. Ses Emportemens, 434. & *suiv.*

*Moulins* dont se servent les Arabes. Leur description, 238

*Mosquée* ( La ) passe pour immonde chez les Mahometans, 207

*Muets* On entend leur maniere de s'expliquer aussi aisément que les paroles, 443

*Muletier* Druse dont l'Auteur se servoit. Sa fidelité & sa probité, 345. & *suiv.*

*Murad* ( Cachux ) Renegat Portugais étoit Esclave de Ahmed Beig; raison de cela, 441. & *suiv.*

*Murad* Beig fils aîné du Pacha Mehmed. Son portrait & son caractere, 496

*Muzeinat*, Village où l'Auteur va avec son prétendu cousin Hassan, 39

# N

*Napolous* défaits par les Arabes, 103. & *suiv.*

*Noms* differens que les Arabes ont porté, ou qu'ils avoient pû porter, 145. & *suiv.*

*Nourriture* ordinaire des Arabes, 269. & *suiv.*

# O

*Obéissance* des femmes Arabes. Difference de ces femmes avec les Européennes, 36 & *suiv.*

DES MATIERES.

...pations des femmes Arabes, 269

...nom; ce que c'est, difficulté d'en avoir de
véritable, 19. & suiv.

...donnances que l'Auteur expedie aux sujets
de l'Emir Turabeye, 83. & suiv.

## P

...ain de trois especes chez les Arabes, &
leur maniere de le faire, 270. & suiv.

...roles qui expriment la confession de la loy
Mahometane, 60

...steques ou Melons d'eau. Leur description
& leur bonté, 68

...sente que l'Emir Turabeye donne à l'Auteur, 121. & suiv.

...ples de differentes Religions sujets des Emirs Arabes, 164

...ilau, ce que c'est, & comment on le fait, 279

...ipe, comment on la reçoit quand on fume
avec les Princes Arabes, 18

...lacets, maniere de les presenter hors le
tems de l'audience,

...litesse de l'Emir Dervich, & de sa mere pour
l'Auteur, 73

...orto Farine. L'Auteur y arrive, met à terre, & s'entretient avec l'Aga de la Doüanne, 398

...otage chez les Arabes appellé *Chorba*. Comment il est composé, 280

...récautions que les Etrangers doivent prendre en voyageant dans les endroits où
les Arabes font leurs courses, 162. & suiv.

...réparatifs de l'Auteur pour aller trouver l'Emir, 7

...resens de l'Auteur pour le Grand Emir, 9.
& suiv.

## TABLE

*Parfens* que les Emirs envoyent au Gra[nd]
  Seigneur,

*Prefens* que l'on envoye au Day & aux [au]-
  tres grands Seigneurs de Tunis, 420.
  
*Prieres* des Arabes. Ils n'ont point de Mo[s]-
  quées.

*Procès* que l'Auteur eut à soutenir en arriva[nt]
  à Marseille, 387. & [sui]

*Protection* que l'Emir accorde à l'Auteur,
  & [sui]

## R

*R Amadan* des Arabes, 174. & [sui]

*Raisins* de Corinthe. Trafic extraordinai[re]
  qu'on en fait dans le Levant, 41. & [sui]

*Raisins* de Corinthe qui croissent en l'Isle d[e]
  Zante, 37[?]

*Regab*. Renegat Genois, vient à bord d[u]
  Vaisseau François, 40[?]

*Relation* du Voyage que l'Auteur a fait à M[e]-
  zeinat,

*Religion* des Arabes, ils la professent à leur
  aise, 158. & [suiv]

*Religion* des Arabes, leur Circoncision,
  comment elle se fait, 170. & [sui]

*Repas* où l'Auteur fut invité à bord du Vai[s]-
  seau de Mehmed Beig, & ce qui s'y passa
  411. & [sui]

*Respect* des Arabes pour le pain & le sel,
  39[?]

*Retour* de l'Auteur à Seïde, 14[?]

*Richesses* des Emirs, en quoi elles consistent,
  16[?]

*Richesses* des Arabes, en quoi elles consistent,
  234. & [sui]

*Romains*. Ils ne vont dans la Ville qu'au p[?]

rs chevaux, & à toute bride quand ils font à la campagne, 138
chez les Arabes, comment on le fait, 277. & suiv.
Il n'y a point de Prince Arabe qui porte cette qualité, ils se contentent de celle d'Emir, c'est-à-dire Seigneur, 150. & suiv.

## S.

Sacrifice que les Arabes font dans certaines occasions, 175
Signée ; les Arabes ne l'approuvent point, & pourquoi, 334
Sijak-Beghi, titre d'honneur ou de dépendance que les Grands Seigneurs donnent à l'Emir, 163
Secretaire de l'Emir tombe malade & meurt. Embarras de l'Emir & service que l'Auteur lui rend, 76. & suiv.
Secretaire nouveau de l'Emir, que l'Auteur a soin de former, 115
Sentiment des Arabes touchant les femmes, 192. & suiv.
Sentiment des Arabes sur les chiens & les chats, 223. & suiv.
Simplicité de quelques Arabes quand ils se regardent dans un miroir, 222. & suiv.
Sorbet, comment on le prend chez l'Emir, 18
Souper que l'on donne à l'Auteur au Village de Muzeinat, 39. & suiv.
Superstition des femmes Espagnoles pour garantir leurs enfans des yeux malins, 249
Surprise de l'Emir en voyant l'Auteur, & l'entendant parler sa Langue, 13. & suiv.

## TABLE

### T

*T'Abac*, grande consommation qui s'en [fait]
    chez les Arabes,
*Tables* des Arabes, en quoi elles consistent[,]
    comment on s'y tient,                282. & [suiv.]
*Talismans* ou Amulettes. Les Arabes &
    Turcs y ont beaucoup de confiance,
*Tartoura*, partie de plaisir qu'on propos[e à]
    l'Auteur en cette Ville,             87 & [suiv.]
*Teriakis*, ou preneurs de Bergé ou d'Opi[um]
    effets de ces drogues,
*Thevenot* ( M. ) fameux Voyageur est reç[u par]
    l'Auteur à Seïde,
*Traité* de paix entre M. le Duc de Beaufo[rt]
    & le Pacha & la Milice de Tunis,    514.

*Traité* pour le commerce du Cap Négre &[au]-
    tres lieux fait par l'Auteur,        511. &[suiv.]
*Turabeye* Emir du Mont-Carmel. Significa[tion]
    de ce nom,                           156. &[suiv.]
*Turcomans*; ils ne répondent point de l[eurs]
    filles,

### V

*VAcher* ( M. le ) Prêtre de la Mission, C[on]-
    sul pour la France à Tunis,          403. P[ris]
    du Consulat par M. Dumoulin,
*Venitien* Renegat volontairement. Son His[toi]-
    re,                                  57. &[suiv.]
*Venitiens*. Les mauvaises manieres d'un C[api]-
    taine Général pour les François,
*Visite* que l'Emir Dervich & l'Auteur ren[dent]
    à un autre Emir,                     73. &[suiv.]
*Visite* des Princesses Arabes. Cérémonies [qui]
    s'y observent,                       324 &[suiv.]

### DES MATIERES.

*Voyage* de l'Auteur chez l'Emir Turabeye, il y paroît par son ordre vêtu à la Françoise, 124. & suiv.

*Voyage* de l'Auteur à Tunis, pour retirer les Esclaves François, 391. & suiv.

*Voitures* dont se servent les Arabes pour porter leurs meubles en décampant, 259

## Z

*Zante*, Isle. Sa description, 377. & suiv.

*Fin de la Table des Matieres du troisiéme Volume.*

www.ingramcontent.com/pod-product-compliance
Lightning Source LLC
Chambersburg PA
CBHW060503230426
43665CB00013B/1368